"十四五"职业教育山西省规划教材

新能源汽车
电驱动系统检修

卫云贵　汤　娜/主　编

杨争民/副主编

冯学萍/主　审

人民交通出版社

北　京

内 容 提 要

本教材为"十四五"职业教育山西省规划教材。其主要内容包括新能源汽车电驱动系统认识、新能源汽车高压配电系统的检修、新能源汽车电机控制器及电机的检修、新能源汽车电驱动冷却系统检修及新能源汽车电驱动系统故障检测诊断 5 个项目。

本教材以新能源汽车电驱动系统检修项目为主要内容,以比亚迪与上汽大众两大品牌车系为主线,兼顾混合动力及纯电动汽车两类车型,任务引领,理实一体,图文并茂,并采用过程与结果考核。

本教材主要供职业院校及技工院校汽车维修专业及新能源汽车检测与维修等汽车类专业教学使用,也可以作为新能源汽车技术方面的培训教材,还可以作为汽车维修人员和汽车技术爱好者自学用书。

本教材配套数字资源,读者可免费扫码观看和在线学习;同时配有教学课件,教师可通过加入汽车技工教学研讨群(QQ:428147406)获取。

图书在版编目(CIP)数据

新能源汽车电驱动系统检修/卫云贵,汤娜主编.
北京:人民交通出版社股份有限公司,2025.9.
ISBN 978-7-114-20251-3

Ⅰ.U469.720.7

中国国家版本馆 CIP 数据核字第 2025JA9920 号

书　　名:**新能源汽车电驱动系统检修**
著 作 者:卫云贵　汤 娜
责任编辑:郭 跃
责任校对:龙 雪
责任印制:刘高彤
出版发行:人民交通出版社
地　　址:(100011)北京市朝阳区安定门外外馆斜街 3 号
网　　址:http://www.ccpcl.com.cn
销售电话:(010)85285911
总 经 销:人民交通出版社发行部
经　　销:各地新华书店
印　　刷:北京市密东印刷有限公司
开　　本:787×1092　1/16
印　　张:15
字　　数:308 千
版　　次:2025 年 9 月　第 1 版
印　　次:2025 年 9 月　第 1 次印刷
书　　号:ISBN 978-7-114-20251-3
定　　价:58.00 元
(有印刷、装订质量问题的图书,由本社负责调换)

前言
Preface

本书根据《国家职业教育改革实施方案》及职业教育新形态教材理念编写而成,对接新能源汽车主流生产技术,注重吸收行业发展的新知识、新技术、新工艺、新方法;以项目任务为引领,以典型工作任务为课程设置与内容选择的参照点,以项目为单位组织内容并以任务活动为主要学习方式的课程模式,以能力为本位,采用专业能力与社会能力同培养、工作能力与职业素养同养成,技术技能与课程思政相结合的育人新思想。

本教材的主要特色有:(1)课程内容以实践为主,理论为辅。(2)以能力为本位,以就业为导向,面向最贴近生产实际的学习任务。(3)以学生为中心,体现做中学的育人理念。(4)任务以案例引入,引出理论学习与实践操作相结合,便于培养学生发现问题,分析问题及解决问题的综合职业能力。(5)教材采用文字、图像、二维码链接动画与视频等多媒体呈现形式,形成了立体融媒体教材特色。

本教材由山西交通技师学院卫云贵、汤娜老师担任主编,太原市交通学校杨争民老师担任副主编,晋中市职业中专学校冯学萍老师担任主审,参与教材编写的还有:山西交通技师学院郭燕青、宫亚文、郑刘贺、李渊等老师,上汽大众店技术总监沈震、比亚迪汽车店技术总监李振盛。

本教材是校企合作共同开发的教材,适应各地职业院校新能源汽车专业教学,希望教师在选用本教材实施教学的过程中,及时提出意见和建议,以便在修订时改正和完善。

编 者
2025 年 3 月

数字资源列表

资源使用说明：

1. 扫描封面二维码，注意每个码只可激活一次；

2. 长按弹出界面的二维码关注"交通教育出版"微信公众号并自动绑定资源；

3. 公众号弹出"购买成功"通知，点击"查看详情"，进入后即可查看资源；

4. 也可进入"交通教育出版"微信公众号，点击下方菜单"用户服务—图书增值"，选择已绑定的教材进行观看。

序号	资源名称	所在页码
1	电驱动系统组成	2
2	驱动电机分类	2
3	电动汽车减速器组成	4
4	电动汽车电驱动系统冷却系统组成	4
5	比亚迪秦插电式混合动力电动汽车高压配电箱功用	6
6	比亚迪秦插电式混合动力电动汽车高压配电箱结构	7
7	比亚迪秦插电式混合动力电动汽车驱动电机控制器与 DC 总成工作原理	7
8	比亚迪秦混合动力电动汽车高压配电箱拆卸	53
9	比亚迪秦混合动力电动汽车高压配电箱内部元件的拆卸与检测	54
10	比亚迪秦混合动力高压配电箱内部元件的安装	55
11	比亚迪秦插电式混合动力电动汽车高压配电箱安装	59
12	比亚迪 e5 纯电动汽车充配电总成检测	60
13	比亚迪 e5 纯电动汽车充配电总成拆卸	63
14	比亚迪 e5 纯电动汽车充配电总成安装	63
15	PHEV 上下电	75
16	PHEV 功率电子装置拆装	76
17	朗逸纯电动汽车功率电子装置拆卸	80
18	朗逸纯电动汽车功率电子装置安装	81
19	比亚迪秦插电式混合动力电动汽车电机控制器与 DC 总成拆卸	99
20	比亚迪秦插电式混合动力电动汽车电机控制器与 DC 总成安装	102

目录
Contents

项目一 新能源汽车电驱动系统认识

项目描述 »»

　　一辆新能源汽车进厂维修,客户反映汽车能正常上电,但无法正常行驶,经班组长确认故障后,需要对电驱动系统进行检修。汽车修理工从班组长处接受汽车维修任务,阅读维修工单,明确任务要求,通过查阅维修手册,确定作业流程与技术标准;在规定工期内完成新能源汽车电驱动系统的诊断检测与检查更换工作,使汽车恢复正常使用性能;自检合格后,填写维修工单,交付班组长进行质量检验,在工作过程中遵循现场工作管理规范。

学习目标 »»

　　1.能描述比亚迪及大众新能源汽车电驱动系统的结构组成与功用。
　　2.能描述比亚迪及大众新能源汽车电驱动系统的工作原理。
　　3.能识别比亚迪及大众新能源汽车电驱动系统各高压部件安装位置及结构。
　　4.能通过国产车与合资车对比,了解国产车技术的先进性,树立品牌自信。

任务一　比亚迪电动汽车电驱动系统认识

任务描述 »»

　　如图 1-1-1 所示,一辆比亚迪秦插电式混合动力电动汽车和一辆比亚迪 e5 纯电动以及一辆比亚迪 e6 纯电动汽车进厂维修,客户反映汽车 EV 功能受限即无 EV 模式,经班组长确认是驱动电机故障导致的。汽车修理工从班组长处接受汽车维修任务,阅读维修工单,明确任务要求,通过查阅维修手册,确定作业流程与技术标准;在规定工期内完成比亚迪新能源汽车检查与更换工作,使汽车恢复正常使用性能;自检合格后,填写维修工单,交付班组长进行质量检验,在工作过程中遵循现场工作管理规范。

图 1-1-1　比亚迪电动汽车故障现象

任务分析 »»»

　　比亚迪新能源汽车电驱动系统一旦出现故障,会造成整车无法正常行驶,对电驱动系统进行诊断检测及检查更换之前,需要对电驱动系统有整体的结构认识。

知识学习 »»»

一　电驱动系统的功用

　　新能源汽车的电驱动系统是新能源汽车的核心系统,是车辆行驶的主要执行机构,它可以根据驾驶员的操作意图、动力蓄电池和驱动电机的状态控制车辆的行驶和停止,同时在汽车减速制动或者下坡时,实现电能再生。新能源汽车的电驱动系统一般位于前机舱内,执行驱动车辆任务的机械部件主要有产生驱动力的驱动电机和进行动能传递的机械减速装置。

二　电驱动系统结构组成

电驱动系统组成

1. 电驱动系统组成概述

　　新能源汽车电驱动系统的组成部件除了产生驱动力的驱动电机和进行动能传递的机械减速装置以外,还包含电机控制器、电驱动冷却系统及高压配电装置,如图 1-1-2 所示,它们通过高低压线束、冷却管路与整车其他系统连接运转。

2. 驱动电机

1)功用

驱动电机是动力系统的执行元件,其作用是将电源的电能转化为机

驱动电机分类

械能,通过传动装置驱动或直接驱动车轮。

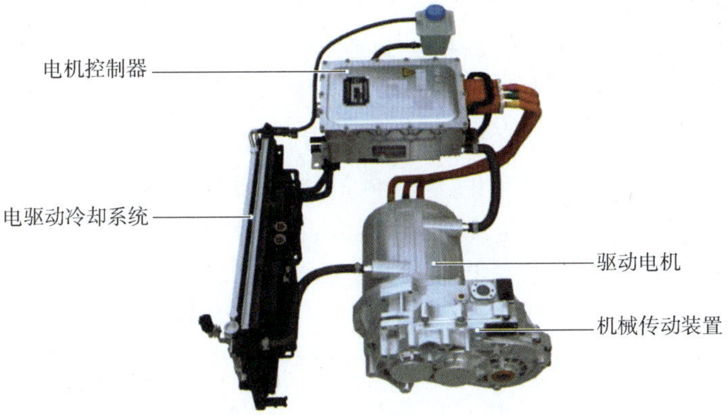

图 1-1-2　新能源汽车电驱动系统组成

2)类型

驱动电机有各种类型,常见的驱动电机主要有无刷直流电机、交流感应电机、永磁同步电机和开关磁阻电机,如图 1-1-3 所示。

开关磁阻电机　　　　　交流感应电机

永磁同步电机　　　　　无刷直流电机

图 1-1-3　驱动电机类型

(1)开关磁阻电机。开关磁阻电机是一种新型调速电机,调速系统兼具直流、交流两类调速系统的优点,是继变频调速系统、无刷直流电机调速系统的最新一代无级调速系统。开关磁阻电机由双凸极的定子和转子组成,其定子、转子的凸极均由普通的硅钢片叠压而成。其可控参数多,调速性能好;结构简单,成本低;运转效率高,损耗小;并且起动转矩大,起动电流小。但开关磁阻电机震动和噪声相对较大,控制复杂,非线性严重。主要应用于混合动力城市公交车。

(2)交流感应电机。交流感应电机是由定子绕组形成的旋转磁场与转子绕组中感应电流的磁场,相互作用而产生电磁转矩,驱动转子旋转的交流电动机。具有接近恒速的负载特性,结构简单,制造、使用、维护方便,运行可靠性高,但调速性能差。目前采用该电机的车辆主要有美国通用公司的 EV-1 型,福特公司以及特斯拉公司生产的电动汽车等。

(3)永磁同步电机。所谓永磁指的是在制造电机转子时加入永磁体,使电机的性能得到进一步的提升。而所谓同步,则指的是转子的转速与定子绕组的电流频率始终保持一致,也就是转子转速和定子磁场的转速相同。因此,通过控制电机的定子绕组输入电流频率,电动汽车的车速将最终被控制。永磁同步电动机功率因数大,效率高;调速性能好,精度高;输出转矩大,频率高;并且驱动灵活,可控性强。长城汽车的哈弗 M3 纯电动汽车和北汽集团的 BE701 纯电动汽车,采用的都是永磁同步电机。

(4)无刷直流电机。无刷直流电机是用电子换向装置代替了有刷直流电机的机械换向装置,保留了有刷直流电机优良的调速性能,且体积小、质量轻、起动力矩大、再生制动效果好,是最理想的调速电机之一,其广泛应用于观光游览车、巡逻车、送餐车、特种车、牵引车、叉车等。

3. 电机控制器

1)结构及类型

电机控制器按安装位置可为分体式高压系统、集成式高压系统和高度集成式高压系统。

在分体式高压系统中,驱动电机控制器、高压配电装置、车载充电机模块及 DC/DC 变换器模块分别布置在汽车不同位置,多数布置在机舱内。

图 1-1-4　高度集成的四合一高压电控总成

在集成式高压系统中,驱动电机控制器则单独布置,而高压配电装置、车载充电机模块及 DC/DC 变换器模块则集成在高压配电盒模块(PDU)中。

在高度集成式高压系统中,如图 1-1-4 所示,驱动电机控制器、高压配电装置、车载充电机模块及 DC/DC 变换器模块四个控制器集成在 PEU(功率集成单元)高压电控总成模块中。

2)功用

电机控制器可以执行高压电控总成的命令,实时调整驱动电机输出,以控制驱动电机的转速、转向和通断,同时可以将驱动电机的状态反馈给高压电控总成内的电机控制器,并实时进行状态和故障检测,保护驱动电机系统和整车安全可靠运行。

电动汽车减速器组成

4. 减速器总成

如图 1-1-5 所示,减速器总成安装在驱动电机输出端处,与驱动电机输出轴相连接。其作用是通过齿轮改变转矩的传递方向,通过差速器实现两侧车轮以不同转速滚动,其次就是将整车驱动电机的转速降低、提高转矩,以达到整车对驱动电机的转矩、转速需求。

电动汽车电驱动系统冷却系统组成

5. 电驱动冷却系统

电驱动冷却系统有风冷和水冷之分。以空气为冷却介质的冷却系统统称为风冷系统，以冷却液为介质的冷却系统统称为水冷系统。目前，新能源汽车基本都采用水冷方式进行冷却。

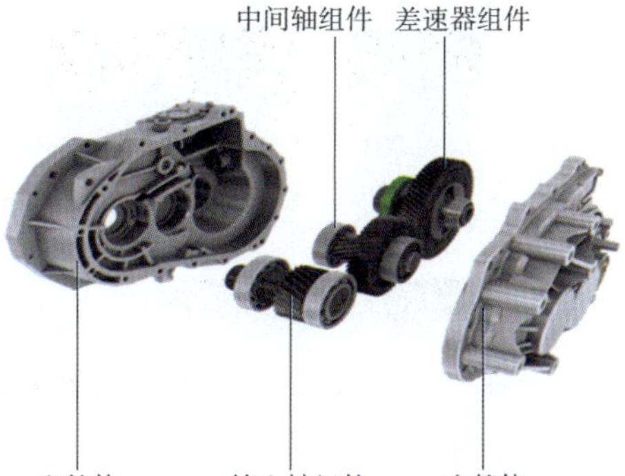

图 1-1-5 减速器总成

冷却系统的作用是将电驱动系统中的高压配电装置、驱动电机及驱动电机控制器在运行过程中产生的热量，通过风冷或水冷的方式将热量带走，使其在适宜温度范围内工作。如果不将驱动电机在运行过程中产生的热量带走，当温度上升到一定程度时，驱动电机的绝缘材料会发生本质的变化，最终使其失去绝缘能力；另一方面，随着电机温度的升高，电机中的金属构件强度和硬度也会逐渐下降。同样，驱动电机控制器在工作的过程中也会产生大量的热能，如果温度过高，会导致驱动电机控制器中的半导体结点、电路损坏，增加电阻，甚至烧坏元器件。

如图 1-1-6 所示，电驱动冷却系统一般由电子水泵、散热器、电子风扇、冷却液储液罐和冷却循环管路组成。

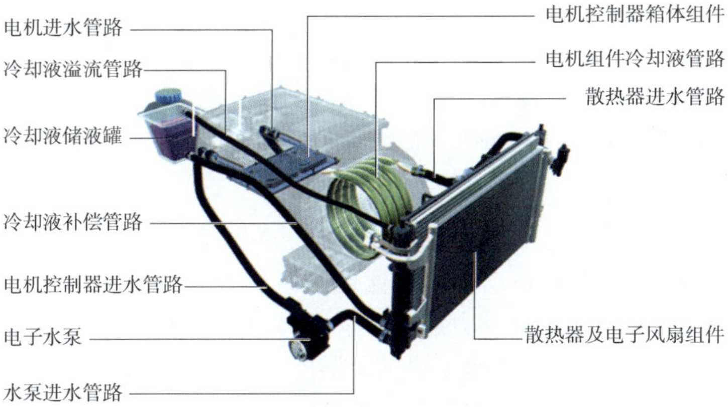

图 1-1-6 电驱动冷却系统

三 比亚迪秦插电式混合动力电动汽车电驱动系统的认识

1. 比亚迪秦插电式混合动力电动汽车电驱动系统的组成与功用

如图 1-1-7 所示，比亚迪秦插电式混合动力电动汽车电驱动系统由高压配电箱、驱动电机控制器与 DC 总成、动力总成（驱动电机及减速器）等组成。工作时，电驱动系统由动力蓄电池供应能量，由高压配电箱控制上电后送到驱动电机控制器，经驱动电机控制器变成三相交流电并变压，最后送至动力总成中的驱动电机，驱动电机旋转把电能转化为机械能，并把动力输入变速器及差速器，最终传输给驱动车轮完成整车的电驱动。

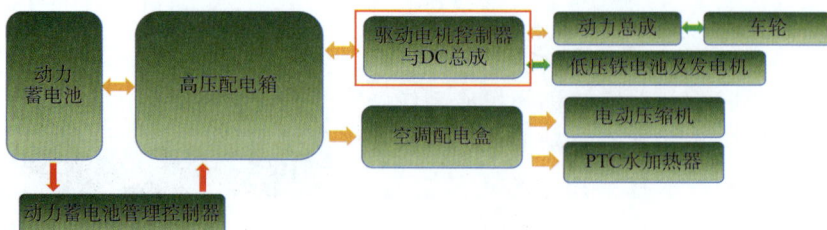

图 1-1-7 比亚迪秦插电式混合动力电动汽车能量传递图

2.比亚迪秦插电式混合动力电动汽车电驱动系统的工作原理

如图 1-1-8 所示,为比亚迪秦插电式混合动力电动汽车电驱动工作原理。

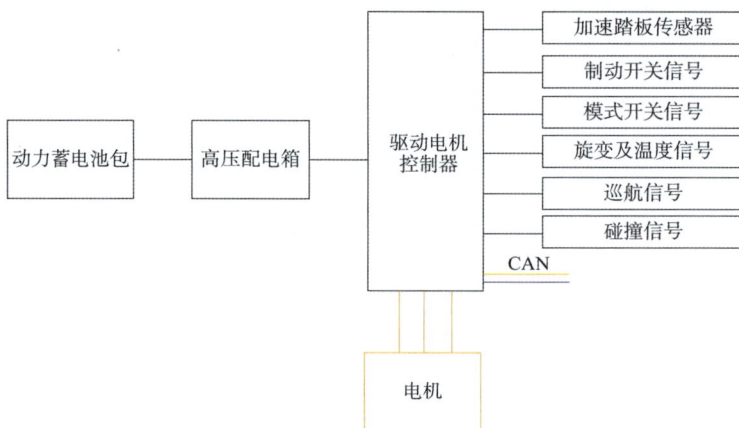

图 1-1-8 比亚迪秦插电式混合动力电动汽车电驱动系统工作原理

3.高压配电箱

1)高压配电箱功用

如图 1-1-9 所示,放电时将动力蓄电池包的高压直流电分配给整车高压用电设备使用,其上游是动力蓄电池包,下游包括驱动电机控制器与 DC 总成、PTC 水加热器、电动压缩机及漏电传感器;充电时也将车载充电器的高压直流电分配给动力蓄电池包。

比亚迪秦插电式
混合动力电动汽车
高压配电箱功用

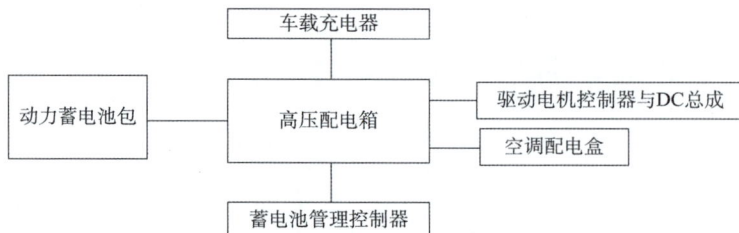

图 1-1-9 高压配电箱功用

2)高压配电箱连接关系

如图 1-1-10 所示,高压配电箱连接动力蓄电池包、空调配电盒、驱动电机控制器与

DC 总成及车载充电器等。

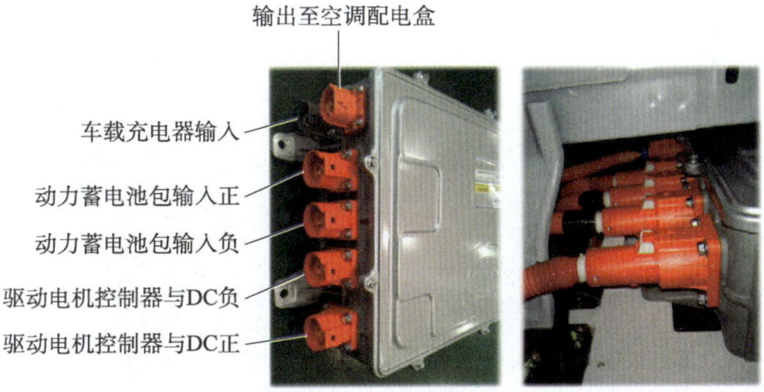

输出至空调配电盒

车载充电器输入

动力蓄电池包输入正

动力蓄电池包输入负

驱动电机控制器与DC负

驱动电机控制器与DC正

比亚迪秦插电式混合
动力电动汽车高压
配电箱结构

比亚迪秦插电式
混合动力电动汽车
驱动电机控制器
与 DC 总成工作原理

图 1-1-10　高压配电箱连接关系

4. 驱动电机控制器

1）功用

驱动电机控制器(MCU)是电机驱动系统的核心,它是驱动电机的控制单元,即控制器输出命令控制驱动电机的工作。驱动电机控制器主要作用是将输入的直流电逆变成电压、频率可调的三相交流电,供给配套的三相交流永磁同步电机使用。功能是根据电子控制单元的指令,驱动电机的速度和电流反馈信号,对驱动电机的速度、驱动转矩和旋转方向进行控制。具体功能如下:

(1)作为动力系统的总控中心,驱动电机的运行,根据工况控制电机的正反转、功率、转矩、转速等,协调发动机管理系统工作;

(2)硬件采集电机的旋变、温度、制动、加速踏板位置信号;

(3)通过 CAN 通信采集制动深度、挡位信号、驻车开关信号、起动命令、蓄电池管理控制器相关数据、控制器的故障信息;

(4)内部处理的信号有直流侧母线电压、交流侧三相电流、IGBT(绝缘栅双极晶体管)温度、电机的三相绕组阻值。

2）安装位置及工作示意

如图 1-1-11 所示是驱动电机控制器安装位置及工作示意图。

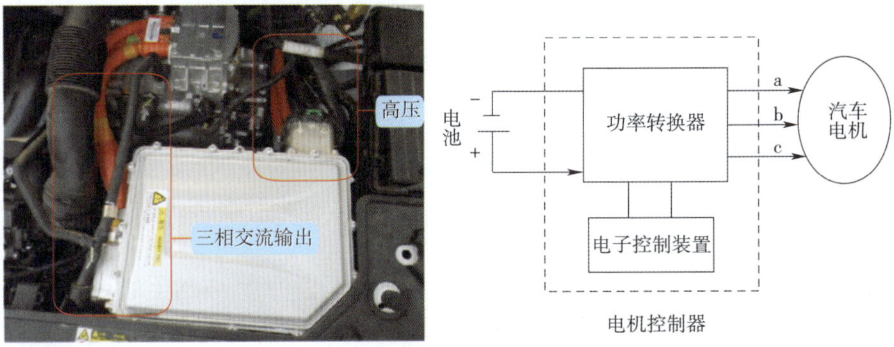

图 1-1-11　驱动电机控制器安装位置及工作示意图

3）性能参数及结构图

如图 1-1-12 所示，为驱动电机控制器结构图，其工作参数见表 1-1-1。

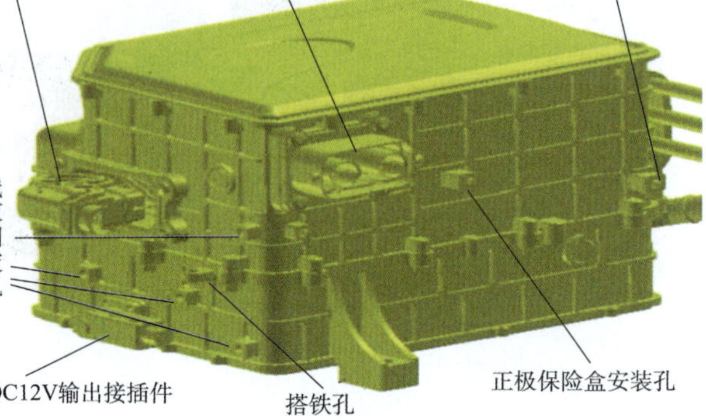

图 1-1-12　电机控制器工作系统框架图

驱动电机控制器与 DC 性能参数　　　　　　　　　　　　表 1-1-1

类别	项目	参数
电机驱动	工作电压等级	480V
	最大功率	110kW
	额定功率效率	≥95%
DC/DC 变换器	高压侧	300～550V
	低压电压等级	12V
	输出电流	120A
	效率	≥90%
重量		16kg

4）驱动电机控制器功能要求

（1）电机控制。包括转矩控制、功率控制、能量回馈功能、爬坡助手功能等。

（2）整车控制。包括辅助整车上电/下电功能、经济模式和运动模式、动力系统防盗功能、巡航控制功能、ESC/Has-Hev 匹配、挡位控制、软件更新功能及状态管理。

（3）安全控制。包括异常处理功能、制动优先功能、辅助 BMS 进行烧结检测功能、泄放电功能及卸载功能。

5. 驱动电机

1）功用

驱动电机是新能源汽车的动力源之一，向外输出转矩，驱动汽车前进后退；同时也可以作为发电机发电，在滑行、制动过程中以及发动机输出的额外转矩的能量，通过发电机转化为电能存储。

2）结构

如图 1-1-13 所示，比亚迪秦插电式混合动力电动汽车采用了交流永磁同步电动机，额定功率 40kW，具有小型轻量化、高效率、强适应性和耐久可靠等特性。

图 1-1-13　比亚迪秦插电式混合动力电动汽车交流永磁同步电动机结构

四 比亚迪纯电动汽车电驱动系统的认识

1. 比亚迪纯电动汽车电驱动系统的组成与功用

1）比亚迪 e6 纯电动汽车电驱动系统的结构组成

如图 1-1-14 所示，分别为比亚迪 e6、e5 纯电动汽车能量流动图，从中可以看出电驱动系统包括配电箱/继电器、电机控制器（双向逆变交流充放）、前驱电机、变速器/差速器、传动轴及驱动轮（左前轮与右前轮）。其中配电箱、电机控制器及驱动电机作为高压部件是本教材重点学习对象，机械部分及动力蓄电池等部分在其他教材介绍。

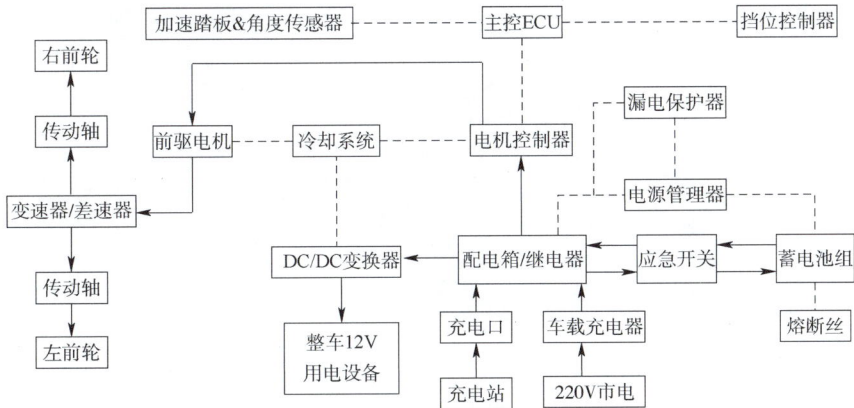

a）比亚迪e6纯电动汽车能量流动图

图　1-1-14

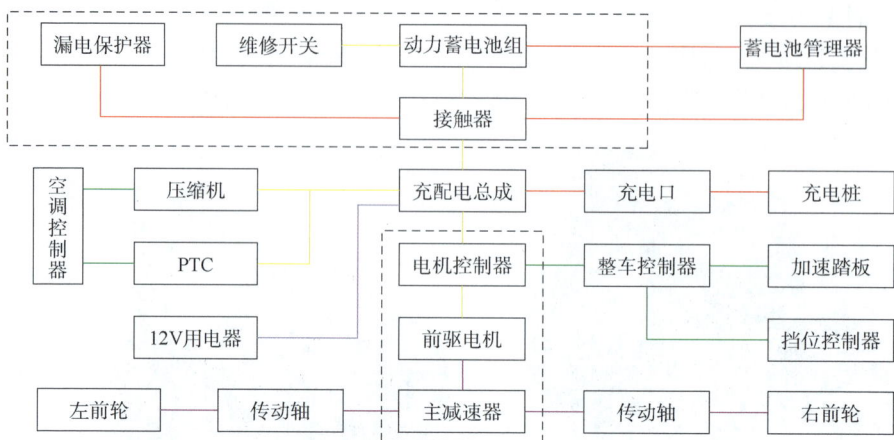

b)比亚迪e5纯电动汽车能量流动图

图 1-1-14　比亚迪纯电动汽车能量流动图

2）安装位置

如图 1-1-15 所示为比亚迪 e6 纯电动汽车的电驱动系统高压配电箱、驱动电机控制器及驱动电机等高压部件的安装位置。

图 1-1-15　比亚迪 e6 纯电动汽车电驱动系统部件安装位置

3）比亚迪 e6 纯电动汽车电驱动的工作原理

驱动电机控制器采集接收挡位开关信号、加速踏板深度（加减速）信号、制动踏板深度信号、驱动电机转速信号、驱动电机旋变信号等，经过一系列逻辑分析处理和判断,输出相应的信号指令,精确控制电机的正转、反转,维持电动汽车的正常运转,并将信号的数值通过显示屏呈现,供驾驶员随时掌握车辆状况。

驱动电机控制器的关键零部件是绝缘栅双极型晶体管(IGBT)即逆变器,其作用是当汽车正常行驶时,将电池组的直流电逆变成三相交流电使电机工作;当制动减速时,驱动电机作为发电机使用,将损耗的动能通过电机回收成三相交流电,通过逆变器转换为直流电电能存储在蓄电池组中,如图 1-1-16 所示。

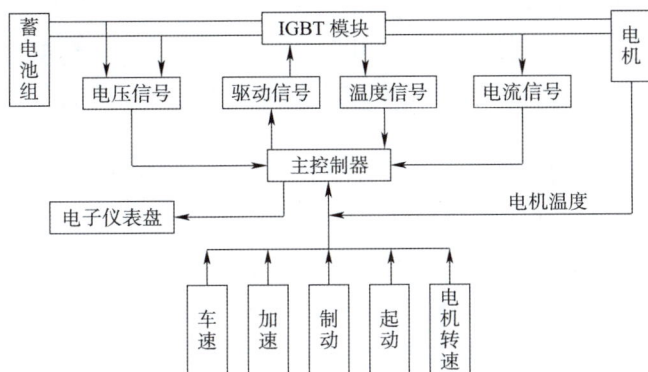

图 1-1-16　纯电动汽车电驱动工作原理示意图

2.高压配电箱

如图 1-1-17 所示,纯电动汽车高压配电箱是整车高压配电装置,实现高压电源分配、接通、断开。

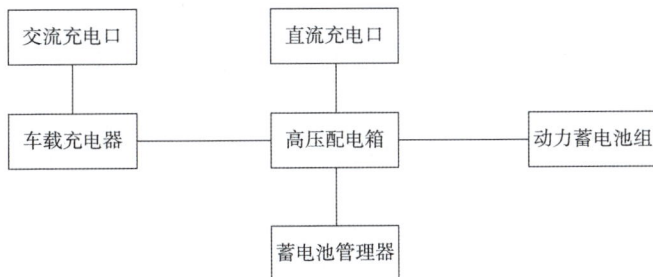

图 1-1-17　纯电动汽车高压配电箱工作示意图

3.驱动电机控制器

1)功用

(1)具有最高输出电压、电流限制功能:限制交流侧的最高输出电流,限制直流侧的最高输出电压。

(2)具有控制电机正向驱动、反向驱动、正转发电、反转发电的功能。

(3)具有根据目标转矩进行运转功能,对接收到的目标转矩具有限幅和平滑处理功能,转矩的调整率在±5%。

(4)CAN 通信:通过 CAN 总线能接收控制指令和发送电机参数,及时把电机转速、电机电流、旋转方向传给相关 ECU,并接受其他 ECU 传递的信息。

(5)能够根据不同转速和目标转矩进行最优控制功能。

(6)电压跌落、过温保护:当电机过温、散热器过温、功率器 IPM(智能功率模块)过温、电压跌落时发出保护信号,停止控制器运行。

(7)防止电机飞车、防止 IPM 保护。

(8)具有动力蓄电池充电保护信号应急处理功能。

(9)半坡起步功能、能量回馈功能。

(10)可以通过电机控制器直接从充电网上对车辆进行交流充电,也可以通过电机控制器把车辆蓄电池包的高压直流电通过控制器的逆变放到充电网上。

2)结构及原理

比亚迪 e6 电机控制器总成包含上中下三层,上下层为电动机、充电控制单元,中层为水道冷却单元,总成还包括信号接插件,包含 12V 电源/CAN 线/挡位、加速、制动踏板/旋变/电机过温信号线/预充满信号线等。电机控制器类型为电压型逆变器,利用 IGBT 将直流电转换为交流电,额定电压为 330V。如图 1-1-18 所示,主要功能是控制电动机和发电机等根据不同工况控制电机的正反转、功率、转矩、转速等,即控制电机的前进、倒退、维持电动汽车的正常运转,关键零部件为 IGBT,目的是为了控制电流的工作,保证能够按照驾驶员的意愿输出、输入合适的电流参数。

图 1-1-18　电机控制器工作原理图

3)功能

(1)控制电机正向驱动、反向驱动、正转发电、反转发电;

(2)控制电机的动力输出,同时对电机进行保护;

(3)通过 CAN 与其他控制模块通信,接收并发送相关的信号,间接地控制车上相关系统正常运行。

(4)制动能量回馈控制。

(5)自身内部故障的检测和处理。

(6)可以通过电机控制器直接从充电网上对车辆进行交流充电,也可以通过电机控制器把车辆动力蓄电池的高压直流电通过控制器的逆变放到充电网上。

4)电机控制器结构及连接关系

如图 1-1-19 所示,电机控制器与驱动电机、交流充电、直流充电及高压配电箱连接关系。

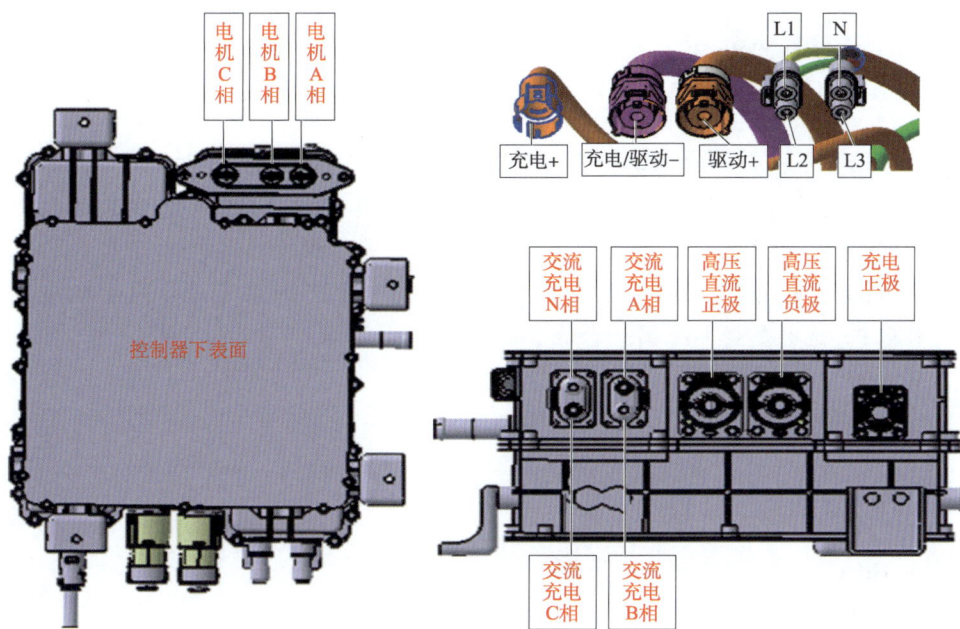

图 1-1-19　驱动电机控制器连接关系

4. 驱动电机结构及功用

动力总成位于前舱,在电机控制器的下方。包括驱动电机、变速器、P 挡开关及车速传感器等,可将电机控制器逆变出来的交流电能转化为机械能从而驱动车辆,也可在车辆制动时将车辆的动能转换为电能,回馈给车辆,是车辆的动力核心,也可实现车辆动力系统的锁止。

如图 1-1-20 所示为比亚迪 e6 纯电动汽车使用的交流无刷永磁同步电机,额定功率 75kW,最大功率 120kW。工作时,通过采集电机旋变信号进行工作。当车辆起动时,电机通过旋转变压器检测到电机的位置,位置信号通过控制器的处理,发送相关信号给控制器 IGBT,逻辑信号控制 IGBT 开断,控制器输出近似正弦波的交流电。

图 1-1-20　比亚迪 e6 纯电动汽车动力总成及驱动电机

知识拓展 »»»

混合动力电动汽车的起源

混合动力电动汽车也与其他类型的汽车一样具有悠久历史,只是当时混合动力电动汽车设计的目的并不是要降低燃油消耗,而是要提高当时并不完善的内燃机汽车的性能。1899 年,德国人波尔舍发明了轮毂电动机,随后开发了轮毂电动机直接驱动的 Lohner-Porsche 电动车,1902 年波尔舍在这辆电动车上又加装了一台内燃机来发电驱动轮毂电机,这也是世界上第一台混合动力电动汽车。

任务实施 »»»

一 ⚡ 工作准备

1. 场地布置

作业前现场环境检查:检查绝缘垫,设立隔离柱,布置警戒线,放置警示牌,以警示相关人员,避免无关人员进入发生安全事故。场地布置如图 1-1-21 所示。

图 1-1-21　场地布置

2. 绝缘用品准备

1)个人安全防护用品准备

新能源汽车维修人员必须检查并穿戴必要的安全防护用品,例如:绝缘手套、绝缘鞋、护目镜、安全帽等,如图 1-1-22 所示,其耐压等级需符合作业要求。

　绝缘手套　　　　　绝缘鞋　　　　　　护目镜　　　　　　安全帽

图 1-1-22　个人安全防护用品

2）绝缘工具准备

新能源汽车维修中若涉及高压部件的拆装时需要使用绝缘工具,确保操作人员人身安全。图 1-1-23 所示为常见绝缘工具套装。

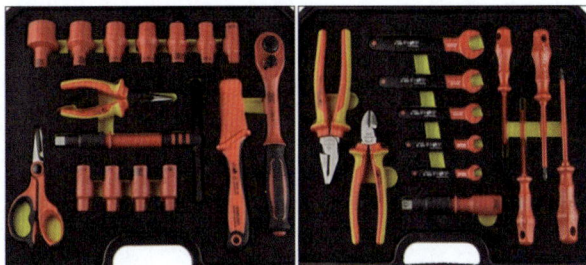

图 1-1-23 绝缘工具套装

3）绝缘测试仪准备

新能源汽车电气绝缘性能检测时,需要使用专用的绝缘测试仪,测量高压电缆及零部件对车身绝缘电阻是否位于规定值范围内。图 1-1-24 所示为常见绝缘测试仪。

图 1-1-24 绝缘测试仪

3.安全准备工作及注意事项(表 1-1-2)

安全准备工作及注意事项　　　　　　　　　　表 1-1-2

操作步骤	操作项目	注意事项
步骤一: 整理场地	场地准备	1.高压动力蓄电池修理工位必须洁净、干燥、无油脂、无飞溅火花、工位地面进行绝缘处理。 2.为了防止未经授权人员进入工位以及无法确保高电压本身安全或出现不明状态时,应使用隔离带。竖立发光黄色警告提示。 3.检查灭火器是否处于正常使用条件。 4.检查工位地面绝缘是否良好
步骤二: 场地设备检查	场地设备准备	1.检查举升机维护保养日期,试运行举升机,检测工作状况。 2.检查车辆停放位置及举升臂高度。 3.检查动力蓄电池托举车工作状况是否良好
步骤三: 车辆检查	车辆准备	1.检查车辆外观,察看有无划痕、变形、损伤并进行记录。 2.检查车辆挡块,察看是否齐备安装稳固有效。 3.检查车辆举升支撑位置,察看是否处于正确位置

续上表

操作步骤	操作项目	注意事项
步骤四： 安全防护设备检查	绝缘手套检查	1. 检查绝缘手套标识，确认耐压等级。 2. 检查外观有无明显磨损痕迹。 3. 检查绝缘手套密封性。 (1)卷起手套边缘。 (2)折叠开口，并封住手套开口。 (3)向手套内吹气，确认无空气泄漏。 (4)使用同样的方法检查第二只手套
	安全帽检查	1. 检查安全帽有无破损、裂纹。 2. 根据自身调整安全帽扣带
	护目镜检查	1. 检查护目镜表面有无破损、裂纹、镜面清晰度是否正常。 2. 根据自身调整护目镜扣带尺寸
	绝缘鞋检查	1. 检查绝缘鞋标识，确认耐压等级。 2. 检查绝缘鞋有无破损、老化、裂纹
	绝缘服检查	1. 检查绝缘服标识、确认耐压等级。 2. 检查绝缘服有无破损、油污及各扣合位置是否正常可用
步骤五： 拆装工具检查	工具检查	1. 清点绝缘工具套装内数目，确认项目使用工具正常可用，绝缘部位无破损、老化、裂纹。 2. 扭力扳手检验合格证处于有效期，力矩调整灵活准确
步骤六： 检测设备检查	汽车用数字万用表检查	1. 检查万用表设备及附件是否配备齐全。 2. 检查万用表设备合格证书。 3. 校验万用表确认测量有效性
	漏电诊断仪检查	1. 检查漏电诊断仪设备及附件是否配备齐全。 2. 检查漏电诊断仪设备合格证书。 3. 校验漏电诊断仪确认测量有效性
	放电工装检查	1. 检查放电工装设备及附件是否配备齐全。 2. 检查放电工装设备合格证书

二 ⚡ 比亚迪秦插电式混合动力电动汽车电驱动系统的识别

1. 高压配电箱安装位置识别

如图 1-1-25 所示,高压配电箱位于后行李舱蓄电池包支架右上方。

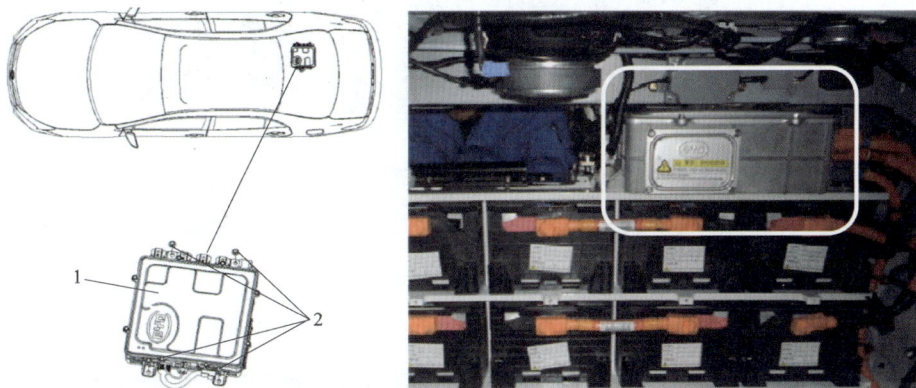

图 1-1-25 高压配电箱安装位置

1-高压配电箱;2-固定螺栓

2. 高压配电箱结构

如图 1-1-26 所示,高压配电箱外部有高压端子、低压线束、漏电传感器检测线、空调熔断器、车载充电熔断器。

a) 高压配电箱顶面

b) 高压配电箱侧面

c) 高压配电箱低压侧

d) 高压配电箱高压熔断器

图 1-1-26 高压配电箱结构

3.驱动电机控制器及驱动电机安装位置认识

如图 1-1-27 所示,驱动电机控制器与 DC 总成、驱动电机均安装在发动机舱内。

图 1-1-27　驱动电机控制器及驱动电机安装位置

4.驱动电机控制器及 DC 总成的结构(图 1-1-28)

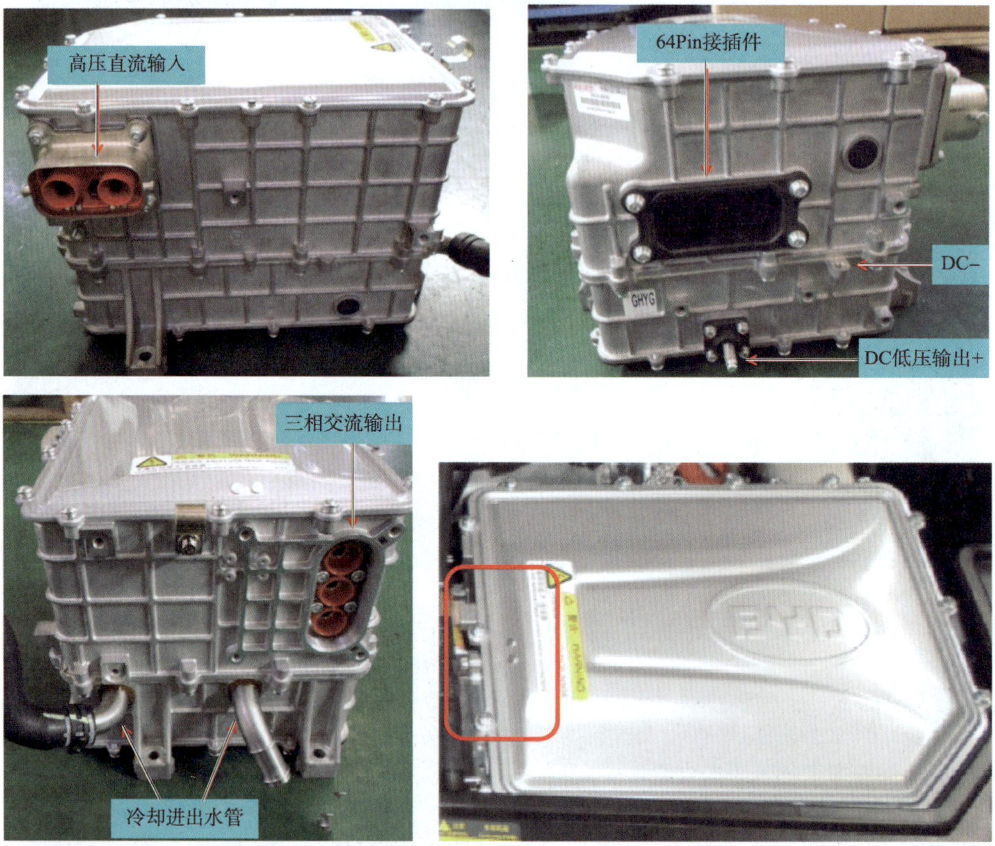

图 1-1-28　驱动电机控制器及 DC 总成的结构

三 比亚迪 e6 纯电动汽车电驱动系统的识别

1. 电驱动主要部件安装位置的识别 (图 1-1-29)

电池管理器　　　　　高压配电箱　交流充电口

双向逆变充放电
式电机控制器总
成　VTOG

蓄电池包

图 1-1-29　电驱动系统主要部件安装位置

2. 高压配电箱安装位置 (图 1-1-30)

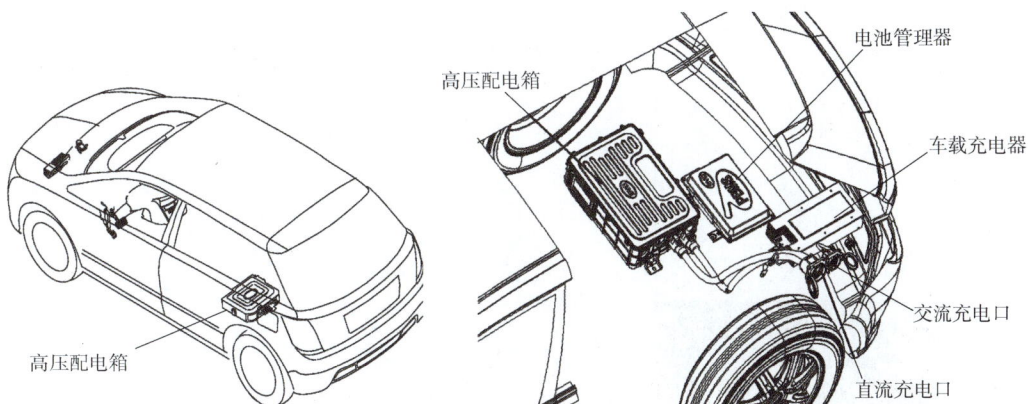

高压配电箱

高压配电箱

电池管理器

高压配电箱

车载充电器

交流充电口

直流充电口

图 1-1-30　高压配电箱安装位置

3. 高压配电箱结构与连接 (图 1-1-31)

图 1-1-31　高压配电箱结构与连接

4. 电机控制器及 DC 安装位置 (图 1-1-32)

图 1-1-32　电机控制器及 DC 安装位置

5. 驱动电机的安装位置 (图 1-1-33)

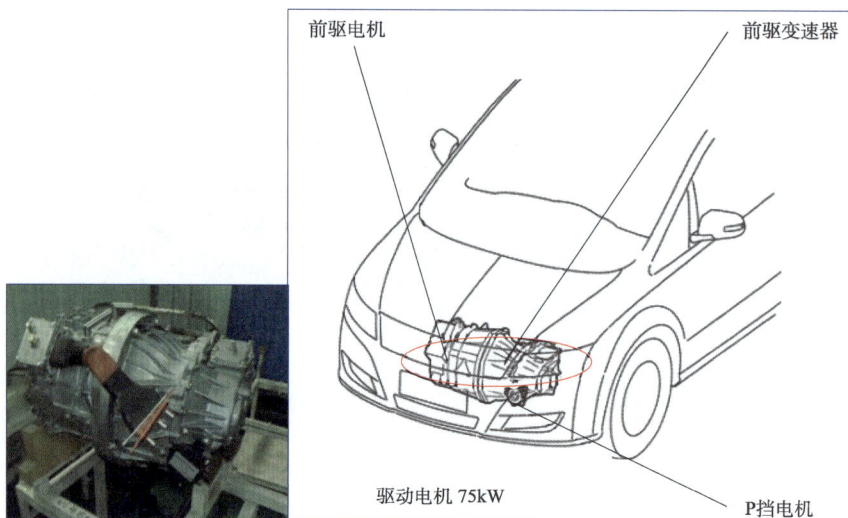

图 1-1-33　驱动电机的安装位置

6.驱动电机的连接及含义（图 1-1-34）

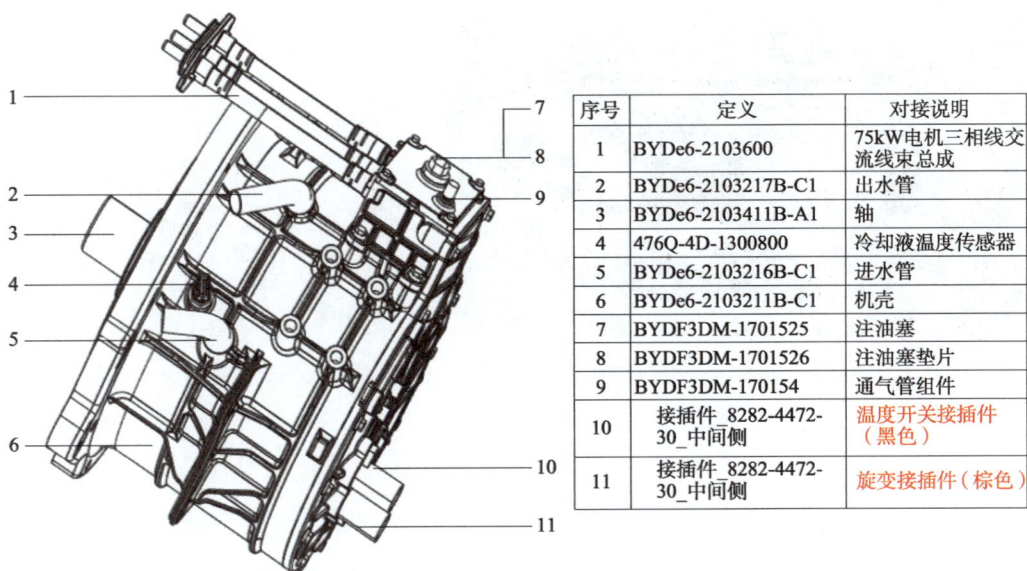

序号	定义	对接说明
1	BYDe6-2103600	75kW电机三相线交流线束总成
2	BYDe6-2103217B-C1	出水管
3	BYDe6-2103411B-A1	轴
4	476Q-4D-1300800	冷却液温度传感器
5	BYDe6-2103216B-C1	进水管
6	BYDe6-2103211B-C1	机壳
7	BYDF3DM-1701525	注油塞
8	BYDF3DM-1701526	注油塞垫片
9	BYDF3DM-170154	通气管组件
10	接插件_8282-4472-30_中间侧	温度开关接插件（黑色）
11	接插件_8282-4472-30_中间侧	旋变接插件（棕色）

图 1-1-34　驱动电机结构及连接

四 比亚迪 e5 纯电动汽车电驱动系统识别

1.比亚迪 e5 纯电动汽车电驱动系统安装位置识别（图 1-1-35）

图 1-1-35　比亚迪 e5 纯电动汽车电驱动系统安装位置

2.比亚迪 e5 纯电动汽车充配电总成结构识别

安装位置及连接

如图 1-1-36 所示,比亚迪 e5 纯电动汽车充配电总成位于前舱中层支架左侧。

如图 1-1-37 所示,在充配电总成外部依次有高压端子、低压控制插头和冷却管路进出口,各处的具体位置如图 1-1-38 所示。

图 1-1-36 比亚迪 e5 纯电动汽车充配电总成的安装位置

图 1-1-37 比亚迪 e5 纯电动汽车
充配电总成外部

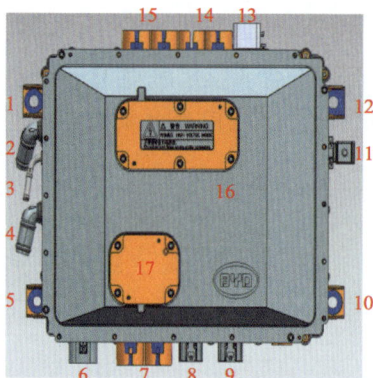

序号	定义	对接说明
1	辅助定位（φ13）	安装在前舱大支架上
2	出水口	连接冷却水管
3	排气口	连接排气管
4	进水口	连接冷却水管
5	主定位（φ11）	安装在前舱大支架上
6	交流充电输入	连接交流充电口
7	直流充电输入	连接直流充电口
8	空调压缩机配电	连接空调压缩机
9	PTC水加热器配电	连接PTC
10	辅助定位（φ13）	安装在前舱大支架上
11	低压正极输出	连接蓄电池
12	辅助定位（φ13）	安装在前舱大支架上
13	低压信号	连接低压线束
14	高压直流输入/输出	连接蓄电池包
15	电机控制器配电	连接电机控制器
16	电控母线和直流母线线鼻子固定维修盖	线鼻子固定点维修盖板
17	直流充电线缆线鼻子固定维修盖	线鼻子固定点维修盖板

图 1-1-38 比亚迪 e5 纯电动汽车充配电总成外部端子含义

3.比亚迪 e5 纯电动汽车驱动电机控制器及驱动电机总成识别

如图 1-1-39 所示,比亚迪 e5 驱动电机控制器及电机动力总成安装在机舱内充配电总成下面,采用的是三合一结构,电机控制器、驱动电机、主减速器在一起,电机控制高压线束采用内部连接,外部直接提供高压直流电,大大节省了线束成本,代表了电动化汽车动力总成的主流发展方向。

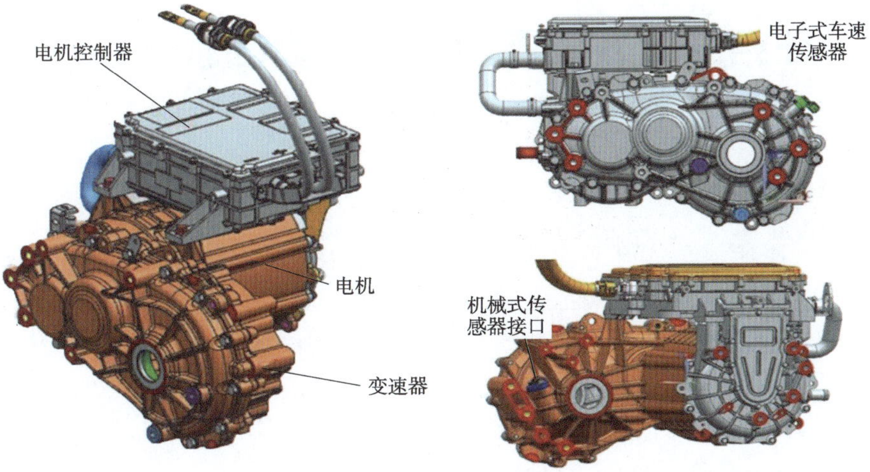

图 1-1-39 比亚迪 e5 纯电动汽车驱动电机控制器及电机动力总成结构

知识拓展 »»»

电动汽车电机的发展趋势

纵观目前国内外主流电动汽车的电机配置情况,欧美产品多采用交流异步电机,而中国、日本企业则多采用永磁同步电机。从综合性能来看,永磁同步电机最具优势,更能代表新能源汽车电机的发展方向。

电动汽车的电机最早是采用控制性能好和成本较低的直流电机。随着电子技术、机械制造技术和自动控制技术的发展,交流电机、永磁电机和开关磁阻电机明显比直流电机具有更加优越的性能,未来我国电动汽车用电机系统将朝着永磁化、数字化和集成化方向发展。

(1)永磁化指永磁电机具有功率密度高和转矩大、效率高、便于维护的优点。目前,电机永磁化趋势正凸显,数据显示,永磁同步电机在我国新能源汽车中的使用占比已超过 90%。

(2)数字化包括驱动控制的数字化、驱动到数控系统接口的数字化和测量单元数字化。用软件最大限度地代替硬件,具有保护、故障监控、自诊断等其他功能。

(3)集成化主要体现在两个方面:电机方面:电机与发动机总成、电机与变速器总成的集成化;控制器方面:电力电子总成(功率器件、驱动、控制、传感器、电源等)的集成化。未来把电机、减速器、控制器一体化,是一种趋势,不仅减小了体积,更使得产品标准化。

任务二 大众电动汽车电驱动系统认识

任务描述 >>>

如图 1-2-1 所示,一辆上汽大众帕萨特插电式混合动力电动汽车和一辆朗逸纯电动汽车进厂维修,客户反映不能上电无法正常行驶,经班组长确认,是驱动电机故障导致的。汽车修理工从班组长处接受汽车维修任务,阅读维修工单,明确任务要求,通过查阅维修手册,确定作业流程与技术标准;在规定工期内完成大众新能源汽车检查与更换工作,使汽车恢复正常使用性能;自检合格后,填写维修工单,交付班组长进行质量检验,在工作过程中遵循现场工作管理规范。

图 1-2-1 上汽大众电动汽车电力驱动系统故障现象

任务分析 >>>

上汽大众新能源汽车电驱动系统一旦出现故障,会造成整车无法正常行驶,对其电驱动系统进行诊断检测及检查更换之前,需要对上汽大众新能源汽车电驱动系统有个整体认识。

知识学习 >>>

一 大众帕萨特插电式混合动力电动汽车电驱动系统

1. 大众帕萨特插电式混合动力电动汽车(PHEV)电驱动系统的组成

如图 1-2-2 所示,大众帕萨特 PHEV 高压部分主要由四部分组成:能量储存装置

（水冷式高压蓄电池 AX2）、电驱动系统、充电系统（交流充电座、高压蓄电池充电单元 AX4、车载电源和车载电源蓄电池即 DC/DC 变换器）、舒适系统（电动空调压缩机 V470 及加热器 Z115），其中电驱动系统由功率电子装置 JX1、三相交流驱动电机总成 VX54 及电驱动冷却系统组成，其能量传输为：高压蓄电池→功率电子装置 JX1→三相高压线缆→三相交流驱动电机总成 VX54→变速器→差速器→传动轴→驱动轮，高压蓄电池另行介绍，本任务主要介绍电驱动其他主要高压部件。

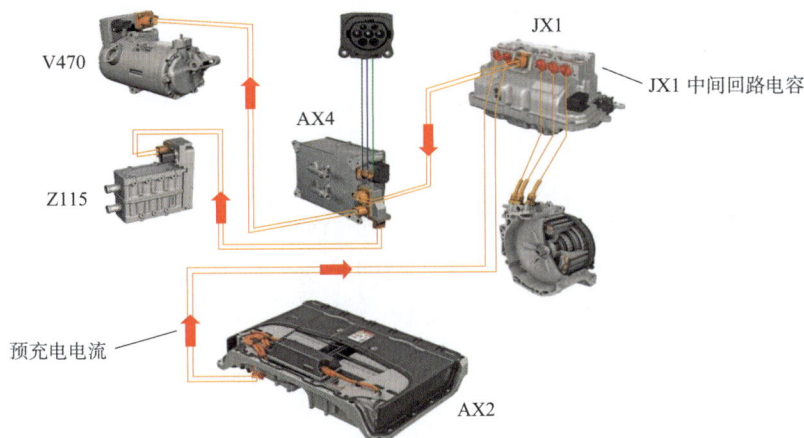

图 1-2-2　大众帕萨特 PHEV 高压系统的组成及连接

2. 大众帕萨特插电式混合动力电动汽车（PHEV）电驱动系统安装位置

如图 1-2-3 所示，大众帕萨特 PHEV 电驱动系统主要高压部件功率电子装置 JX1、三相驱动电机总成 VX54 及其他部件均集中安装在机舱内。

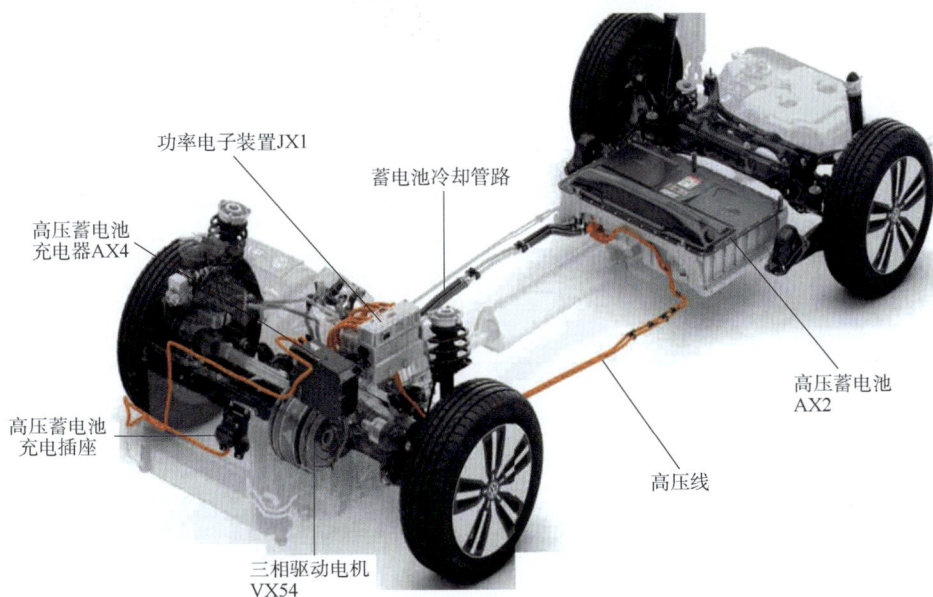

图 1-2-3　大众帕萨特 PHEV 电驱动系统安装位置

二 大众帕萨特插电式混合动力电动汽车电驱动系统主要部件结构

1. 功率电子装置 JX1

1）功用

大众帕萨特 PHEV 电驱动系统的功率电子装置 JX1 是新一代产品,它的作用是控制三相交流驱动电机 VX54,并向 12V 车载低压蓄电池充电和向整车电气系统供电,也是高压蓄电池 AX2 与高压蓄电池充电单元 AX4 之间的连接。

2）结构及技术参数

如图 1-2-4 所示,功率电子装置 JX1 是一个三合一的高压部件总成,其集成了电驱动控制单元 J84(电机控制器)、高压配电箱及 DC/DC 装置。作为改进产品,其改进了牵引电机变频器 A37(高效晶体管),能够长时间经受最高 450A 的电流;优化了中间电路电容 C25 到冷却液循环回路的连接;DC/DC 变换器 A19 充电功率从 2.5kW 提高到 3kW。其参数如表 1-2-1 所示。

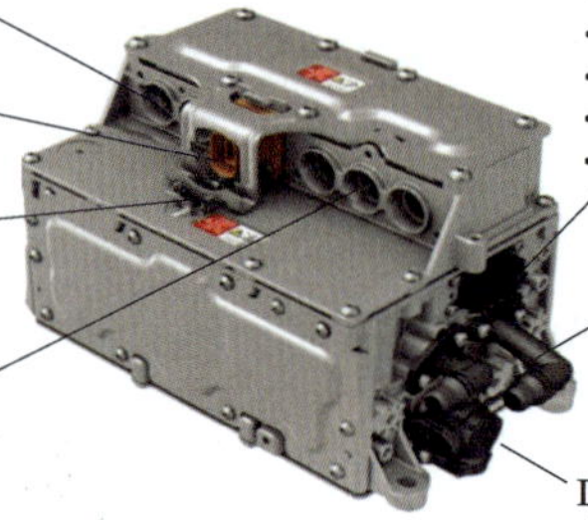

HV+/HV- 高压蓄电池输入
输入和输出 HV+/HV- 的高压接头
锁止板
三相连接 U、V、W 至驱动电机 V141

·低压连接
·混合动力 CAN
·驱动 CAN
·传感器
·先导线路（PP）
冷却水低温冷却管路
DC/DC 变换器输出,为 12V 车载电源供电

图 1-2-4　功率电子装置 JX1 结构图

功率电子装置 JX1 的参数　　　　　　　　　　　表 1-2-1

电压范围	250～430V	最大电流	450A
重量	10.5kg	频率	9～10kHz
低压蓄电池充电电流	120A		

2. 三相交流驱动电机

1）功用

三相交流驱动电机装置中使用了一个永久励磁同步电机,它可以单独驱动车辆行驶,或是与内燃机一起驱动车辆。同时也承担了起动机和发电机的任务。

2）结构与参数

如图 1-2-5 所示为驱动电机的结构,其内部有电动机温度传感器、电动机转子位置传感器、驱动电机 V141 及冷却液接头，技术参数如表 1-2-2 所示。

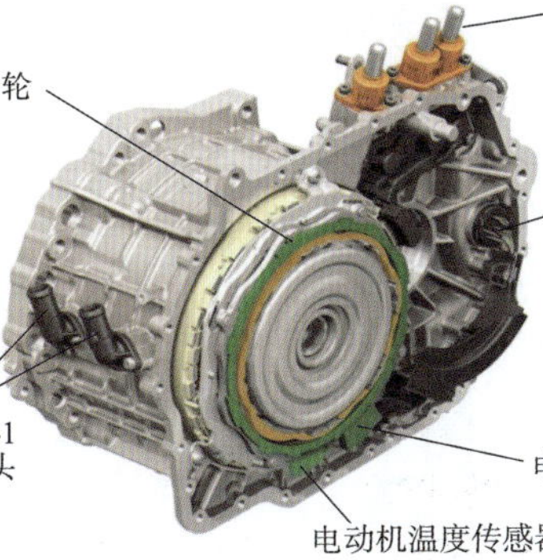

图 1-2-5　驱动电机结构组成

驱动电机技术参数　　　　　　　　　　　　　　表 1-2-2

最大功率	85kW
最大转矩	330N·m
最大转速	7000r/min
电驱动装置牵引电机的重量	34kg
系统最大功率	160kW
系统最大转矩	400N·m

3）安装位置

如图 1-2-6 所示，驱动电机安装在 1.4L-115kW-TSI 发动机和 6 挡双离合器变速器之间。

三相交流驱动电机总成VX54

图 1-2-6　驱动电机安装位置

三 ⚡ 大众纯电动汽车电驱动系统

1. 大众纯电动汽车电驱动系统的组成

如图 1-2-7 所示，大众纯电动汽车电驱动系统主要由电驱动功率电子装置 JX1、三相交流驱动电机总成 VX54 及机械传动系统等组成。其中电驱动系统能量传递为:高压蓄电池→功率电子装置 JX1→三相高压线缆→三相交流驱动电机总成 VX54→变速器→差速器→传动轴→驱动轮。

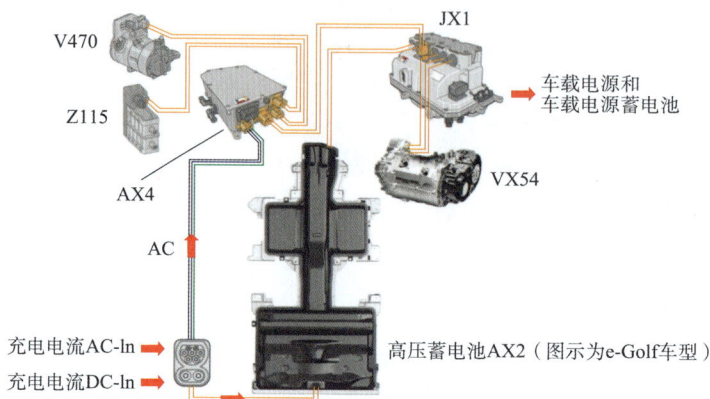

图 1-2-7　大众纯电动汽车电驱动能量传递路线

2. 大众纯电动汽车电驱动系统安装位置

大众纯电动汽车各高压部件含电驱动系统的安装位置如图 1-2-8 所示,其主要集中在机舱内。

图 1-2-8　大众纯电动汽车高压部件安装位置图

📝 知识拓展 »»»

电动汽车的历史

电动汽车的历史比大多数人想象得要长很多。1830 年,Joseph Henry 发明直流电机后不久就出现了电动汽车。1834 年,美国发明家 T. Davenport 发明了世界上第一辆真正意义上的电动汽车,这辆电动汽车采用不可充电的简单玻璃封装蓄电池驱动,只能行驶一小段距离。在那个年代还没有可充电电池，直到法国人 GastonPlante 和 CamilleFaure 分别发明(1865 年)和改进了(1881 年)蓄电池，电动汽车才成为了可用的方案。1881 年，法国工程师 G. Trouve 装配了以铅酸电池为动力的电动汽车，成为世界上第一辆以可充电电池为动力的电动汽车。1899 年 5 月，比利时人 C. Jenatzy 驾驶的子弹头式的电池电动赛车"Jamais Contente(永不满足号)"创下了 110km/h 的纪录，成为历史上第一辆时速超过 100km/h 的汽车。

从 19 世纪末到 20 世纪初，由于当时各国的城市间道路发展尚不具规模，对电动汽车的续航里程要求相对不高，在欧美等发达国家的新兴城市里，马车和自行车等交通工具逐步被电动汽车、内燃机车及蒸汽机车所取代。电动汽车变得流行起来，并进入了一个商业化的发展阶段。

但随着各国道路建设的不断发展，同时，由于内燃机及相关燃油汽车的发明和技术的进步，电动汽车的不足就逐渐显现出来，因而逐渐被燃油汽车取代。而 Ford 公司大规模生产工艺的进步，使每辆福特 T 型车的价格大幅下降，更加速了电动汽车的消失。因此，从 20 世纪 30—60 年代，电动汽车步入了冬眠期。

20 世纪 70 年代初，中东爆发的石油危机迅速蔓延至全球，靠燃油生存的普通汽车第一次面临着新的挑战。电动汽车重新进入了各国政府和科研人员的视野。电动汽车也由此重新复苏。

20 世纪 70 年代末和 80 年代，能源危机和石油短缺问题得到缓解，电动汽车的商用化也失去了动力，电动汽车的发展又变得缓慢，再次步入低谷。

从 20 世纪 90 年代开始，在能源和环境的双重压力下，电动汽车的研究开发再次进入了一个活跃期。在这近 20 年期间，随着各种科学技术的高速发展，电动汽车的许多技术难点逐渐得到了解决。世界各大汽车制造商纷纷推出各自的电动汽车产品。

电动汽车被称为零排放车辆，远比汽油或天然气车辆对环境更友好。由于电动汽车只有较少的运动部件，因此维修也比较简单。随着技术难题被一一化解，电动汽车将会在世界人民的工作生活中大放异彩。

任务实施

一、工作准备

1.场地布置

作业前现场环境检查:检查绝缘垫,设立隔离柱,布置警戒线,放置警示牌,以警示相关人员,避免无关人员进入发生安全事故。

2.绝缘用品准备

1)个人安全防护用品准备

新能源汽车维修人员必须检查并穿戴必要的安全防护用品,如绝缘手套、绝缘鞋、

29

防护眼镜、安全帽等,其耐压等级需符合作业要求,如图 1-2-9 所示。

| 绝缘手套 | 绝缘鞋 | 护目镜 | 安全帽 |

图 1-2-9　安全防护用品

2）绝缘工具准备

新能源汽车维修中若涉及高压部件的拆装时需要使用绝缘工具,确保操作人员人身安全。图 1-2-10 所示为常见绝缘工具套装。

图 1-2-10　绝缘工具套装

3）绝缘测试仪准备

新能源汽车电气绝缘性能检测时,需要使用专用的绝缘测试仪,测量高压电缆及零部件对车身绝缘电阻是否位于规定值范围内。图 1-2-11 所示为常见绝缘测试仪。

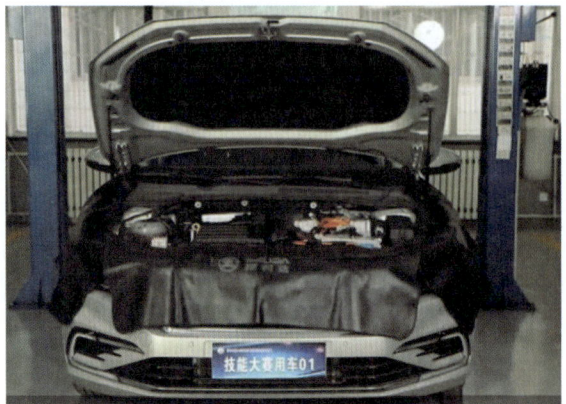

3.进行车辆防护

安装车内防护三件套,放置车辆挡块,调整举升机顶脚到合适位置。拉起前机舱盖手柄,打开前机舱盖,安装车外防护三件套,如图 1-2-12 所示。

图 1-2-11　绝缘测试仪　　　　图 1-2-12　安装车外三件套

4.安全准备工作及注意事项(表1-2-3)

安全准备工作及注意事项　　　　　　　　　　　　　　表1-2-3

操作步骤	操作项目	注意事项
步骤一: 整理场地	场地准备	1.高压动力蓄电池修理工位必须洁净、干燥、无油脂、无飞溅火花、工位地面进行绝缘处理。 2.为了防止未经授权人员进入工位以及无法确保高电压本身安全或出现不明状态时,应使用隔离带。竖立发光黄色警告提示。 3.检查灭火器是否处于正常使用条件。 4.检查工位地面绝缘是否良好
步骤二: 场地设备检查	场地设备准备	1.检查举升机维护保养日期,试运行举升机,检测工作状况。 2.检查车辆停放位置及举升臂高度。 3.检查动力蓄电池托举车工作状况是否良好
步骤三: 车辆检查	车辆准备	1.车辆外观检查有无划痕、变形、损伤并进行记录。 2.车辆挡块检查是否齐备安装稳固有效。 3.车辆举升支撑位置检查是否处于正确位置
步骤四: 安全防护设备检查	绝缘手套检查	1.检查绝缘手套标识,确认耐压等级。 2.外观有无明显磨损痕迹。 3.检查绝缘手套密封性。 (1)卷起手套边缘。 (2)折叠开口,并封住手套开口。 (3)向手套内吹气,确认无空气泄漏。 (4)同样的方法检查第二只手套
	安全帽检查	1.检查安全帽有无破损、裂纹。 2.根据自身调整安全帽扣带
	护目镜检查	1.检查护目镜表面有无破损、裂纹、镜面清晰度是否正常。 2.根据自身调整护目镜扣带尺寸
	绝缘鞋检查	1.检查绝缘鞋标识,确认耐压等级。 2.检查绝缘鞋有无破损、老化、裂纹
	绝缘服检查	1.检查绝缘服标识、确认耐压等级。 2.检查绝缘服有无破损、油污及各扣合位置正常可用
步骤五: 拆装工具检查	工具检查	1.清点绝缘工具套装内数目,确认项目使用工具正常可用,绝缘部位无破损、老化、裂纹。 2.扭力扳手检验合格证处于有效期,力矩调整灵活准确

续上表

操作步骤	操作项目	注意事项
步骤六： 检测设备检查	汽车用数字万用表检查	1.万用表设备及附件是否配备齐全。 2.检查万用表设备合格证书。 3.校验万用表确认测量有效性
	漏电诊断仪检查	1.漏电诊断仪设备及附件是否配备齐全。 2.检查漏电诊断仪设备合格证书。 3.校验漏电诊断仪确认测量有效性
	放电工装检查	1.放电工装设备及附件是否配备齐全。 2.检查放电工装设备合格证书

二 大众混合动力电动汽车电驱动系统识别

1. 大众混合动力电动汽车电驱动系统各高压部件的安装位置识别(图1-2-13)

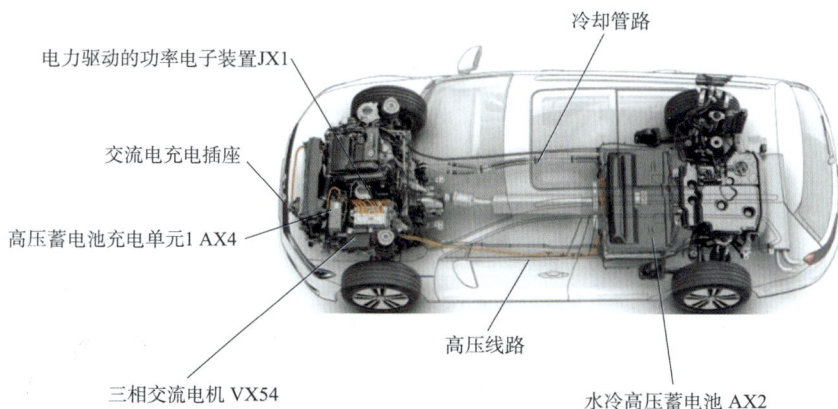

图 1-2-13　电驱动系统部件安装位置

2. 大众混合动力电动汽车电驱动系统主要高压部件识别

(1)功率电子装置 JX1 安装位置。如图 1-2-14 所示,功率电子装置 JX1 安装在发动机机舱的左侧。

图 1-2-14　功率电子装置 JX1 的安装位置

(2)帕萨特 PHEV 驱动电机安装位置识别(图 1-2-15)。

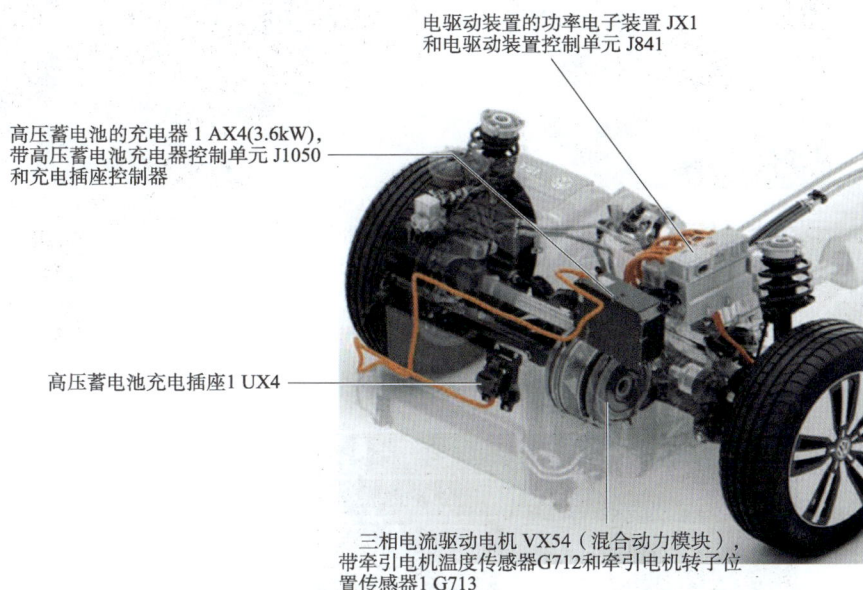

电驱动装置的功率电子装置 JX1
和电驱动装置控制单元 J841

高压蓄电池的充电器 1 AX4(3.6kW),
带高压蓄电池充电器控制单元 J1050
和充电插座控制器

高压蓄电池充电插座1 UX4

三相电流驱动电机 VX54(混合动力模块),
带牵引电机温度传感器G712和牵引电机转子位
置传感器1 G713

图 1-2-15　驱动电机安装位置

(3)功率电子装置 JX1 连接线识别(图 1-2-16)。

图 1-2-16　功率电子装置 JX1 连接线识别

3.大众混合动力电动汽车电驱动操作模式选择

帕萨特 GTE 模式能够在不同的操作模式下行驶,如图 1-2-17 所示,可通过操作模式选择按钮完成切换,操作模式选择按钮位于换挡杆旁。车辆在起动时会首选电动模式,通过电驱动装置按钮 E656 上的 LED 照明灯显示运行模式。

1)电动模式

电动模式下又有电动模式、混合动力及蓄电池充电三种操作模式,按下电驱动装置按钮 E656 后,在组合仪表显示屏中会出现一个弹出窗口(图 1-2-18),在此可以选择不同的驱动模式。如果蓄电池电量在一到三个进度块之间,则汽车无法以电动模式行驶,而是启动运行上次的行驶模式。客户可以手动方式激活电动模式。

换挡杆旁边的运动模式按钮
（GTE模式）和电动模式按钮
（E-MODE）

图 1-2-17　电驱动操作模式选择按钮

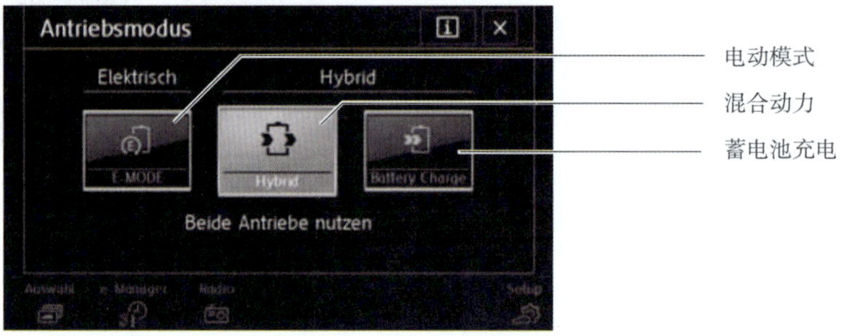

电动模式

混合动力

蓄电池充电

图 1-2-18　三种操作模式选择

（1）电动模式：纯电动行驶车辆只通过电能驱动行驶。在有些条件下将自动关闭电动模式，如：高压蓄电池电量为空、车速 >130km/h、使用强制降挡或 Boost（动力增强）功能、车外温度 < −10℃ 及高压系统中存在故障。

（2）混合动力：使用电驱动装置和内燃机两种驱动装置并实现最佳配合。系统会自动选择环保的运行方式。当前被激活的高压蓄电池充电状态将被继续保持。

（3）蓄电池充电：在行驶期间充电，在行驶期间通过内燃机为高压蓄电池充电。为此会产生较高的燃油消耗。

2）GTE 模式

GTE 模式结合了优化的运动型驱动模式和运动型驾驶模式。优化的运动型驱动模式具有以下特点：能量保持在最低水平、以便能够随时提供 Boost（动力增强）功能（类似蓄电池充电驱动模式）、电动 Boost（动力增强）功能始终可用及电驱动装置的牵引电机始终产生一个牵引转矩。Boost（动力增强）功能在 GTE 模式下始终可使用。在其他模式下，只能通过强制降挡实现。在电动模式下无法进行强制降挡。随后车辆将转换到混合动力模式。

三 🔌 朗逸纯电动汽车电驱动系统的识别

1. 朗逸纯电动汽车机舱电驱动部件的识别（图 1-2-19）

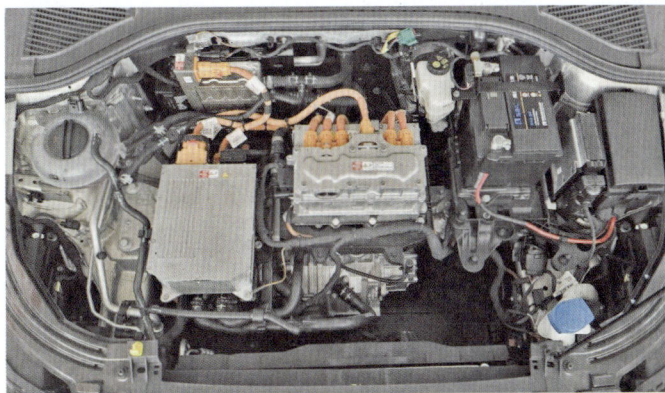

图 1-2-19　朗逸纯电动汽车电驱动系统部件的识别

2. 功率电子装置 JX1 结构及连接线识别（图 1-2-20）

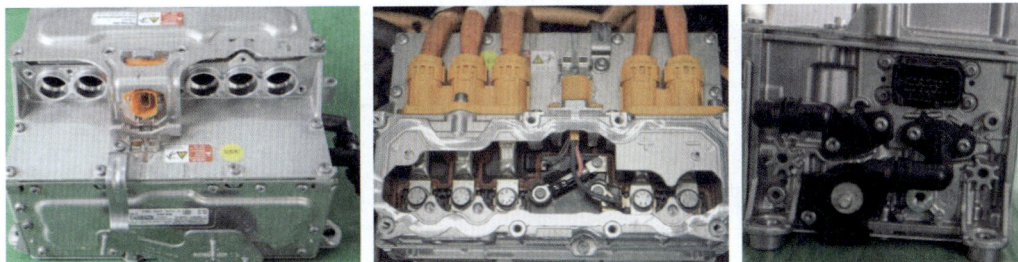

图 1-2-20　功率电子装置 JX1 结构及线路连接

3. 朗逸纯电动汽车驱动电机结构的识别

如图 1-2-21 所示，朗逸纯电动汽车驱动电机包括三相交流驱动电机、转子位置传感器、转子温度传感器等。三相交流驱动电机又包括转子、定子、电机壳体等。

图 1-2-21　朗逸纯电动汽车驱动电机结构

知识拓展 >>>

科学技术造福全人类

特斯拉是美国一家电动汽车及能源公司,2003年7月1日创立,创始人以特斯拉命名以纪念物理学家尼古拉·特斯拉,尼古拉·特斯拉或许不如爱因斯坦有名,但是其在科学上做出贡献至今让我们受益。当年为了和爱迪生的直流电系统对抗,特斯拉发明了三相交流电(动力电),还发明了应用交流电的三相交流异步电机,也就是特斯拉汽车的动力心脏的鼻祖。还有广为人知的特斯拉线圈、特斯拉效应、特斯拉变压器(交变压远程送电技术)、特斯拉无线远程控制系统以及著名的尼亚加拉水电站等都是出自他的研究。他的一生获得了大约1000项发明专利,分布在科学和工程学各个领域。

我们每一个人都应该学习尼古拉·特斯拉的钻研精神,为人类文明的进步做出贡献,为电动汽车的发展做出贡献。

考核评价 >>>

(一)学习过程评价(表1-2-4)

学习活动过程评价表 表1-2-4

班级		姓名		学号		日期	年 月 日	
序号	评价要点					配分	得分	总评
1	能正确识读和填写生产派工单,明确任务要求					10		
2	能识别新能源汽车高压配电、电机及控制器的安装位置					10		
3	能叙述新能源汽车电机及电机控制器的作用及结构					15		A□(86~100)
4	能叙述新能源汽车驱动电机及电机控制器的插头含义					15		B□(76~85)
5	能查阅相关资料,完成电驱动系统相关部件的基本检查					10		C□(60~75)
6	能遵守劳动纪律,以积极的态度接受工作任务					10		D□(60以下)
7	能积极参与小组讨论,团队间相互合作					15		
8	能及时完成老师布置的任务					15		
总分						100		

(二)学习效果评价

1.判断题

(1)电动汽车区别于内燃机汽车的最大不同点是电动汽车有电机及控制系统。

(　　)

(2)电机控制系统功用是将存储在动力蓄电池中的电能高效地转化为电机的动能进而推进汽车行驶,并能够在汽车减速制动或者下坡时,实现再生制动。

(　　)

（3）新能源汽车的电驱动系统是车辆行驶的主要执行机构，它可以根据驾驶员的操作意图、动力蓄电池和驱动电机的状态控制车辆的行驶和停止，同时在汽车减速制动或者下坡时，实现电能再生。　　　　　　　　　　　　　　　　　　（　　）

（4）驱动电机有各种类型，常见的驱动电机主要有无刷直流电机、交流感应电机、永磁同步电机和开关磁阻电机。　　　　　　　　　　　　　　　　　　（　　）

（5）减速器总成安装在驱动电机输出端处与驱动电机输出轴相连接。其作用是通过齿轮改变转矩的传递方向，通过差速器实现两侧车轮以不同转速滚动，其就是将整车驱动电机的转速降低、提高转矩，以达到整车对驱动电机的转矩、转速需求。（　　）

2．选择题

（1）纯电动汽车的电机及控制系统的组成不包括（　　）。

　　A．电机控制器　　　B．驱动电机　　　　C．压缩机　　　　　D．机械传动装置

（2）朗逸纯电动汽车，电机及控制系统包括（　　）。

　　A．电动机的电子功率和控制装置JX1及电动机控制单元J841

　　B．三相交流驱动电机VX54

　　C．牵引电机温度传感器G712、牵引电机转子位置传感器G713

　　D．以上均正确

（3）（　　）的作用是将电驱动系统中的高压配电装置、驱动电机及驱动电机控制器，在运行过程中产生的热量，通过风冷或水冷的方式将热量带走，使其工作在适宜的范围内。

　　A．电源控制系统　　B．驱动系统　　　　C．冷却系统　　　　D．辅助系统

3．填空题

（1）大众纯电动汽车电驱动系统主要由电驱动功率电子装置JX1、_____及机械传动系统等组成。其中电驱动系统能量传递为：_____→功率电子装置JX1→三相高压线缆→三相交流驱动电机VX54→变速器→_____→传动轴→驱动轮。

（2）帕萨特插电式混合动力电动汽车，驱动电机装置中使用了一个永久励磁同步电机，它可以单独驱动车辆行驶，或是与内燃机一起驱动车辆。同时也承担了_____和_____的任务。

4．技能考核

调用朗逸纯电动汽车，按照技术要求对电驱动系统各部件识别，并填写下列表格（表1-2-5）。

学生实践记录表　　　　　　　　　　　　　　　　　表1-2-5

班级		车型及年款	
姓名		车辆识别码	
学号		里程数	
实践项目		实践设备		电机类型	
实践流程					

续上表

结果分析	
防范措施	
自我评价	良好□ 合格□ 不合格□
教师评价	良好□ 合格□ 不合格□ 教师姓名：　　　　　　　　　　　年　月　日

榜样的力量 ▶▶▶

艰苦创业　奋斗精神

尹同跃，男，汉族，1962 年 11 月出生，安徽巢湖人，中共党员，奇瑞汽车有限公司党委书记、董事长。这位来自安徽巢湖的汉族男子，以其坚韧不拔的毅力和对汽车事业的热爱，带领奇瑞汽车从无到有，从弱到强，书写了一段艰苦创业的传奇。

"谋于陋室，成于荒滩"，这是尹同跃和奇瑞汽车创业初期的真实写照。1997 年，面对一片荒芜的砖瓦厂和种种困难，尹同跃没有退缩，而是带领团队迎难而上。在资金、技术和人才都极度匮乏的情况下，他们凭借着一股不服输的劲头和艰苦创业的精神，开始了奇瑞汽车的艰难起步。

在那段艰苦的岁月里，尹同跃和他的团队夏天忍受着高温酷暑，冬天则要在寒风凛冽中工作。然而，他们并没有被这些困难所打败，而是更加坚定了自己的信念和目标。经过 500 天的艰苦卓绝的钻研和试验，1998 年 12 月，奇瑞汽车的第一条生产线终于安装完毕并且调试成功。这一刻，所有的付出和等待都得到了回报。

1999 年对于奇瑞汽车来说，更是具有里程碑意义的一年。4 月 27 日，奇瑞第一台发动机在夜深人静的时刻顺利生产下线，点火成功的那一刻，整个团队都沸腾了。而到了 12 月 18 日，第一辆奇瑞风云轿车驶下生产线，标志着这个曾经名不见经传的"小草房"企业正式走上了中国汽车历史的舞台。

然而，成功的背后往往隐藏着无数的艰辛和挑战。在奇瑞汽车的发展过程中，尹同跃和他的团队遭遇了无数的困难和挫折。但他们始终坚信，只要心中有梦想，脚下有力量，就一定能够战胜一切困难。正是这种坚定的信念和不懈的努力，使得奇瑞汽车逐渐在激烈的市场竞争中站稳了脚跟,并逐渐发展成为了国内汽车行业的领军企业。

　　尹同跃与奇瑞汽车的艰苦创业事迹不仅仅是一段历史回忆,更是一种精神的传承和激励。他们用自己的实际行动诠释了什么是真正的奋斗精神和企业家精神。他们的故事告诉我们:无论面对多大的困难和挑战,只要我们心中有梦想、脚下有力量、勇于担当、敢于创新、坚持不懈地努力奋斗,就一定能够创造出属于自己的辉煌成就。这种精神不仅激励着每一个奇瑞人不断前行,也激励着每一个中国人不断追求自己的梦想和目标。

项目二

新能源汽车高压配电系统的检修

项目描述 >>>

新能源汽车高压配电系统作为新能源汽车重要系统,负责对动力蓄电池发出的高压电进行控制和分配;当汽车处于减速或制动状态时,高压配电箱将电机控制器转换的电能送回动力蓄电池中。当高压配电系统出现问题之后,维修人员需要查阅维修手册,对高压配电系统进行检修,排除故障。

学习目标 >>>

1. 能描述比亚迪新能源汽车电驱动高压配电系统的结构组成及控制原理。
2. 能进行比亚迪新能源汽车高压配电系统的拆装与检查。
3. 能描述高压互锁的组成、功用、原理。
4. 能描述大众车系功率电子装置 JX1 的结构组成及控制原理。
5. 能进行大众车系功率电子装置 JX1 的拆装与检查。
6. 具备查阅维修手册的能力和安全操作的意识。

任务一　比亚迪电动汽车高压配电系统的检修

任务描述 >>>

一辆比亚迪秦插电式混合动力电动汽车和一辆比亚迪 e5 纯电动汽车进厂维修,客户反映汽车无法上高压电,经班组长确认故障后,需要对高压配电系统进行检修。汽车修理工从班组长处接受汽车维修任务,阅读维修工单,明确任务要求,通过查阅维修手册,确定作业流程与技术标准;在规定工期内完成新能源汽车高压配电系统的检查与更换工作,使汽车恢复正常使用性能;自检合格后,填写维修工单,交付班组长进行质量检验,在工作过程中遵循现场工作管理规范。

任务分析 》》》

高压配电系统作为新能源整车高压用电的分配核心,它上连动力蓄电池,下连各高压用电设备,在整车高压系统中具有承上启下的作用,一旦出现故障会造成整车高压系统无法正常上电而导致车辆无法运行。因此,高压配电系统的检修显得尤为重要。

知识学习 》》》

一 比亚迪混合动力电动汽车高压配电系统

1. 比亚迪秦插电式混合动力电动汽车高压配电箱结构

如图 2-1-1 所示,比亚迪秦混合动力电动汽车高压配电箱位于后行李舱蓄电池包支架右上方。

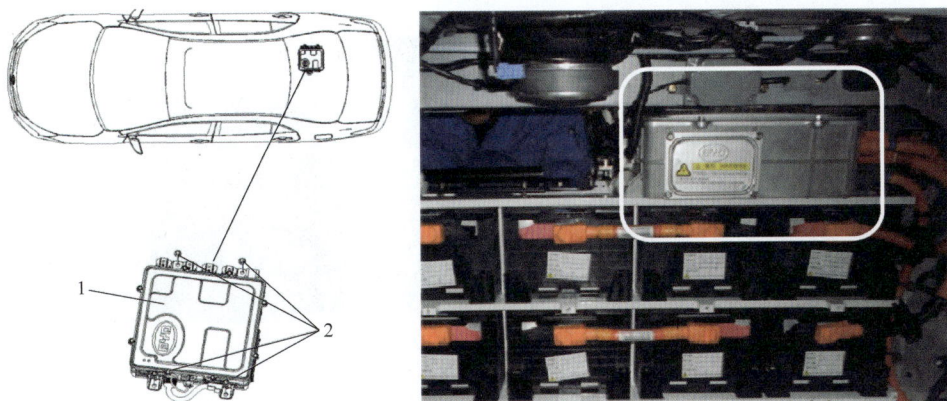

图 2-1-1 高压配电箱位置
1-高压配电箱;2-固定螺栓

在高压配电箱外部依次有高压端子、低压控制线束、漏电传感器检测线、空调熔断器、车载充电熔断器,具体位置如图 2-1-2 所示,其外部各高压端子的含义如图 2-1-3 所示。

高压配电箱内部有正极接触器、负极接触器、预充接触器、空调接触器、充电接触器、霍尔电流传感器、正极熔断器(700V/200A)、低压控制线束、高压连接线束等元件,各元件的位置如图 2-1-4 所示。

2. 比亚迪秦插电式混合动力电动汽车高压配电箱功用

如图 2-1-5 所示,高压配电箱的作用是将动力蓄电池的高压直流电分配给整车高压电器使用,其上游是动力蓄电池,下游包括驱动电机控制器及 DC 总成、PTC 水加热器、电动压缩机、漏电传感器;此外,也将车载充电器的高压直流电分配给动力蓄电池。

图 2-1-2　高压配电箱外部

输出至空调配电盒

车载充电器输入

动力蓄电池包输入正

动力蓄电池包输入负

驱动电机控制器与DC负

驱动电机控制器与DC正

图 2-1-3　高压配电箱外部高压端子含义

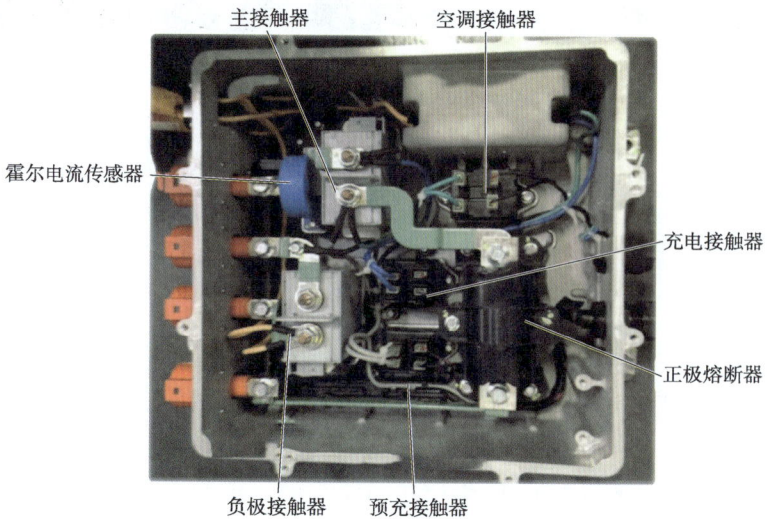

主接触器　　空调接触器

霍尔电流传感器

充电接触器

正极熔断器

负极接触器　预充接触器

图 2-1-4　高压配电箱内部结构图

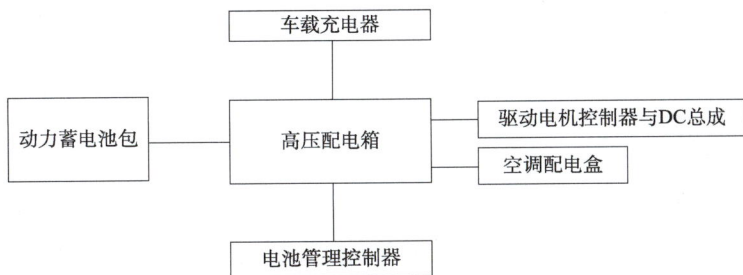

图 2-1-5　比亚迪秦混合动力电动汽车整车高压框图

3. 比亚迪秦插电式混合动力电动汽车高压配电箱工作原理

结合图 2-1-6 所示内容,在整车无高压故障的前提下,在车辆上高压电时,动力蓄电池的高压直流电,需要通过高压配电箱分配给整车高压电器使用,这个过程高压配电箱内的主接触器、负极接触器和预充接触器是需要闭合参与工作的。闭合顺序依次为:负极接触器先闭合,其次为预充接触器闭合,预充完成后,预充接触器断开,主接触器闭合,动力蓄电池通过主、负两个接触器向外输出电流。

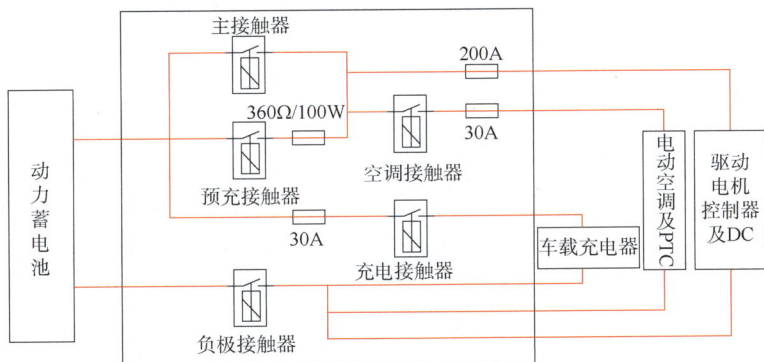

图 2-1-6　比亚迪秦插电式混合动力电动汽车高压配电箱内部高压电路示意图

这里需要说明的是,在比亚迪秦插电式混合动力电动汽车上,空调工作时除上述接触器参与外,空调接触器也要闭合;而车辆充电时,只需负极接触器和充电接触器闭合即可。

二　比亚迪纯电动汽车高压配电箱

1. 纯电动汽车高压配电箱作用

高压配电箱主要是通过对接触器的控制来实现将动力蓄电池的高压直流电进行分配、接通、断开等。同时接收车载充电器或非车载充电器的直流电来给动力蓄电池充电,还具有其他的辅助检测功能。如图 2-1-7 所示为比亚迪 e6 纯电动汽车的高压配电箱的作用。

2. 高压配电箱分类

高压系统分为分体式高压系统、集成式高压系统和高度集成式高压系统。

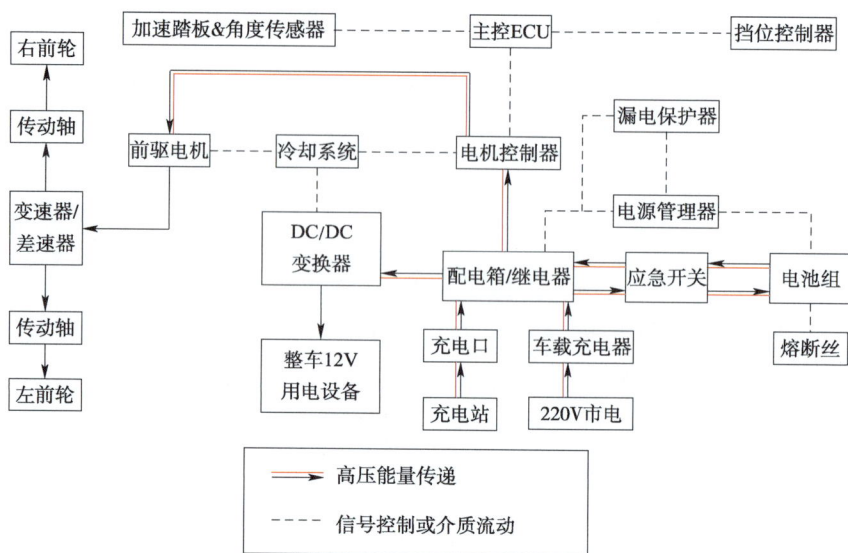

图 2-1-7 高压配电箱作用

比亚迪 e6 纯电动汽车属于分体式高压系统,如图 2-1-8 所示。车载充电机模块、DC/DC 变换器模块、高压配电箱、电机控制器等部件分散布置。如图 2-1-9 所示,为比亚迪 e6 纯电动汽车的高压部件的布置情况。

图 2-1-8 高压配电箱位置

图 2-1-9 高压部件的布置情况

集成式高压系统中车载充电机模块、DC/DC 变换器模块、高压控制盒集成在模块

中被称为 PDU(高压配电盒),而电机控制器单独布置。如图 2-1-10 所示为比亚迪 e5
(2019 款)的高压配电箱。

在高度集成式高压系统中,车载充电机模块、DC/DC 变换器模块、高压控制盒、电机控制器四个控制器集成在一个模块中被称作 PEU(功率集成单元)。如图 2-1-11 所示为比亚迪 e5(2018 款)的高压配电箱。

图 2-1-10　比亚迪 e5(2019 款)集成式高压配电系统

图 2-1-11　比亚迪 e5(2018 款)高度集成式高压配电系统

3.高压配电箱结构组成

高压配电箱是电池管理系统的一个部件,主要由箱体、PTC 控制面板、高压配电面板、熔断丝和接触器等部件组成,分别连接快充、动力蓄电池组件、电机控制器、整车控制器和高压辅助插件,如图 2-1-12 所示。不同品牌、不同车型的高压配电箱略有不同。如图 2-1-12 所示是比亚迪 e5(2019 款)高压配电箱结构组成,铜排连接片、接触器、电源的输入输出端子、接触器由电池管理器控制,控制电源的输入输出。

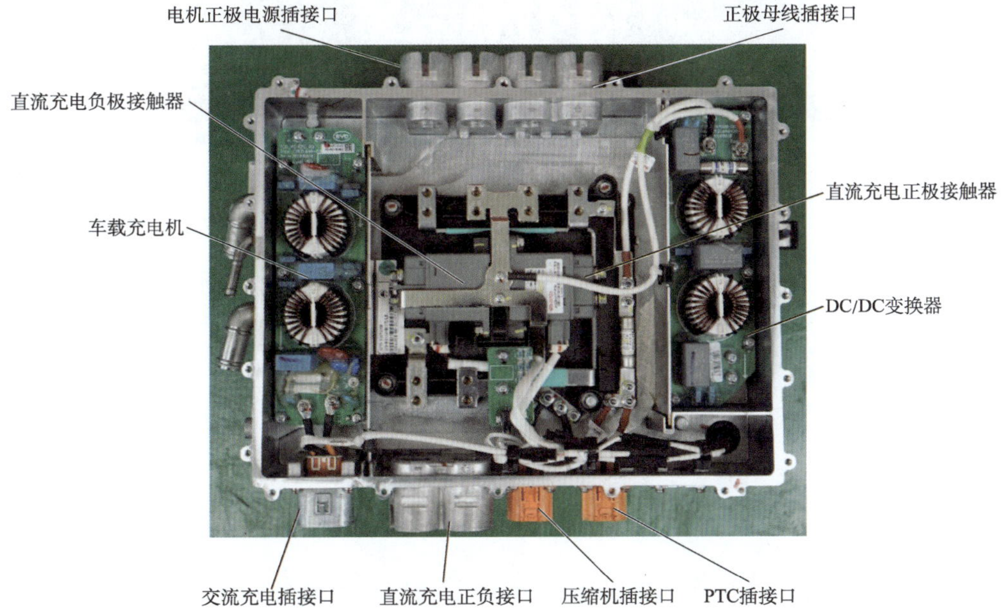

图 2-1-12　比亚迪 e5(2019 款)充配电总成结构

如图 2-1-13、图 2-1-14 所示,比亚迪 e5(2018 款)高压配电部分结构组成,铜排连接片、接触器、霍尔电流传感器、预充电阻、动力蓄电池正负极输入、接触器由电池管理器控制,控制充放电。高压配电部分安装在高压电控总成里面,实现整车高压回路配电功能以及高压漏电检测。

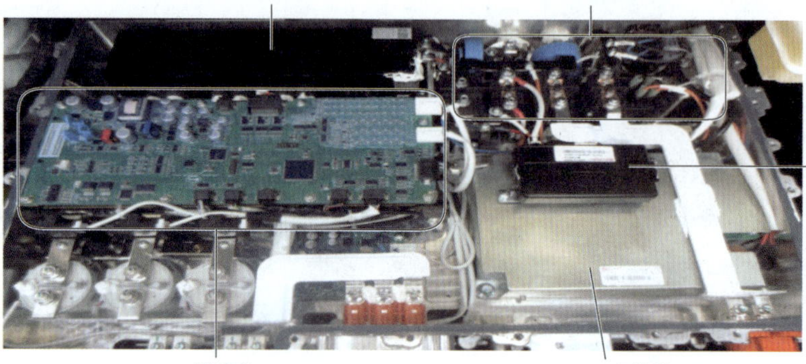

图 2-1-13　比亚迪 e5(2018 款)高压电控总成

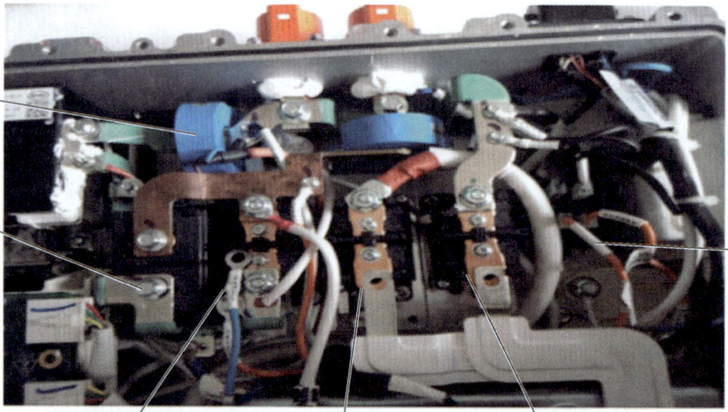

图 2-1-14　比亚迪 e5(2018 款)高压配电箱结构

比亚迪 e6 纯电动汽车的高压配电箱高压线束接头如图 2-1-15 所示,内部结构组成如图 2-1-16 所示。

4.高压配电箱工作原理

1)高压配电箱的工作状态

当车辆处于不同状态时,高压配电箱内各配电线路会起不同的作用,以下将分 4 种状态介绍高压配电箱的工作原理。

(1)快充状态。

将直流充电枪插入快充充电口,电池管理系统与直流充电桩进行信息交互及安全监测,闭合高压配电箱快充继电器以及动力蓄电池继电器,将直流充电桩转化的高压直流电,经高压配电箱存储到动力蓄电池,如图 2-1-17 所示。

图 2-1-15　比亚迪 e6 的高压配电箱高压线束接头

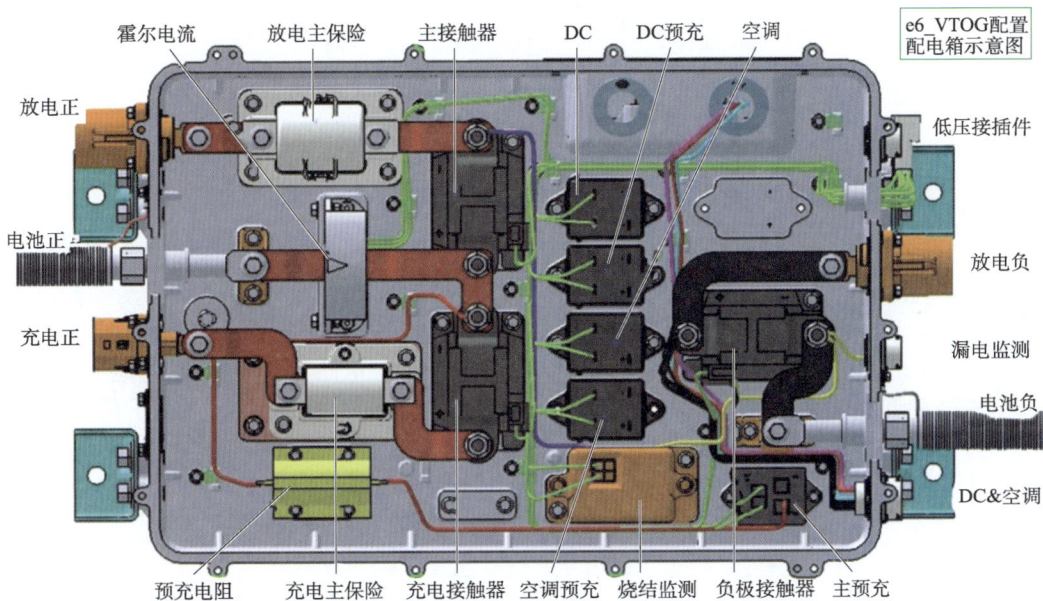

图 2-1-16　比亚迪 e6 高压配电箱内部结构

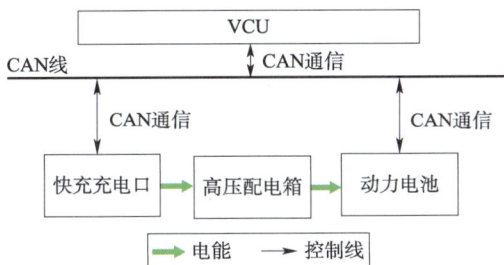

图 2-1-17　快充状态高压配电箱工作原理示意图

（2）慢充状态。

将交流充电枪插入慢充充电口后，电池管理系统将动力蓄电池中的继电器闭合，经车载充电机转化的高压直流电经高压配电箱储存到动力蓄电池，如图 2-1-18 所示。

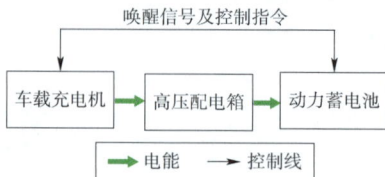

图2-1-18　慢充状态高压配电箱工作原理示意图

（3）驱动状态。

当车辆处于驱动状态，电池管理系统接收整车控制器的控制信号，将动力蓄电池中储存的电能经高压配电箱分配到电机控制器，通过电机驱动车辆行驶，如图 2-1-19 所示。

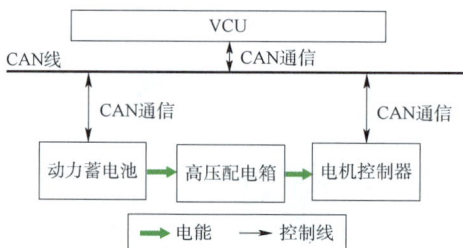

图2-1-19　驱动状态高压配电箱工作原理示意图

（4）能量回收状态。

当车辆进行能量回收时，回收的电能通过高压配电箱储存到动力蓄电池中，以增加整车续航里程，如图 2-1-20 所示。

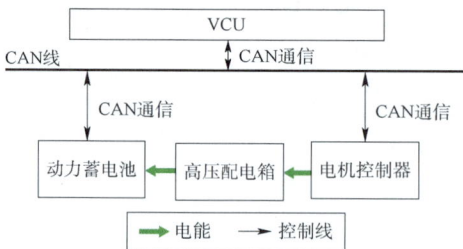

图2-1-20　能量回收状态高压配电箱工作原理示意图

2）以比亚迪 e6 纯电动汽车为例，介绍高压配电箱的电气原理，如图 2-1-21 所示

高压配电箱管理高压系统电量的通断，在车辆上电和车辆充电时，配电箱内各接触器有效按顺序运行通断，保证整车高压系统的安全运行。接触器通断顺序如下：

（1）上电时接触器吸合顺序：

吸合负极接触器—吸合 DC 预充—吸合 DC 接触器—断开 DC 预充—吸合主预充

接触器—吸合主接触器—断开主预充接触器—吸合空调预充接触器—吸合空调接触器—断开空调接触器。

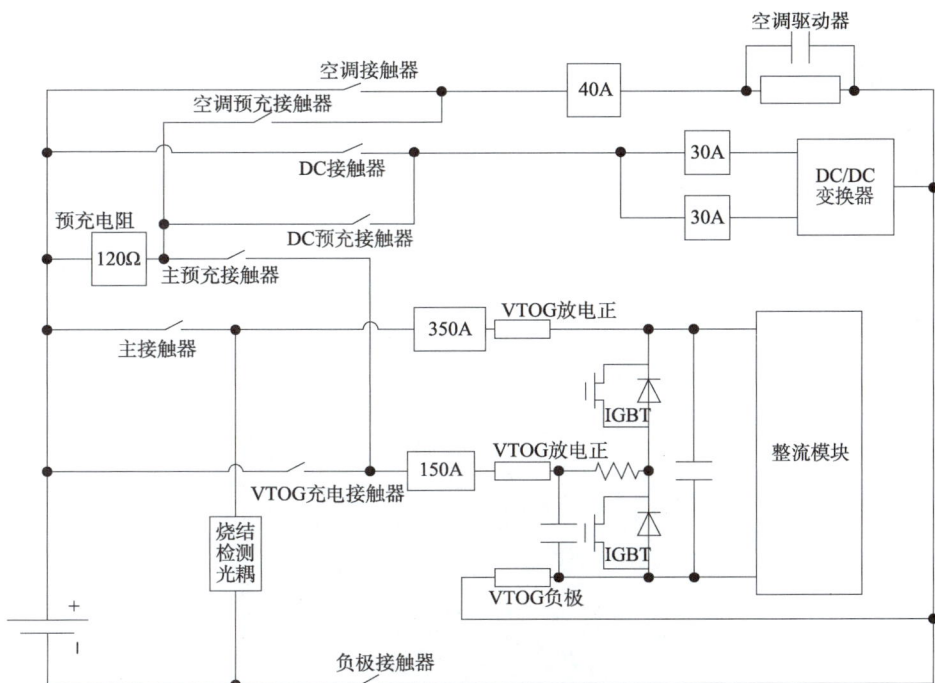

图 2-1-21　比亚迪 e6 纯电动汽车高压配电箱电气原理图

（2）充电时接触器吸合顺序：

吸合负极接触器—吸合 DC 预充—吸合 DC 接触器—断开 DC 预充—吸合主预充接触器—吸合充电接触器—断开主预充接触器。

5.高压配电箱拆装注意事项

高压配电箱属于高压危险产品，维修人员拆装过程需注意以下事项：

（1）高压配电箱黄线连接部分或者贴有高压标识的零部件没有经过比亚迪公司授权的服务店人员不能私自拆卸。

（2）高压配电箱卸下前，需要车辆退电至 OFF 挡，断开蓄电池包维修开关，且对开关插座进行覆盖绝缘保护。

（3）动力蓄电池动力输出出口插座必须进行绝缘覆盖保护，避免异物落入造成触电。

（4）拆卸过程中，注意采样线不得用力拉拔，过度弯曲，以防信号线受损坏。

（5）安装过程，螺钉紧固力矩必须按照设计力矩要求使用专业工具紧固。

（6）高压配电箱不可随意开盖，要避免异物、液体等进入配电箱内部。

（7）高压配电箱拆卸过程中注意零部件标识，以免遗漏或装错；安装完成后必须对紧固件紧固至规范力矩。

（8）高压配电箱的拆卸和安装过程禁止以下行为：暴力拆卸、跌落、碰撞、重压组件、过度拉扯线路等非正常工作行为;禁止非工作人员拆卸。

(9)高压配电箱属高压器件,操作不当易造成人员伤亡。所有拆装过程需要佩戴防护工具,严格参照拆装规范。

任务实施 》》》

一 工作准备

1.场地布置

作业前现场环境检查:检查绝缘垫,设立隔离柱,布置警戒线,张贴警示牌,以警示相关人员,避免无关人员进入发生安全事故。场地布置如图2-1-22所示。

图2-1-22 场地布置

2.绝缘用品

1)个人安全防护用品准备

新能源汽车维修人员必须检查并穿戴必要的安全防护用品,如绝缘手套、绝缘鞋、防护眼镜、安全帽等,其耐压等级需符合作业要求,如图2-1-23所示。

绝缘手套 绝缘鞋 护目镜 安全帽

图2-1-23 安全防护用品

2)绝缘工具准备

新能源汽车维修中若涉及高压部件的拆装时需要使用绝缘工具,确保操作人员人身安全。图2-1-24所示为常见绝缘工具套装。

3)绝缘测试仪准备

检测新能源汽车电气绝缘性能时,需要使用专用的绝缘测试仪器,测量高压电缆及零部件对车身绝缘电阻是否位于规定值范围内。图2-1-25所示为常见绝缘测试仪。

图 2-1-24　绝缘工具

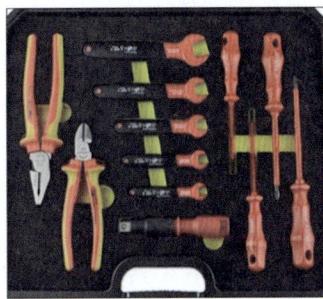

图 2-1-25　绝缘测试仪

3.进行车辆防护

（1）安装车内防护三件套，放置车辆挡块，调整举升机顶脚到合适位置。拉起前机舱盖手柄，打开前机舱盖，安装车外防护三件套，如图 2-1-26 所示。

（2）穿戴绝缘鞋，检查绝缘手套气密性，佩戴护目镜、安全帽、绝缘手套；对万用表、绝缘测试仪进行校零，如图 2-1-27 所示。

图 2-1-26　车内三件套

注意事项：使用绝缘手套时,应将外衣袖口塞进手套的袖筒里

图 2-1-27　个人防护

4.安全准备工作及注意事项（表2-1-1）

安全准备工作及注意事项　　　　　　　　　　　　　表 2-1-1

操作步骤	操作项目	注意事项
步骤一： 整理场地	场地准备	1.高压动力蓄电池修理工位必须洁净、干燥、无油脂、无飞溅火花、工位地面进行绝缘处理。 2.为了防止未经授权人员进入工位以及无法确保高电压本身安全或出现不明状态时，应使用隔离带。竖立发光黄色警告提示。 3.检查灭火器是否处于正常使用条件。 4.检查工位地面绝缘是否良好
步骤二： 场地设备检查	场地设备准备	1.检查举升机维护保养日期，试运行举升机，检测工作状况。 2.检查车辆停放位置及举升臂高度。 3.检查动力蓄电池托举车工作状况是否良好

操作步骤	操作项目	注意事项
步骤三： 车辆检查	车辆准备	1.检查车辆外观,察看有无划痕、变形、损伤并进行记录。 2.检查车辆挡块是否齐备安装稳固有效。 3.检查车辆举升支撑位置是否处于正确位置
步骤四： 安全防护设备检查	绝缘手套检查	1.检查绝缘手套标识,确认耐压等级。 2.检查外观有无明显磨损痕迹。 3.检查绝缘手套密封性。 (1)卷起手套边缘。 (2)折叠开口,并封住手套开口。 (3)向手套内吹气,确认无空气泄漏。 (4)使用同样的方法检查第二只手套
	安全帽检查	1.检查安全帽有无破损、裂纹。 2.根据自身调整安全帽扣带
	护目镜检查	1.检查护目镜表面有无破损、裂纹、镜面清晰度是否正常。 2.根据自身调整护目镜扣带尺寸
	绝缘鞋检查	1.检查绝缘鞋标识,确认耐压等级。 2.检查绝缘鞋有无破损、老化、裂纹
	绝缘服检查	1.检查绝缘服标识、确认耐压等级。 2.检查绝缘服有无破损、油污及各扣合位置正常可用
步骤五： 拆装工具检查	工具检查	1.清点绝缘工具套装内数目确认项目使用工具正常可用,绝缘部位无破损、老化、裂纹。 2.扭力扳手检验合格证处于有效期,力矩调整灵活准确
步骤六： 检测设备检查	汽车用数字万用表检查	1.检查万用表设备及附件是否配备齐全。 2.检查万用表设备合格证书。 3.校验万用表确认测量有效性
	漏电诊断仪检查	1.检查漏电诊断仪设备及附件是否配备齐全。 2.检查漏电诊断仪设备合格证书。 3.校验漏电诊断仪确认测量有效性
	放电工装检查	1.检查放电工装设备及附件是否配备齐全。 2.检查放电工装设备合格证书

二 ⚡ 比亚迪秦插电式混合动力电动汽车高压配电箱检修

1. 高低压断电

1）低压断电

打开行李舱盖,断开蓄电池负极,并做好防护。正常情况下,在点火开关关闭并断开蓄电池负极后,高压系统可能还存在高压电,这是因为高压部件中高压电容的存在造成的。因此,需要经过一段时间的等待,高压电容中的电才能被完全释放。

比亚迪秦混合动力电动汽车高压配电箱拆卸

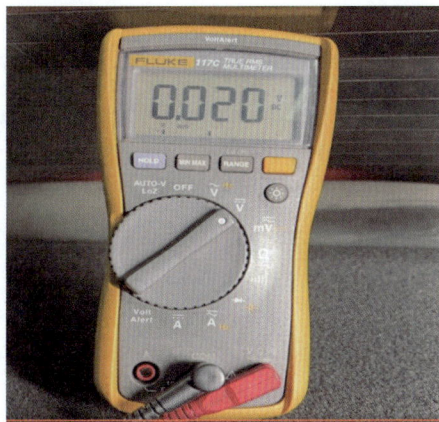

2）高压断电

打开后车门,拆卸后排座椅及靠背,拔下座椅相关插接件,两人配合抬出座椅和靠背,佩戴绝缘手套,拔下维修开关,等待 3min。

2. 比亚迪秦插电式混合动力电动汽车高压配电箱拆卸

（1）打开行李舱盖,拆下行李箱的内护板,使用十字螺丝刀,拆下动力蓄电池后封板,如图 2-1-28 所示,佩戴绝缘手套,万用表选择直流电压挡,将红、黑表笔分别搭在动力蓄电池的正、负极输出母线端进行验电,电压值不大于5V 时,方可继续操作。

图 2-1-28　万用表验电及测量值

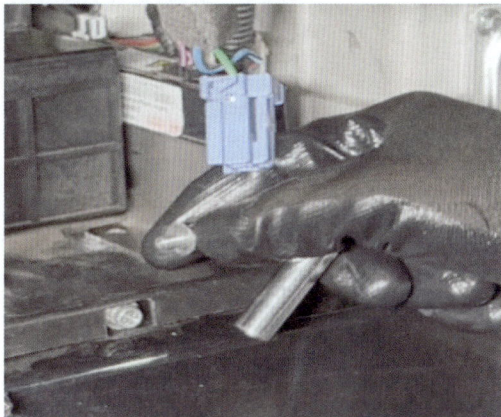

（2）如图 2-1-29 所示,使用套筒扳手取下漏电传感器的固定螺栓,并断开高压配电箱外部的低压控制插头和漏电传感器检测插头。

图 2-1-29　取下漏电传感器的固定螺栓和插接件

（3）如图 2-1-30 所示,佩戴绝缘手套,依次拔下高压配电箱外部的车载充电器输入端子、空调输出端子、动力蓄电池输入正、输入负端子、驱动电机控制器与 DC 正、负端子。

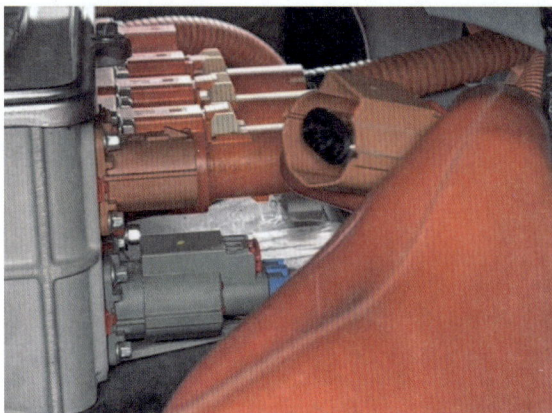

图 2-1-30　拔下空调输出端子

（4）如图 2-1-31 所示，使用 10 号套筒扳手取下高压配电箱外部搭铁线束固定螺栓和高压配电箱固定螺栓，并从后背箱内取出高压配电箱放至工作台。

图 2-1-31　取下搭铁线束固定螺栓和高压配电箱固定螺栓

3. 比亚迪秦插电式混合动力电动汽车高压配电箱内部元件检测

（1）如图 2-1-32 所示，使用 7 号套筒扳手预松并拧下高压配电箱上盖板固定螺栓并取下盖板，查看线路是否有烧蚀现象，使用万用表电阻挡对高压配电箱所有线束进行测量，如图 2-1-33 所示，确认是否存在线束断路。

（2）如图 2-1-34 所示，使用 7 号套筒扳手预松并拧下高压配电箱外部空调熔断器和车载充电熔断器侧防护盖板固定螺栓，取下盖板。

（3）如图 2-1-35 所示，使用万用表电阻挡对空调熔断器和车载充电熔断器进行测

比亚迪秦混合动力电动汽车高压配电箱内部元件的拆卸与检测

量,正常值不大于1Ω。

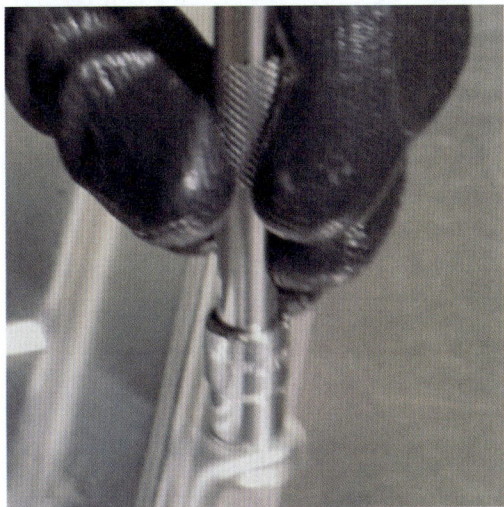

图 2-1-32　拧下上盖板固定螺栓

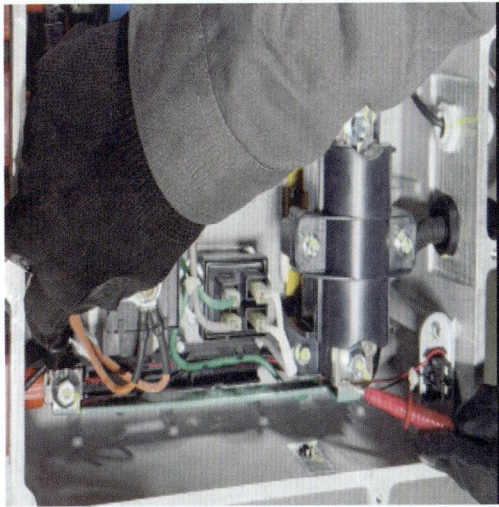

图 2-1-33　线束检测

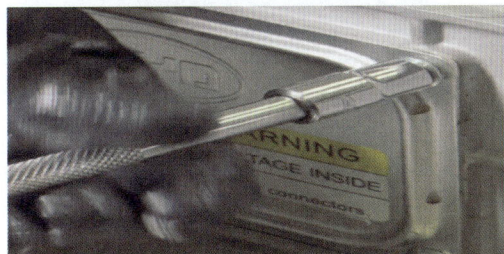

图 2-1-34　拧下侧护板固定螺栓

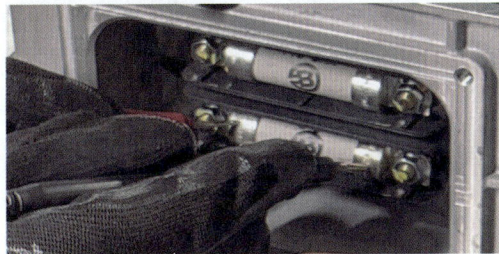

图 2-1-35　检测车载充电保险

（4）如图 2-1-36 所示,依次拔下主接触器、负极接触器的线圈回路插头,预充接触器线圈回路和触点回路插头,使用 7 号套筒预松并拧下霍尔电流传感器固定螺栓。

比亚迪秦混合动力车高压配电箱内部元件的安装

（5）使用 8 号套筒和 10 号套筒按照正极接触器、正极熔断器、负极接触器的顺序,依次拧下各接触器之间的连接线束固定螺栓,并取出连接线束(需要注意的是霍尔电流传感器在此处和线束一起取下)和正极熔断器。

（6）如图 2-1-37 所示,使用 7 号套筒依次预松并拧下主接触器、负极接触器和预充接触的固定螺栓,并取出所有接触器。

（7）如图 2-1-38 所示,使用万用表电阻挡测量预充接触器线圈回路阻值,正常值在110Ω 左右。

（8）如图 2-1-39 所示,使用万用表电阻挡测量预充接触器触点回路阻值,正常值为无穷大。

（9）如图 2-1-40 所示,对正极接触器线圈回路两端施加外部 12V 电源,测量预充接触器触点回路阻值,正常值不大于 1Ω。

图 2-1-36　拔下各接触器线圈回路插头

图 2-1-37　拧下主接触器固定螺栓

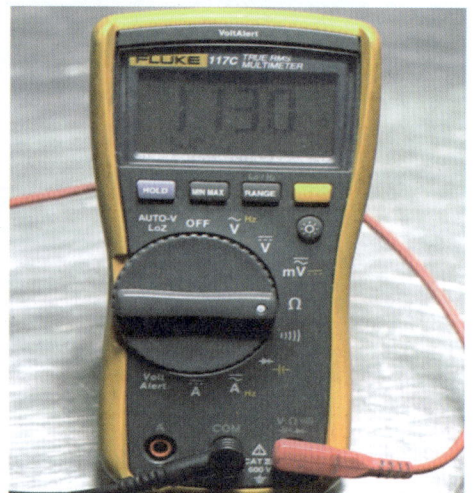

图 2-1-38　检测预充接触器线圈回路及测量数值

图 2-1-39　检测预充接触器触点回路及测量数值

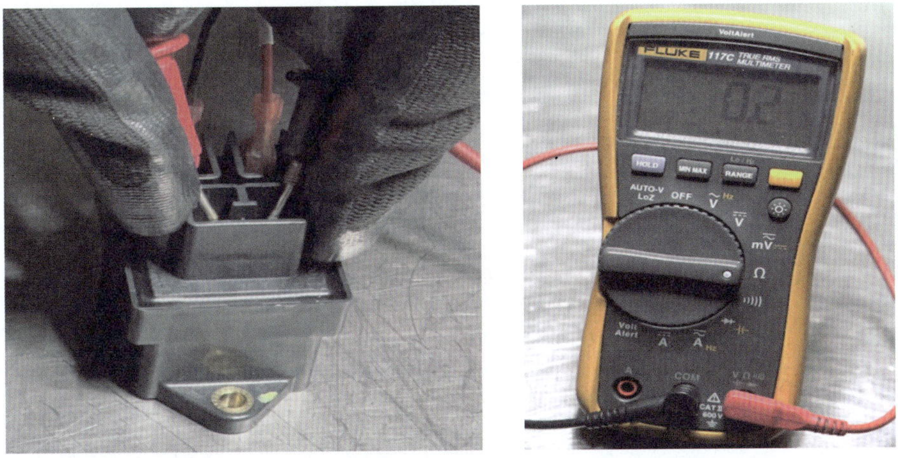

图 2-1-40 外加 12V 电源后检测预充接触器触点回路及测量数值

（10）使用上述方法分别对主接触器和负极接触器进行检测。

（11）如图 2-1-41 所示，使用万用表电阻挡测量正极熔断器阻值，正常值不大于 1Ω。

图 2-1-41 检测正极熔断器及测量数值

（12）如图 2-1-42 所示，使用万用表电阻挡测量预充电阻阻值，正常值为 360Ω。

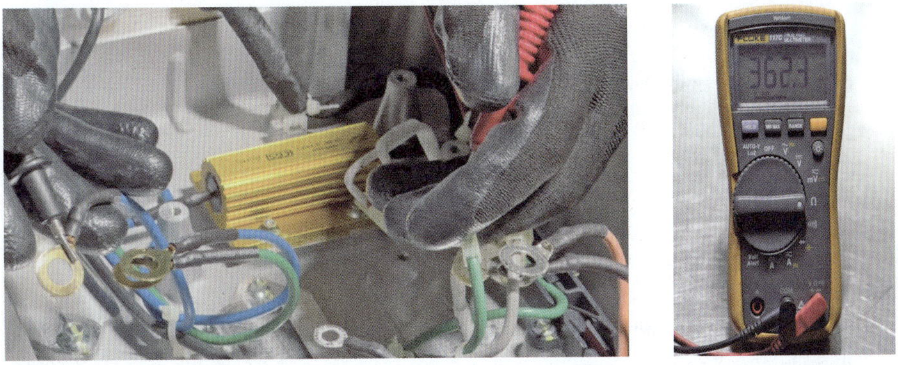

图 2-1-42 检测预充电阻及测量数值

（13）如图 2-1-43 所示，依次将主极接触器、负极接触器和预充接触器装回，并使

图 2-1-43　装回主接触器

用 7 号套筒紧固接触器固定螺栓。

（14）使用 8 号套筒和 10 号套筒按照正极接触器、正极熔断器、负极接触器的顺序，依次装回各接触器之间的连接线束，并紧固线束固定螺栓，需要注意的是霍尔电流传感器在此处和线束一起装回。使用 7 号套筒紧固霍尔电流传感器固定螺栓。

（15）依次将正极接触器、负极接触器的线圈回路插头、预充接触器线圈回路和触点回路插头插回原位置。

（16）如图 2-1-44 所示，使用 7 号套筒紧固高压配电箱外部空调熔断器和车载充电熔断器侧防护盖板和高压配电箱上盖板固定螺栓。

图 2-1-44　预紧上盖板和侧防护板固定螺栓

4. 比亚迪秦插电式混合动力电动汽车高压配电箱安装

（1）如图 2-1-45 所示，将高压配电箱从行李舱安装回动力蓄电池上原位置，使用 10 号套筒紧固高压配电箱外部搭铁线束固定螺栓和高压配电箱固定螺栓。

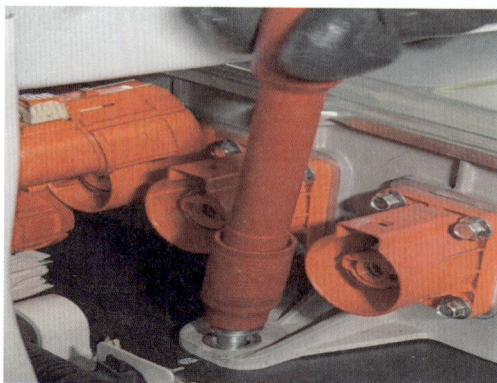

图 2-1-45　预紧固定螺栓

（2）如图 2-1-46 所示，佩戴绝缘手套，依次将高压配电箱外部的车载充电器输入端子、空调输出端子、动力蓄电池输入正、输入负端子、驱动电机控制器与 DC 正、负端子插回至高压配电箱外部底座上。

（3）如图 2-1-47 所示，将高压配电箱外部的低压插头和漏电传感器检测插头插回，使用套筒紧固漏电传感器的固定螺栓。

比亚迪秦插电式
混合动力车高压
配电箱安装

图 2-1-46　插回驱动电机控制器与 DC 正端子

图 2-1-47　插回低压控制插头和漏电传感器检测插头

（4）佩戴绝缘手套，安装动力蓄电池高压维修开关，两人合作，安装后座和后座靠背，去除蓄电池负极防护，安装蓄电池负极，起动车辆，查看是否能够正常上电。

（5）规范 8S 操作、现场恢复。打开前机舱盖，取下车外防护三件套，并叠好放置工具箱内，盖好机舱盖；打开车门，取下车内防护三件套，并扔到垃圾桶里，关好车门；收起绝缘地垫和灭火器；将安全警示牌放回工具箱内；收起车轮三角挡块；收起维修工位周边警戒线。

三、比亚迪 e5 纯电动汽车高压配电箱的检修

1. 低压断电

关闭车辆点火开关，确认点火开关置于 LOCK 位置，将钥匙放到一个安全的区域，通常应该远离被维护的汽车。

注意：

如果使用按钮起动，把钥匙拿到离车至少 5m 远的地方，或锁入维修柜，防止汽车意外被起动。

所有充电口应用绝缘胶布封住，防止车辆作业时被误充电，如图 2-1-48 所示。

断开低压蓄电池负极。切断低压控制系统，防止在进行高压系统维修时误操作接通导致高压上电，造成危险，对低压蓄电池负极桩进行绝缘处理，并等待 5min 以上，如图 2-1-49 所示。

警告：

正常情况下，在点火开关关闭后，高压系统可能还存在高压电，这是因为高压部件中高压电容的存在造成的，需要经过一段时间的等待，高压电容中的电才能被完全释放。

图 2-1-48　充电口防护

图 2-1-49　断开低压蓄电池负极电缆

2. 充配电总成的检查

（1）检查充配电总成外观是否有破损，如图 2-1-50 所示。

（2）检查蓄电池包接插器线束连接是否可靠，电机接插器线束连接是否可靠。如图 2-1-51 所示。

比亚迪 e5 纯电动汽车
充配电总成检测

图 2-1-50　外观检查

图 2-1-51　高压线束的检查

（3）检查蓄电池包高压接插器线束端子是否正常，检查电机高压接插器线束端子是否正常。如图 2-1-52 所示。

图 2-1-52　高压线束的端子检查

（4）对蓄电池包、电机高压接插器进行绝缘检测，大于 $500\Omega/V$ 正常，如图 2-1-53 所示。

（5）检查快充高压接插器线束连接是否可靠，如图 2-1-54 所示。

（6）检查快充高压接插器线束端子是否正常，如图 2-1-55 所示。

（7）对快充高压接插器进行绝缘检测，大于 $500\Omega/V$ 正常，如图 2-1-56 所示。

图 2-1-53 蓄电池包、电机高压接插器绝缘检测

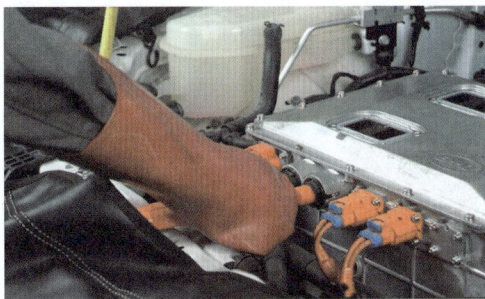

图 2-1-54 快充接器插接器检查

图 2-1-55 快充连接器互锁端子检查

（8）检查慢充接插器线束连接是否可靠，如图 2-1-57 所示。

图 2-1-56 快充高压接插器绝缘检测

图 2-1-57 检查慢充接插器

（9）检查慢充接插器互锁端子是否有缺失，如图 2-1-58 所示。

（10）对慢充接插器进行绝缘检测，大于 $500\Omega/V$ 正常，如图 2-1-59 所示。

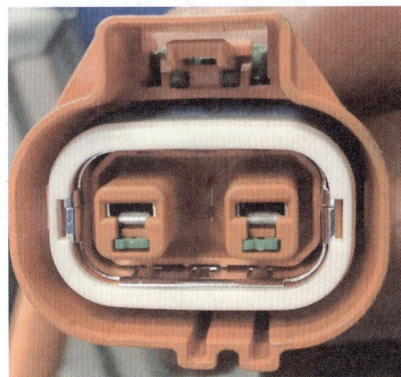

图 2-1-58 检查慢充接插器互锁端子

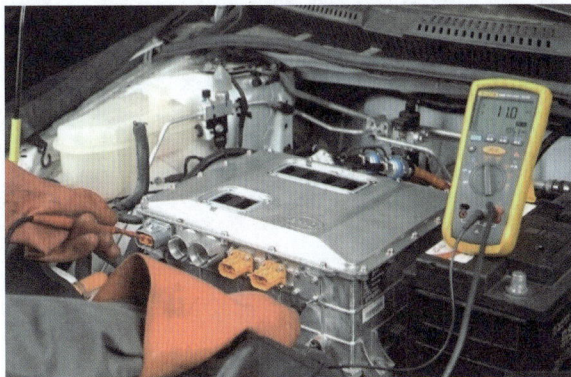

图 2-1-59 慢充接插器绝缘检测

（11）检查空调压缩机接插器线束连接是否可靠，如图 2-1-60 所示。

（12）检查空调压缩机接插器线束互锁端子是否有缺失，如图 2-1-61 所示。

图 2-1-60　空调连接器插接器检查

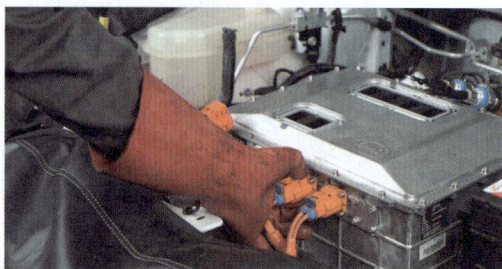

图 2-1-61　空调连接器互锁端子检查

（13）对空调压缩机接插器进行绝缘检测，大于 500Ω/V 正常，如图 2-1-62 所示。

（14）检查 PTC 加热器接插器线束连接是否可靠，如图 2-1-63 所示。

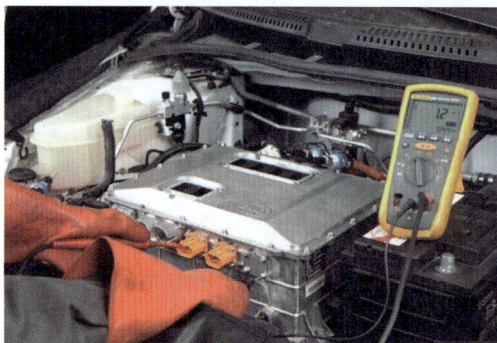

图 2-1-62　空调连接器绝缘检测

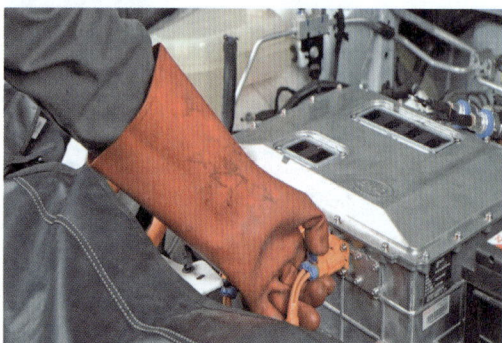

图 2-1-63　PTC 加热器接器插接器检查

（15）检查 PTC 加热器接插器线束互锁端子是否有缺失，如图 2-1-64 所示。

（16）对 PTC 加热器接插器进行绝缘检测，大于 500Ω/V 正常，如图 2-1-65 所示。

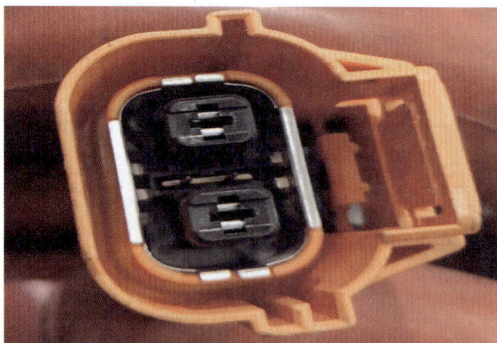

图 2-1-64　PTC 加热器连接器互锁端子检查

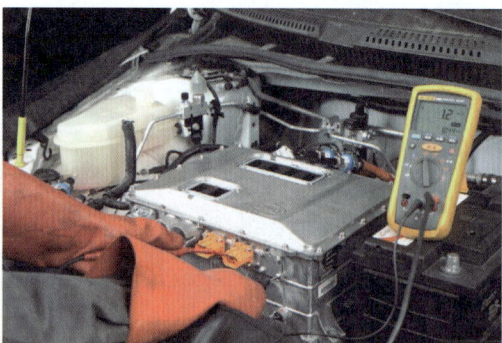

图 2-1-65　PTC 加热器接插器绝缘检测

（17）检查 DC/DC 变换器接插器端子连接是否正常，如图 2-1-66 所示。

3. 充配电总成拆装

（1）打开冷却液补偿水桶盖，如图 2-1-67 所示。

图 2-1-66　检查 DC/DC 变换器接插器端子

比亚迪 e5 纯电动汽车
充配电总成拆卸

比亚迪 e5 纯电动汽车
充配电总成安装

（2）举升车辆,拧松防护板固定螺栓,取下防护板,如图 2-1-68 所示。

图 2-1-67　打开冷却液补偿水桶盖

图 2-1-68　取下防护板

（3）取下冷却液排放堵头,将冷却液排放干净,安装冷却液堵头。如图 2-1-69 所示。

图 2-1-69　冷却液排放

（4）拆卸低压插头。如图 2-1-70 所示。

图 2-1-70　拆卸低压插头

（5）检测正负母线间电压值,确保无电压输出。如图 2-1-71 所示。

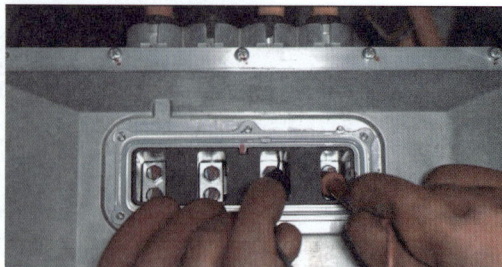

图 2-1-71　检测正负母线间电压值

（6）拆卸四根高压连接端子。如图 2-1-72 所示。

图 2-1-72　拆卸四根高压线

（7）拆卸快充接口母线。如图 2-1-73 所示。

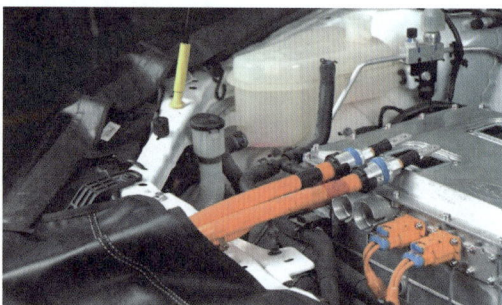

图 2-1-73　拆卸快充接口母线

（8）拆下慢充、压缩机、PTC 三个高压插接端子。如图 2-1-74 所示。

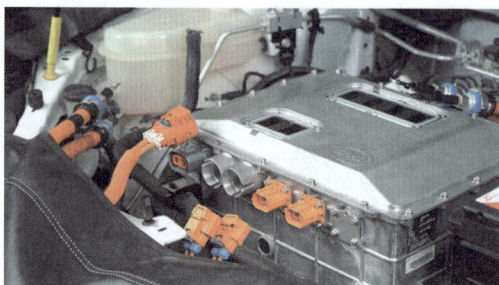

图 2-1-74　拆下慢充、压缩机、PTC 插接端子

（9）拆下水管卡扣、水管卡箍、拆下水管。如图 2-1-75 所示。

图 2-1-75　拆下水管

（10）拆下总成搭铁固定螺栓。如图 2-1-76 所示。

图 2-1-76　拆下总成搭铁固定螺栓

（11）拆下总成螺栓,取下总成。如图 2-1-77 所示。

图 2-1-77　取下总成

（12）打开充配电总成罩盖并取下。如图 2-1-78 所示。

（13）用万用表检查直流充电正负接触器是否烧结,正常情况,接触器触点之间电阻为无穷大。如图 2-1-79 所示。

（14）拔下充配电总成低压端子,测量 B74/8 与 B74/9 间的电阻,直流充电正极接触器线圈电阻正常值为 22.8Ω。测量 B74/8 与 B74/10 间的电阻,直流充电负极接触器线圈电阻正常值为 22.8Ω。如图 2-1-80 所示。

图 2-1-78　打开充配电总成罩盖

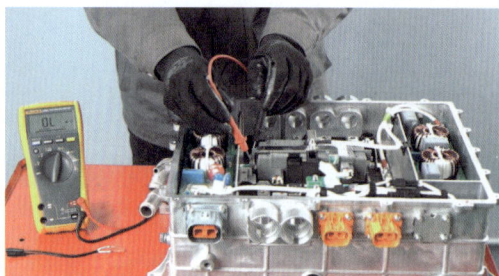

图 2-1-79　直流充电正负接触器烧结检查

图 2-1-80　直流充电正负极接触器线圈电阻检查

（15）检查熔断丝是否导通。不导通更换。如图 2-1-81 所示。

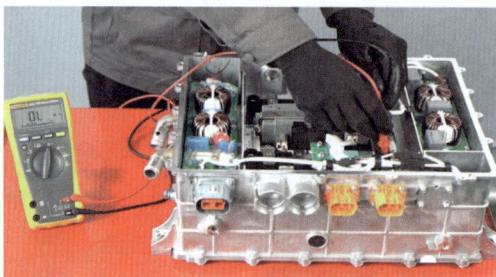

图 2-1-81　熔断丝检查

（16）短接交流充电插接器的互锁端子,测量高压互锁 2 的电阻值,导通正常。如图 2-1-82 所示。

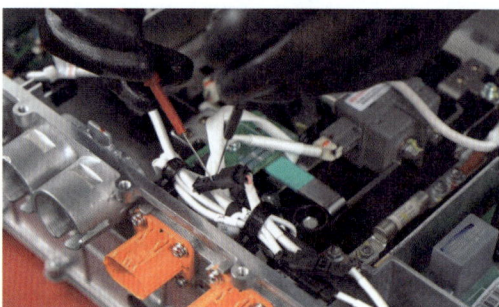

图 2-1-82　高压互锁 2 检查

（17）安装充配电总成罩盖。如图 2-1-83 所示。

图 2-1-83　安装充配电总成罩盖

（18）更换充配电总成后，按相反顺序安装。

📑 知识拓展 ⟫⟫⟫

电弧放电的危害

当开关电器开断电路，电压和电流达到一定值时，触点刚刚分离后，触点之间就会产生强烈的白光，称为电弧。电弧的实质是一种气体放电现象，电弧放电具有很高的温度。电弧的存在延长了开关电器开断故障电路的时间，加重了系统短路故障的危害。电弧产生的高温，可以使触点表面熔化和蒸发，烧坏绝缘材料。由于电弧在电动力、热力的作用下能移动，容易造成飞弧短路和伤人或引起事故的扩大。

任务二　大众电动汽车功率电子装置的检修

📚 任务描述 ⟫⟫⟫

一辆大众帕萨特插电式混合动力电动汽车和一辆大众朗逸纯电动汽车进厂维修，客户反映汽车无法上高压电，经班组长确认故障后，需要对高压配电系统进行检修。汽车修理工从班组长处接受汽车维修任务，阅读维修工单，明确任务要求，通过查阅维修手册，确定作业流程与技术标准；在规定工期内完成新能源汽车高压配电系统的检查与更换工作，使汽车恢复正常使用性能；自检合格后，填写维修工单，交付班组长进行质量检验，在工作过程中遵循现场工作管理规范。

📝 任务分析 ⟫⟫⟫

功率电子装置作为整车高压用电的分配核心，它连接动力蓄电池，驱动电机、充电器,在整车高压系统中具有承上启下的作用,一旦出现故障会造成整车高压系统无法正常上电而导致车辆无法运行。因此,功率电子装置的检修就显得尤为重要。

📖 知识学习 》》》

一 ⚡ 帕萨特插电式混合动力电动汽车功率电子装置 JX1 结构及功用

1. 帕萨特插电式混合动力功率电子装置(JX1)的结构

功率电子装置 JX1 安装在发动机舱内左侧,如图 2-2-1 所示,是车辆的防盗部件。

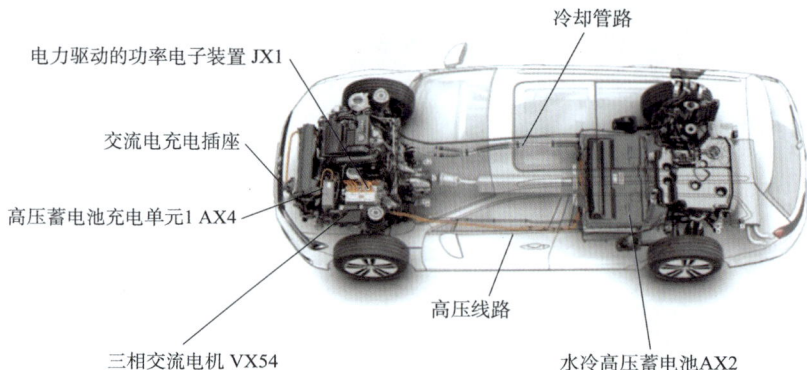

冷却管路

电力驱动的功率电子装置 JX1

交流电充电插座

高压蓄电池充电单元1 AX4

三相交流电机 VX54

高压线路

水冷高压蓄电池AX2

图 2-2-1　功率电子装置的安装位置

功率电子装置由电驱动系统控制器、熔断丝、牵引电动机逆变器、变压器 A19、中间电路电容器、高电压导线的接口、12V 车载电网接口、冷却液接口盖板、防触摸保护绝缘垫等组成,外部结构如图 2-2-2 所示,内部结构如图 2-2-3 所示。

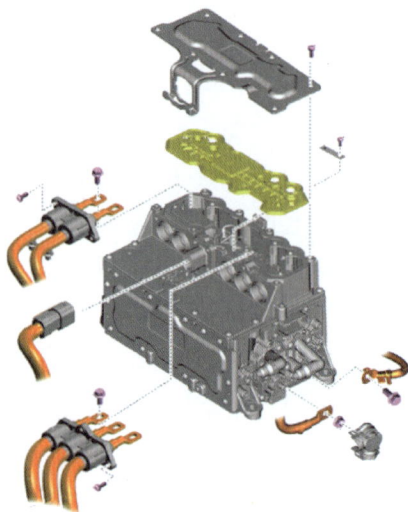

图 2-2-2　功率电子装置 JX1 外部结构

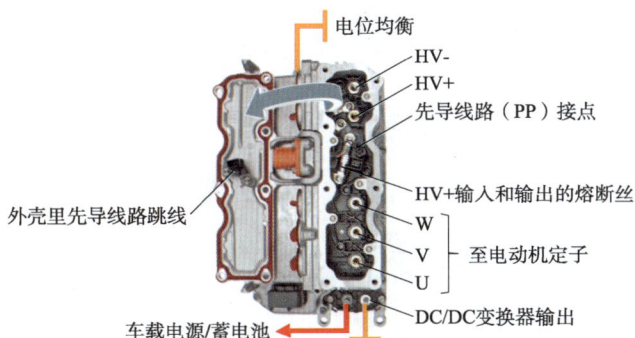

图 2-2-3　功率电子装置 JX1 内部结构

2. 帕萨特混合动力电动汽车功率电子装置(JX1)的作用

它的作用是控制三相交流驱动电机 VX54、高压电池的充电和车载电网的供电。此外,它还是高压电池的充电器 AX4 和高压电池 AX2 之间的连接部件。JX1 通过一条电位平衡导线与车身相连,并在低温回路中冷却。功率电子装置 JX1 与高压部件的连接如图 2-2-4 所示。

图 2-2-4　帕萨特插电式混合动力电动汽车高压部件与功率电子装置 JX1 的连接

3. 帕萨特插电式混合动力电动汽车功率电子装置 JXI 工作原理

结合图 2-2-4 所示内容,功率电子装置 JX1 将高压蓄电池包直流电压变换为高压三相交流电压(DC/AC),用来驱动电机 V141 带动车辆行驶,交流电压通常为 PWM 信号组成的方波或正弦波电压;功率电子装置 JX1 将高压电池的直流高电压转换为车载网络所需的 12V 低压直流电(DC/DC),用于普通车载控制器和执行器的运行。功率电子装置 JX1 在外接充电过程中,功率电子装置连接充电器 AX4 和高压蓄电池包 AX2,电流走向如图 2-2-5 所示。

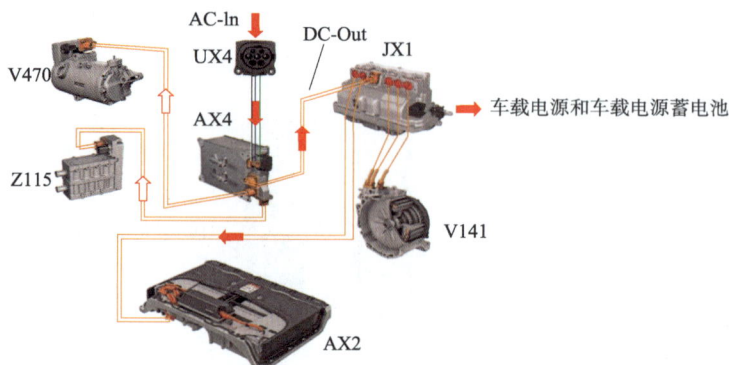

图 2-2-5　充电电流走向(箭头所示)

二　朗逸纯电动汽车功率电子装置 JX1 的结构与功用

1. 朗逸纯电动汽车功率电子装置 JX1 的结构

JX1 安装在车辆发动机舱内左侧,是防盗部件。它主要由电驱动系统控制器 J841、熔断丝 S355、牵引电动机逆变 A37、变压器 A19、中间电路电容器 C25、高电压导线的接口、12V 车载电网接口、冷却液接口等组成,如图 2-2-6 所示。

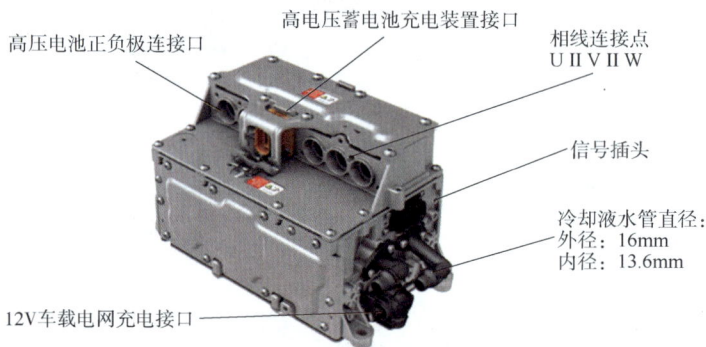

图 2-2-6　功率电子装置的组成

2. 朗逸纯电动汽车功率电子装置 JX1 的功用

功率电子装置 JX1 将动力蓄电池的高压直流电转化成高压交流电,给车辆电机供电,驱动车辆行驶。同时接收车载充电器或非车载充电器的直流电来给动力蓄电池充电,并具有其他的辅助检测功能。功率电子装置 JX1 还可以将交流电转换为直流电。主要由两个作用:一是将电网普通的交流电转换为直流电,为高压电池充电,即所谓的充电机;二是制动或滑行回收能量时,将充电机的三相交流电转变为直流电为高压电池充电,此处的充电机通常是驱动电机反向作为充电机使用。

3. 功率电子装置 JX1 的工作原理

(1)JX1 的 DC/AC 转换器 A37 作为电动机运行时的功能原理,控制单元通过一个

PWM 信号启动相绕组,不管是正或负绕组。电机的功率输出和转速受脉冲宽度与极性变化的控制,如图 2-2-7 所示。

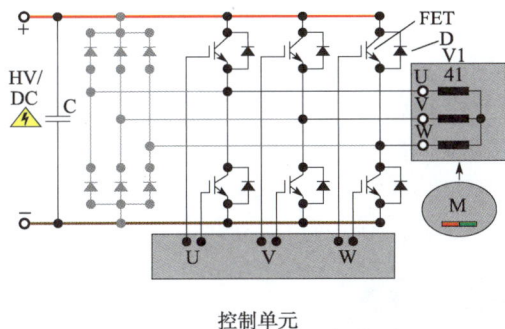

图 2-2-7　功率电子装置 JX1 对电机的控制

(2)启动 FET(场效应晶体管),产生三相交流电动机的供电电压,如图 2-2-8 所示。

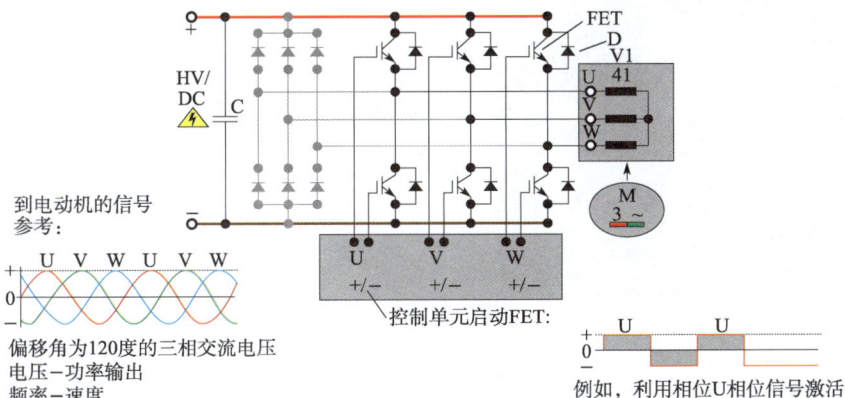

图 2-2-8　功率电子装置 JX1 将直流电转化成三相交流电

(3)JX1 的 A37 的 AC/DC 变换器,作为发电机运行时的功能原理。原则上,该电路等同于常规三相交流发电机。变频器和蓄电池调节控制单元 J840 调节对高压蓄电池充电的 AC/DC 变换器的功率输出。DC/DC 变换器,J519(车载电源控制单元)负荷管理与蓄电池监测控制单元 J367 调节车载电源的功率输出及车载电源蓄电池的充电,如图 2-2-9 所示。

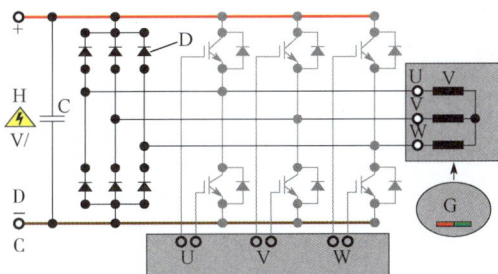

图 2-2-9　高压蓄电池给车载电源蓄电池充电

4. 低压断电

（1）维护插头 TW 位于发动机舱内左侧，它一方面用于高压先导控制线路（互锁回路）中的电气连接，另一方面也是保险电路的组成部分。若打开维护插头 TW，先导控制线路也会随之打开并中断高压蓄电池接触器。维护插头用于切断高电压系统的电压。请使用车辆诊断系统中相应的程序来专业地打开并断开高电压系统。打开后能够使用维护插头和挂锁，以防重新接通。

（2）功率接触器的控制电流供电熔断丝位于驾驶员侧置物盒后方的熔断丝座中，通过提示标牌标记，拔下该熔断丝也可切断高压电系统，如图 2-2-10 所示。

图 2-2-10　拔熔断丝断开高压

任务实施 ▶▶▶

一 🔌 工作准备

1. 场地布置

作业前现场环境检查：检查绝缘垫，设立隔离柱，布置警戒线，张贴警示牌，以警示相关人员，避免无关人员进入发生安全事故。

2. 绝缘用品

1）个人安全防护用品准备

新能源汽车维修人员必须检查并穿戴必要的安全防护用品，如绝缘手套、绝缘鞋、防护眼镜、安全帽等，其耐压等级需符合作业要求，如图 2-2-11 所示。

2）绝缘工具准备

新能源汽车维修中若涉及高压部件的拆装时需要使用绝缘工具，确保操作人员人身安全。图 2-2-12 所示为常见绝缘工具套装。

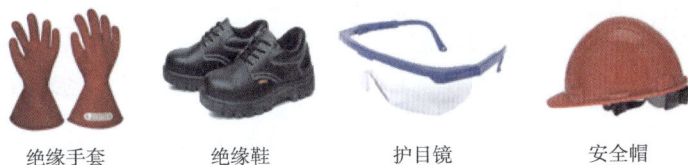

| 绝缘手套 | 绝缘鞋 | 护目镜 | 安全帽 |

图 2-2-11 安全防护用品

图 2-2-12 绝缘工具套装

3）绝缘测试仪准备

检测新能源汽车电气绝缘性能时，需要使用专用的绝缘测试仪器，测量高压电缆及零部件对车身绝缘电阻是否位于规定值范围内。图 2-2-13 所示为常见绝缘测试仪。

3. 进行车辆防护

（1）安装车内防护三件套，放置车辆挡块，调整举升机顶脚到合适位置。拉起前机舱盖手柄，打开前机舱盖，安装车外防护三件套，如图 2-2-14 所示。

图 2-2-13 绝缘测试仪

图 2-2-14 车内三件套

（2）穿戴绝缘鞋，检查绝缘手套气密性，佩戴护目镜、安全帽、绝缘手套；对万用表、绝缘测试仪进行校零，如图 2-2-15 所示。

| 绝缘手套 | 绝缘鞋 | 护目镜 | 安全帽 |

图 2-2-15　个人防护

4.安全准备工作及注意事项(表2-2-1)

安全准备工作及注意事项　　　　　　　　　　　　表 2-2-1

操作步骤	操作项目	注意事项
步骤一: 整理场地	场地准备	1.高压动力蓄电池修理工位必须洁净、干燥、无油脂、无飞溅火花、工位地面进行绝缘处理。 2.为了防止未经授权人员进入工位以及无法确保高电压本身安全或出现不明状态时,应使用隔离带。竖立发光黄色警告提示。 3.检查灭火器是否处于正常使用条件。 4.检查工位地面绝缘是否良好
步骤二: 场地设备检查	场地设备准备	1.检查举升器维护保养日期,试运行举升器,检测工作状况。 2.检查车辆停放位置及举升臂高度检查。 3.检查动力蓄电池托举车工作状况是否良好
步骤三: 车辆检查	车辆准备	1.检查车辆外观,察看有无划痕、变形、损伤并进行记录。 2.检查车辆挡块,察看是否齐备安装稳固有效。 3.检查车辆举升支撑位置是否处于正确位置
步骤四: 安全防护设备检查	绝缘手套检查	1.检查绝缘手套标识,确认耐压等级。 2.检查外观有无明显磨损痕迹。 3.检查绝缘手套密封性。 (1)卷起手套边缘。 (2)折叠开口,并封住手套开口。 (3)向手套内吹气,确认无空气泄漏。 (4)使用同样的方法检查第二只手套
	安全帽检查	1.检查安全帽有无破损、裂纹。 2.根据自身调整安全帽扣带
	护目镜检查	1.检查护目镜表面有无破损、裂纹、镜面清晰度是否正常。 2.根据自身调整护目镜扣带尺寸
	绝缘鞋检查	1.检查绝缘鞋标识,确认耐压等级。 2.检查绝缘鞋有无破损、老化、裂纹
	绝缘服检查	1.检查绝缘服标识,确认耐压等级。 2.检查绝缘服有无破损、油污及各扣合位置正常可用

续上表

操作步骤	操作项目	注意事项
步骤五： 拆装工具检查	工具检查	1.清点绝缘工具套装内数目，确认项目使用工具正常可用，绝缘部位无破损、老化、裂纹。 2.扭力扳手检验合格证处于有效期，力矩调整灵活准确
步骤六： 检测设备检查	汽车用数字万用表检查	1.检查万用表设备及附件是否配备齐全。 2.检查万用表设备合格证书。 3.校验万用表确认测量有效性
	漏电诊断仪检查	1.检查漏电诊断仪设备及附件是否配备齐全。 2.检查漏电诊断仪设备合格证书。 3.校验漏电诊断仪确认测量有效性
	放电工装检查	1.检查放电工装设备及附件是否配备齐全。 2.检查放电工装设备合格证书

二 大众帕萨特插电式混合动力车功率电子及 DC 装置的拆检

（1）高低压断电。

①切断高压系统的电压，断开维修插头 TW，并用小锁锁住，如图 2-2-16 所示，并在诊断仪中确认高压电断电，如图 2-2-17 所示。

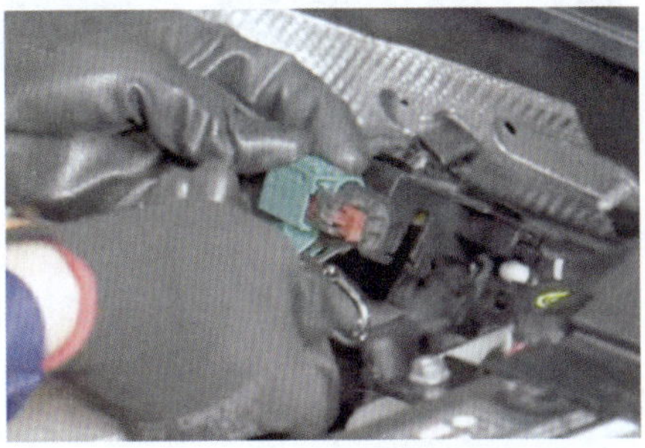

PHEV 上下电

图 2-2-16　断开维修插头

图 2-2-17　诊断仪确认

②断开低压蓄电池接地线，如 2-2-18 所示。

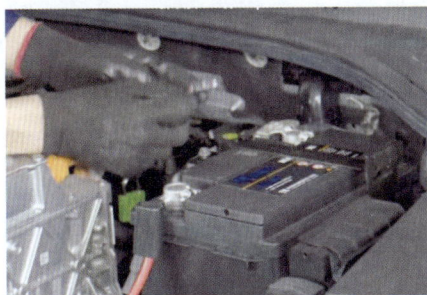

图 2-2-18　断开低压蓄电池负极电缆

（2）帕萨特插电式混合动力电动汽车功率电子装置 JX1 的拆卸。

①举升车辆（图 2-2-19）。

②拆卸前机舱底部护板，如图 2-2-20 所示。

③拆卸水箱下部水管卡箍（图 2-2-21），排放冷却液，如图 2-2-22 所示。

PHEV 功率电子
装置拆装

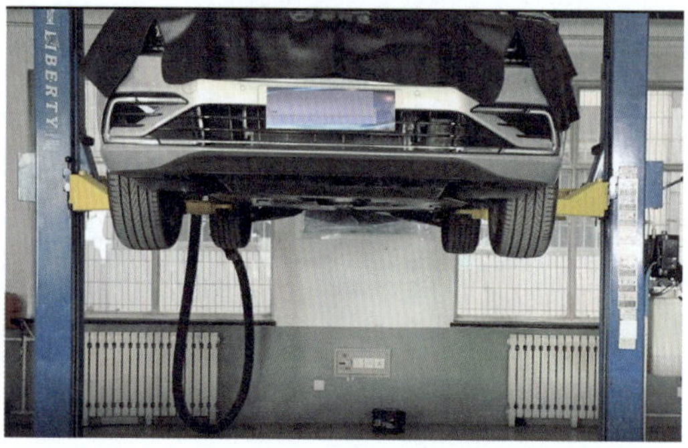

图 2-2-19　举升车辆

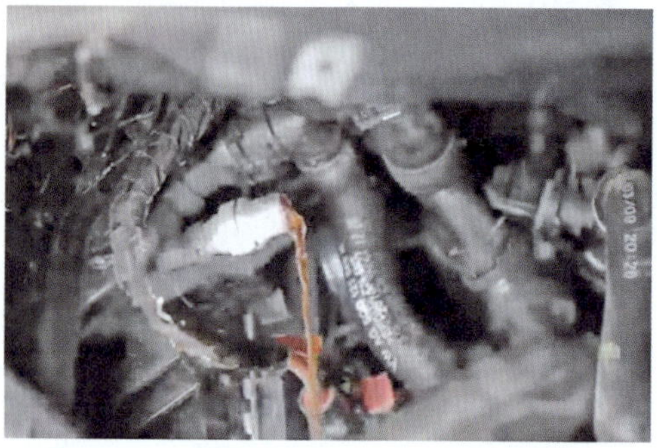

图 2-2-20　拆底部护板

图 2-2-21　拆卸下部水管卡箍

图 2-2-22　排放冷却液

④降下车辆。

（3）如图 2-2-23 所示，旋出螺母 2 和螺栓 3，从支架 4 上脱开线束，取下支架 4。

（4）旋出支架螺母和螺栓，从支架上脱开线束，取下支架，如图 2-2-24 所示；从功率电子装置 JX1 上拔下高压电池充电装置的高压线束 P25，如图 2-2-25 所示。

（5）用密封袋和扎带密封高压线束插头，如图 2-2-26 所示。

（6）松开图 2-2-27 中箭头所示的螺栓，将前围板 1 稍微抬起，不需要完全拆卸前围板。

（7）如图 2-2-28 所示，按照顺序拆卸螺栓，如图 2-2-29 所示，松开功率电子盖板固定螺钉，取下功率电子装置 JX1 上的盖板。

（8）轻轻解锁卡止件，如图 2-2-30 所示；取下防接触保护绝缘垫，如图 2-2-31 所示。

（9）如图 2-2-32 位置所示，拆卸高压线束螺栓，如图 2-2-33 所示。

图 2-2-23 拆下支架

图 2-2-24 拆卸功率电子高压插头

图 2-2-25 拆卸卡子

图 2-2-26 密封高压线束插头

图 2-2-27 抬起前围板

图 2-2-28 拆卸顺序

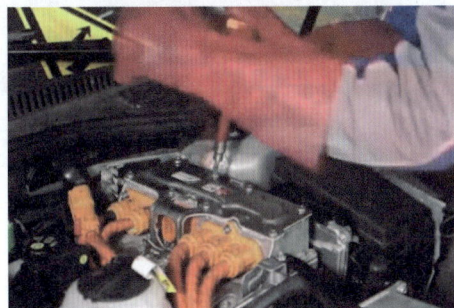

图 2-2-29 松开功率电子 JX1 盖板螺钉

图 2-2-30 解锁卡止件

图 2-2-31　取下 JX1 绝缘保护垫

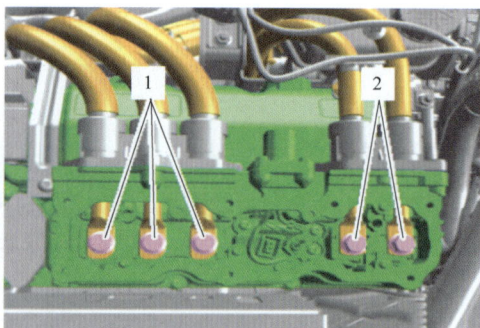

图 2-2-32　高压螺栓位置

（10）高压线束插头如图 2-2-34 所示，松开插头固定螺钉，拔下高压电池的高压线束 PX1 和电机的高压线束 PX2 的插头，如图 2-2-35 所示。

图 2-2-33　松开高压线束螺栓

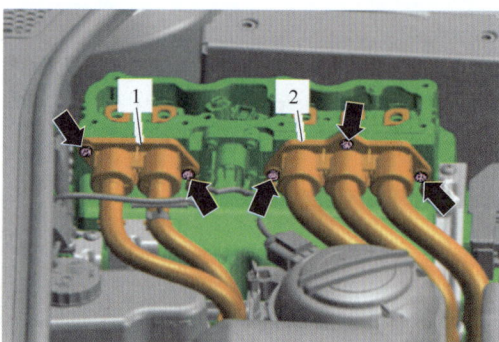

图 2-2-34　高压线束插头位置

（11）重新安装功率电子装置 JX1 上的盖板，并用两个螺栓对角固定，如图 2-2-36 所示。选用合适的密封塞，密封功率电子装置 JX1 高压线束孔，如图 2-2-37 所示，用密封袋和扎带密封高压线束插头。

图 2-2-35　拆卸高压线束插头螺钉

图 2-2-36　对角螺栓固定盖板

（12）松开低压电气插头卡子，拆卸低压电气插头，如图 2-2-38 所示。

（13）用软管夹 S3094 或 3094 夹住冷却液管，如图 2-2-39 所示，抬起冷却液软管防松卡子，从功率电子装置 JX1 上取下冷却液软管，如图 2-2-40 所示。选用合适的密封塞,密封功率电子装置 JX1 上的冷却液管和冷却液软管开口。

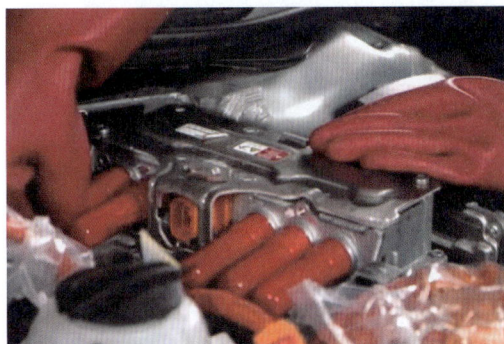

图 2-2-37　密封高压线束孔

图 2-2-38　拆卸低压电气插头

图 2-2-39　用卡子夹住冷却液管

图 2-2-40　拆卸功率电子装置冷却液管

（14）如图 2-2-41 所示解锁卡止件,取下盖板,旋出螺母,取下正极线束如图 2-2-42 所示。

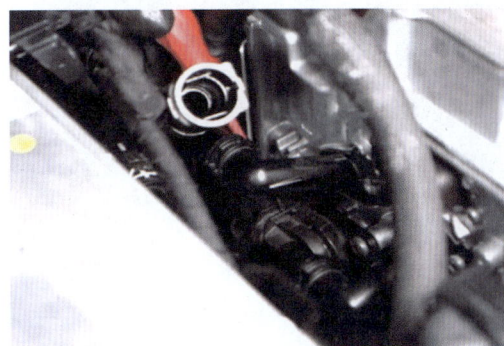

图 2-2-41　松开锁止卡子

图 2-2-42　拆卸正极线束螺栓

（15）旋出螺栓,取下负极连接线束,如图 2-2-43 所示。

（16）脱开高压线束的卡子,并将其放置到合适的地方,如图 2-2-44 所示。

（17）旋出螺栓,如图 2-2-45 所示,取下支架,如图 2-2-46 所示。

图 2-2-43　拆卸负极线束螺栓

图 2-2-44　拆卸高压线束卡子

图 2-2-45　松开支架螺栓

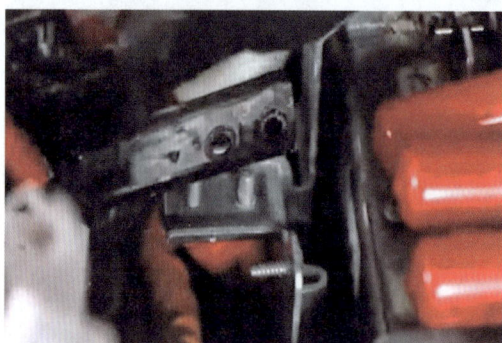

图 2-2-46　取下支架

（18）旋出螺栓 2，如图 2-2-47 所示，移动功率电子装置 JX1，并将其从固定支架中取出，如图 2-2-48 所示。

图 2-2-47　拆卸功率电子装置固定螺栓

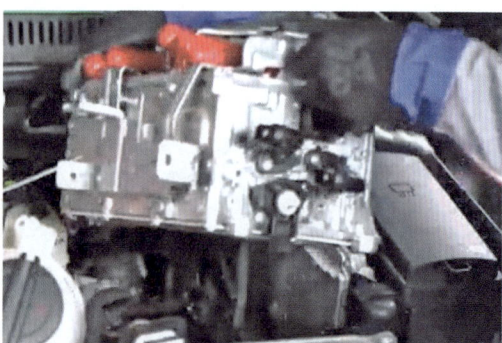

图 2-2-48　拆下功率电子装置 JX1

三　朗逸纯电动汽车功率电子装置 JX1 拆装

（1）举升车辆。

（2）拆卸前机舱底部护板，如图 2-2-49 所示。

（3）拆卸水箱下部水管卡箍，排放冷却液，如图 2-2-50 所示。

朗逸纯电动汽车
功率电子装置拆卸

图 2-2-49　拆底部护板

图 2-2-50　排放冷却液

（4）降下车辆。

（5）切断高压系统的电压，断开维修插头，并用小锁锁住，如图 2-2-51 所示。

（6）断开低压蓄电池接地线，如图 2-2-52 所示。

图 2-2-51　断开维修插头

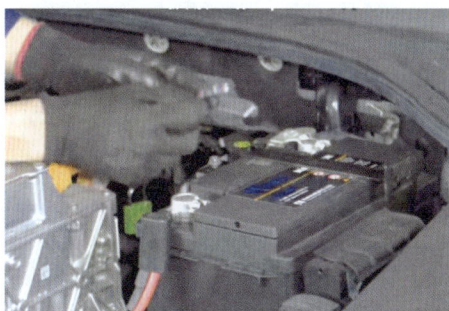

图 2-2-52　断开低压蓄电池接地线

（7）拆卸功率电子装置低压插接件，如图 2-2-53 所示。

（8）使用水管卡箍钳拆卸功率电子装置进、出水管卡箍，并取下水管，密封功率电子装置上的冷却液管和冷却液软管开口。以朗逸纯电动汽车为例，功率电子安装位置如图 2-2-54 所示，专用工具 S3094 或 3094 如图 2-2-55 所示。

朗逸纯电动汽车
功率电子装置安装

图 2-2-53　拆卸功率电子低压插接件

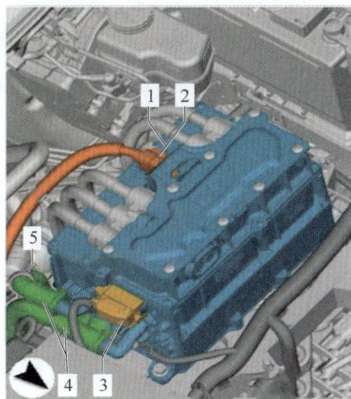

图 2-2-54　功率电子装配图

①松开电气插头,松脱冷却液管卡箍,如图 2-2-56 所示。

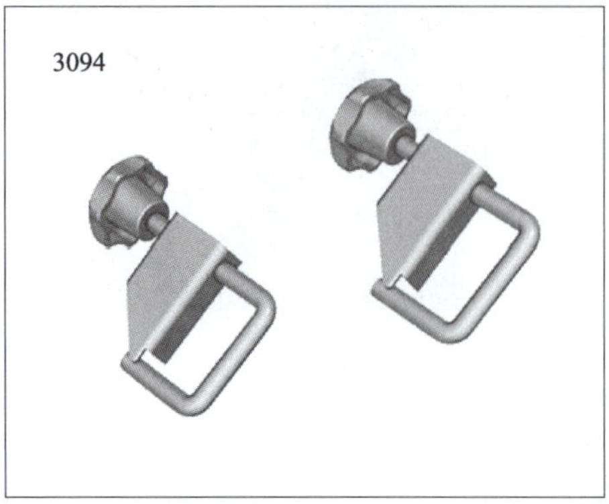

图 2-2-55　软管夹子 S3094

图 2-2-56　拆卸功率电子冷却液管卡箍

②用软管夹 S3094 或 3094 夹住水管,参见图 2-2-39。

③抬起冷却液软管防松卡子,从功率电子装置 JX1 上取下冷却液软管,参见图 2-2-40。

④选用合适的密封塞或干净抹布,密封功率电子装置 JX1 上的冷却液管和冷却液软管开口,如图 2-2-57 所示。

(9)拆卸功率电子装置上高压电池充电装置的高压线束,并对其做绝缘防护。

①从功率电子装置 JX1 上拔下高压电池充电装置的高压线束,如图 2-2-58 所示,用胶带密封高压插头,如图 2-2-59 所示。

图 2-2-57　密封功率电子冷却液管

图 2-2-58　拆卸功率电子高压电池充电线束

②沿箭头方向 A 拉动以解锁保险插头 3,沿箭头方向 B 按压,并沿箭头方向 C 将高压线束插头 1 从插座 2 上拔出。如图 2-2-60 所示。

③用密封袋 1 和扎带密封高压线束插头,如图 2-2-61 所示。

(10)拆卸功率电子装置的正极线束 B + 的盖板。

①拆卸功率电子装置上接地线固定螺栓,并取下功率电子装置接地线,如图 2-2-62 所示。

图 2-2-59　密封高压插头

图 2-2-60　拆卸插头

图 2-2-61　密封高压线束插头

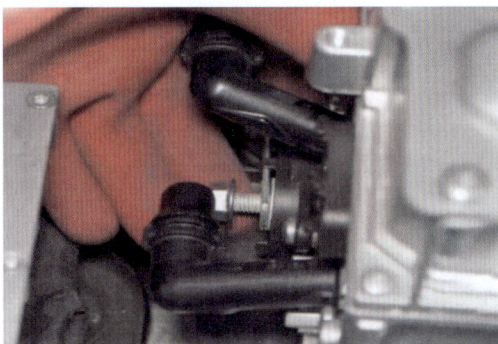

图 2-2-62　拆卸功率电子装置接地线

②拆卸功率电子装置正极线束 B + 固定螺栓,并取下功率电子装置正极线束 B + ,如图 2-2-63 所示。

③拆卸功率电子装置上的盖板固定螺栓,如图 2-2-64 所示,松开金属卡子取下功率电子装置上的盖板,如图 2-2-65 所示。

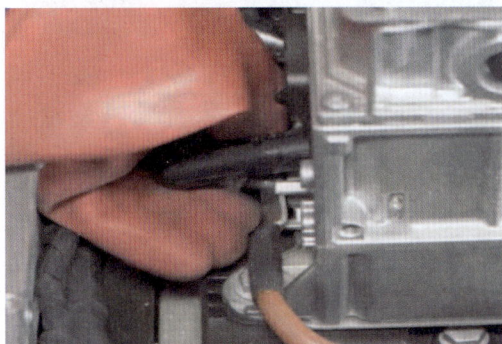

图 2-2-63　拆卸功率电子装置接线柱

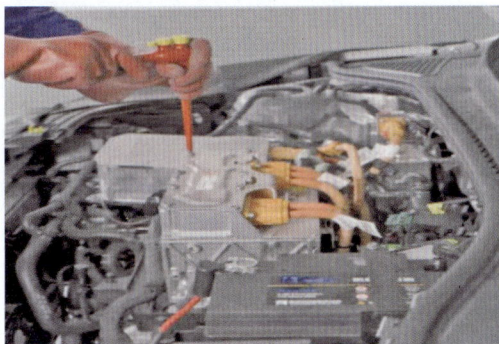

图 2-2-64　松开盖板螺栓

(11)轻轻解锁卡止件,并取下防接触保护绝缘垫,如图 2-2-66 所示。

(12)测量功率电子装置熔断丝电阻,如图 2-2-67 所示。

(13)拆卸功率电子装置高压线束 PX1 和 PX2 固定螺栓,如图 2-2-68 所示;将高压电池高压线束 PX1 和电机高压线束 PX2 从功率电子装置中拔出,并对 PX1 和 PX2 高压线束做绝缘防护,如图 2-2-69 所示。

图 2-2-65　取下盖板

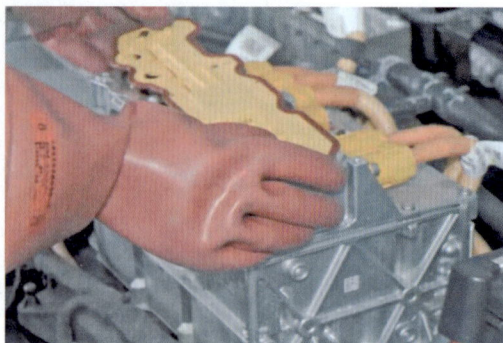

图 2-2-66　取下绝缘垫

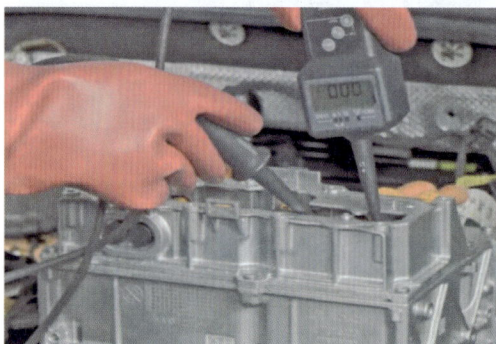

图 2-2-67　测量功率电子装置熔断丝

图 2-2-68　拆卸 PX1 和 PX2 固定螺栓

(14)重新安装功率电子装置上的盖板,并用两个螺栓对角固定,如图 2-2-70 所示。

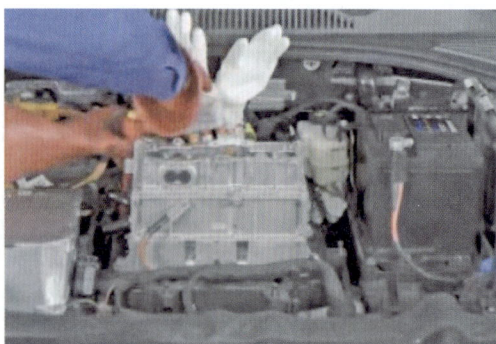

图 2-2-69　PX1 和 PX2 高压线束做绝缘防护

图 2-2-70　安装盖板

(15)选用合适的密封塞,密封功率电子装置 JX1 高压线束孔。

(16)脱开高压线束上的卡子,并将其放置到合适位置,如图 2-2-71 所示。

(17)拆卸功率电子装置上的固定螺栓。

(18)将功率电子装置从固定支架中取出并摆放至工作台。

图 2-2-71　松开高压线束卡子

知识拓展

电容器放电

在电机控制器(MCU)或功率电子装置内安装有电容器,电容器具有放电作用。通过放电可以消除功率电子装置内电容器上的残余电压。主动放电是由电动汽车的管理系统来操控的,每次切断高压系统或者中断控制线,都会发生这种主动放电过程。被动放电是为了保证在把高压部件拆卸的情况下可以把残余电压消除掉。为了能把残余电压可靠消除掉,在拔下维修开关后,需要等待一段时间,然后才可以开始高压部件的检修工作。

考核评价

(一)学习过程评价(表2-2-2)

学习活动过程评价表　　　　　　　　　　表2-2-2

班级		姓名		学号		日期	年　　月　　日	
序号	评价要点					配分	得分	总评
1	能正确识读和填写生产派工单,明确任务要求					10		
2	能识别高压配电箱、功率电子装置JX1的安装位置					10		
3	能叙述高压配电箱、功率电子装置JX1的组成及作用					15		A□(86~100)
4	能叙述高压配电箱、功率电子装置JX1的工作原理					15		B□(76~85)
5	能查阅相关资料,正确完成高压互锁的检查					10		C□(60~75)
6	能遵守劳动纪律,以积极的态度接受工作任务					10		D□(60以下)
7	能积极参与小组讨论,团队间相互合作					15		
8	能及时完成老师布置的任务					15		
总分						100		

（二）学习效果评价

1. 填空题

（1）2019 款比亚迪 e5 纯电动汽车高压配电箱类型是_____。2018 款比亚迪 e5 纯电动汽车高压配电箱类型是_____。

（2）高压配电箱总成主要是通过对_____的控制来实现将动力蓄电池的高压直流电供给整车高压电器，以及接收_____或非车载充电器的直流电来给动力蓄电池充电，同时具有其他的辅助检测功能，如_____、漏电检测等等。

（3）高压配电箱通过_____采集动力蓄电池正极母线中的电流，为蓄电池管理器提供电流信号。

（4）低压断电时，关闭车辆点火开关，确认点火开关置于_____位置，将钥匙放到一个安全的区域，通常应该远离被维护的汽车。断开_____，切断低压控制系统，防止在进行高压系统维修时误操作接通导致高压上电，造成危险，对低压蓄电池负极桩绝缘处理，并等待_____ min 以上。

2. 判断题

（1）当车辆进行能量回收时，回收的电能通过车载充电机储存到动力蓄电池中，以增加整车续航里程。　　　　　　　　　　　　　　　　　　　　（　　）

（2）高压互锁可以分为两种形式：一种是与高压电源线并联，将所有的连接串接起来组成一个完整的回路；另外一种形式为各个高压部件控制器负责监测各自的 HVIL 信号，只有当全部的控制器收到 HVIL 接通信号时，才允许接通高压源。　（　　）

（3）高压互锁系统在识别到危险情况时，要马上切断高压源。　　　（　　）

（4）高压互锁是指危险电压互锁回路通过使用电气小信号，来检查整个高压　　　　　　　　　　　　　　　　　　　　　　　　　　　　　　　　（　　）

（5）比亚迪秦插电式混合动力电动汽车高压配电箱位于发动机舱内。（　　）

（6）比亚迪秦插电式混合动力电动汽车的高压配电箱内部有正极接触器、负极接触器、预充接触器、空调接触器、充电接触器、保险、线束等元件。　　（　　）

（7）比亚迪秦插电式混合动力电动汽车，车辆充电时，只需负极接触器和充电接触器闭合即可。　　　　　　　　　　　　　　　　　　　　　　　　（　　）

（8）当车辆进行能量回收时，回收的电能通过车载充电机储存到动力蓄电池中，以增加整车续航里程。　　　　　　　　　　　　　　　　　　　　　（　　）

3. 选择题

（1）以下哪个不是高压互锁主要组成元件？（　　　）

    A. 互锁信号回路　　　　　　　　　　B. 互锁检测器

    C. 互锁　　　　　　　　　　　　　　D. 自动断路器

（2）高压互锁控制安全策略主要有（　　　）。【多选】

    A. 故障报警　　　　B. 切断低压源　　　　C. 降功率运行　　　　D. 切断高压源

（3）比亚迪秦插电式混合动力电动汽车的高压配电箱组成不包括(   )。

    A. 高压端子   B. 漏电传感器检测线

    C. 低压控制线束   D. 电机控制器

（4）在车辆上高压电时,不需要工作的接触器是(   )。

    A. 负极接触器   B. 预充接触器

    C. 主接触器   D. 充电接触器

（5）帕萨特插电式混合动力电动汽车的功率电子装置JX1组成不包括(   )。

    A. 高压端子   B. 漏电传感器检测线

    C. 低压控制线束   D. 电机控制器

4. 技能考核

比亚迪及大众新能源汽车,按照技术要求对高压互锁进行检查,并将检查结果填入表2-2-3。

学生实践记录表   表2-2-3

班级		车型及年款	
姓名		车辆识别码	
学号		里程数	
实践项目		实践设备	电机类型	
实践流程				
结果分析				
防范措施				
自我评价	良好□　合格□　不合格□			
教师评价	良好□　合格□　不合格□ 　　　　　　　　　　　　　教师姓名：　　　　　　　年　月　日			

🚩 榜样的力量 »»»

注重质量　树民族品牌形象

李书福,男,汉族,无党派人士,1963年6月25日出生于浙江省台州市,吉利汽车集团有限公司董事长。他以其坚定的信念和执着的追求,用产品质量和民族品牌形象赢得了国内外市场的广泛认可。

李书福深知,汽车作为人们日常生活中不可或缺的交通工具,其质量直接关系到消费者的安全和满意度。因此,他始终坚持"质量第一,用户至上"的原则,将产品质量作为企业发展的核心。在某款新车研发过程中,李书福发现某个零部件存在潜在的安全隐患。尽管这个零部件的问题并不明显,也不会立即影响到车辆的行驶安全,但李书福却毫不犹豫地决定暂停生产,对该零部件进行重新设计和改进。他坚信,只有确保每一个零部件都达到最高的质量标准,才能为消费者提供安全可靠的汽车产品。在他的引领下,吉利汽车注重技术研发和创新,不断提升产品的性能和品质。

除了对产品质量的严格把控,李书福更是把树立民族品牌形象视为企业发展的重中之重。他始终坚信中国的汽车产业能够走出国门,走向世界,与世界顶级品牌并驾齐驱。2010年,吉利汽车收购了世界知名汽车企业"沃尔沃汽车",沃尔沃汽车作为世界知名汽车品牌,拥有悠久的历史和卓越的技术实力。这一举动不仅是中国汽车史上最大的一次海外收购,也是吉利汽车国际化战略的重要一步,使吉利汽车成功进入高端汽车市场。同时,吉利汽车也积极开拓海外市场,将中国制造的高品质汽车出口到多个国家和地区。这些举措不仅提升了吉利的品牌形象,也让更多的人了解了中国汽车产业的实力和魅力。

在李书福的精心打造下,吉利汽车逐渐成为了具有中国特色的民族品牌。它不仅在国内市场上取得了优异的成绩,更在国际市场上展现了中国汽车产业的实力和风采。

吉利汽车的成功,不仅是中国汽车产业的发展缩影,更是中国企业家精神的体现。注重产品质量和服务水平,树立民族品牌的良好形象。我们相信,在李书福的带领下,吉利汽车将继续保持强劲的发展势头,以更高的产品质量和更强大的民族品牌形象,走向世界舞台的中央,书写更加辉煌的篇章。

项目三

新能源汽车电机控制器及电机的检修

项目描述 »»»

新能源汽车电机控制器及电机是新能源汽车电力驱动系统的重要部件,性能良好的电机是保证汽车动力性、经济性、安全性的前提。本项目主要介绍新能源汽车电机的结构、类型、拆装及检修。当电机出现问题之后,维修人员需要查找维修手册,对电机进行检修,排除故障。

学习目标 »»»

1. 能描述电机的作用、类型、组成、原理。
2. 会进行电机的拆装、检修。
3. 具备专注严谨、精益求精的工匠精神完成工作任务。

任务一 比亚迪电动汽车电机控制器及电机的检修

任务描述 »»»

如图 3-1-1 所示,汽车维修工小王接到两位客户反馈:一辆比亚迪 e5 纯电动汽车和另一辆比亚迪秦插电式混合动力电动汽车,车辆不能正常行驶且 OK 灯不亮,仪表上显示"请检查动力系统",被拖车运至店内,经过维修技师检查后,确认电机控制器内部存在故障,主管要求小王承担电机控制器的检修工作。

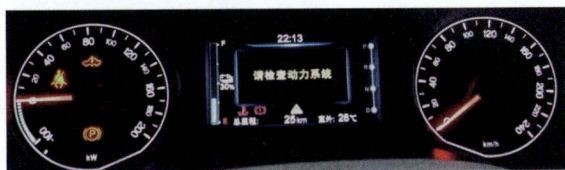

图 3-1-1 故障现象

任务分析 >>>

新能源汽车驱动电机系统把电能转化为机械能,并通过传动装置(或直接)将能量传递到车轮而驱动车辆按照驾驶人意志行驶,并在车辆制动时把车辆的动能再生为电能反馈到动力蓄电池中以实现车辆的再生制动,是新能源汽车的关键系统之一,因此,需要对驱动电机系统进行维护。

知识学习 >>>

一 比亚迪秦插电式混合动力电动汽车电机控制器结构与原理

1. 比亚迪秦插电式混合动力电动汽车电机控制器结构

电机控制器是连接电机与动力蓄电池的神经中枢,是新能源车辆的关键零部件之一。其一般由功率模块、驱动操控模块、中心操控模块和传感器等构成。

(1)功率模块。电机操控器的主体是一部逆变器,对电机电流电压进行操控。常选用的功率器材主要有 MOSFET(金属-半导体氧化物场效应晶体管)、GTO(门极可关断晶闸管)、IGBT 等。

(2)驱动操控模块。将中心操控模块的指令转化成对逆变器中可控硅的通断指令,并作为维护装置,具有过压、过流等故障的监测维护功用。

(3)中心操控模块。包含 PWM 波生成电路,复位电路,传感器信号处理电路,交互电路。中心操控模块,对外,经过对外接口,获取整车上其他部件的指令和状况信息。对内,把翻译过的指令传递给逆变器驱动电路,并检测操控作用。

(4)传感器。系统应用到的传感器包括电流传感器,电压传感器,温度传感器,电机转轴角方位传感器等,根据规划要求增减。

如图 3-1-2 所示,比亚迪秦插电式混合动力电动汽车电机控制器位于车前舱左侧,与 DC/DC 变换器集成在一起。如图 3-1-3 所示,电机控制器外部有高压直流输入和三相交流输出接口、冷却管路进出口、低压控制插口以及 DC/DC 变换器输出接口。在驱动电机控制器内部,主要包括 IPM(控制器内部智能功率控制模块)、IGBT(电机驱动模块)、电感三个工作单元。

2. 比亚迪秦插电式混合动力电动汽车电机控制器功用

电机控制器是通过主动工作来控制电机按照设定的方向、速度、角度、响应时间进行工作的集成电路。在电动车辆中,电机控制器的功能是根据挡位、加速踏板、制动等指令,将动力蓄电池所存储的电能转化为驱动电机所需的电能,来控制电动车辆的起动运行、进退速度、爬坡力度等行驶状态,或者帮助电动车辆制动,并将部分制动能量存储到动力蓄电池中。

图 3-1-2 电机控制器位置

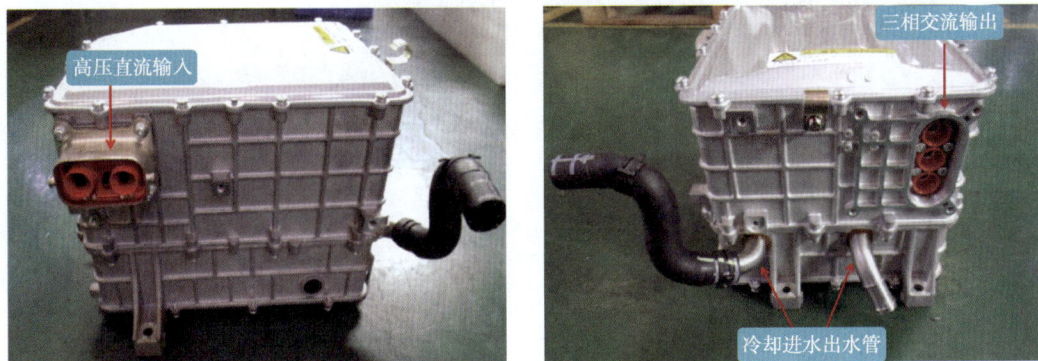

图 3-1-3 电机控制器外部接口

比亚迪秦插电式混合动力电动汽车电机控制器主要有以下功用:一是驱动电机的运行,根据工况控制电机的正反转、功率、转矩、转速等,混动模式下协调发动机管理系统工作;二是通过硬件采集电机的旋变、温度以及制动、加速踏板开关信号;三是通过CAN 通信采集制动深度、挡位信号、驻车开关信号、起动命令、蓄电池管理控制器相关数据、控制器的故障信息;四是内部采集并处理直流侧母线电压、交流侧三相电流、IG-BT 温度、电机的三相绕组阻值等信息。

3. 电机控制器工作原理

在新能源汽车上,一般使用三相交流电机作为驱动电机,而动力蓄电池储存的为直流电,是不能直接加载到驱动电机上的,因此,为实现逆变过程,电机控制器需要直流母线电容、IGBT 等组件来配合一起工作。当电流从动力蓄电池端输出之后,首先需要经过直流母线电容用以消除谐波分量,之后,通过控制 IGBT 的开关以及其他控制单元的配合,直流电被最终逆变成交流电,并最终作为动力电机的输入电流。如前文所述,通过控制动力电机三相输入电流的频率以及配合动力电机上转速传感器与温度传感器的反馈值,最终实现对电机的控制。

二 🔌 比亚迪秦插电式混合动力电动汽车电机的结构与原理

1. 比亚迪秦插电式混合动力电动汽车电机结构

比亚迪秦插电式混合动力电动汽车电机内部主要有定子线圈(图 3-1-4)、永磁转子(图3-1-5)和三相交流电(图3-1-6)接线座以及其相关线束组成。

图3-1-4 定子线圈

图3-1-5 永磁转子

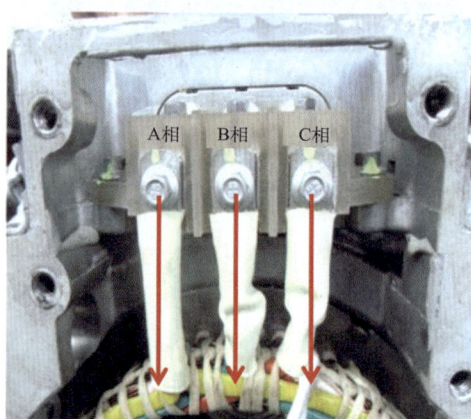

图3-1-6 三相交流电接线座

2. 比亚迪秦插电式混合动力电动汽车电机工作原理

当车辆要行驶时,电机通过旋转变压器检测到电机的位置,位置信号通过控制器的处理,发送相关信号给控制器,逻辑信号控制 IGBT 开断,控制器输出的近似正弦波交流电。如图3-1-7所示,当三相交流电输送至定子线圈后,就会产生一个磁场,这个磁场和永磁转子所产生的磁场永远相排斥,在此力的作用下,转子就会转动。

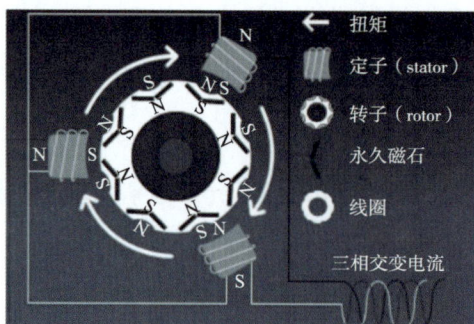

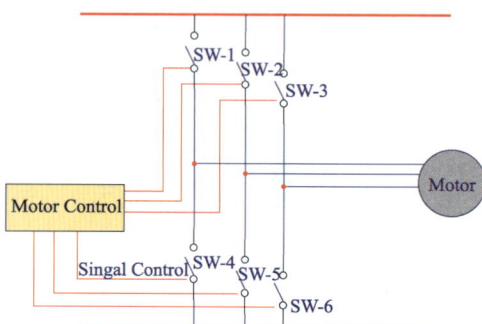

图3-1-7 电机工作原理示意图

3.旋转变压器

旋转变压器(简称旋变)是一种输出电压随转子转角变化的信号元件。如图3-1-8所示,旋转变压器由旋变线圈、信号盘组成。当励磁绕组以一定频率的交流电压励磁时,输出绕组的电压幅值与转子转角成正、余弦函数关系,这种旋转变压器又称为正余弦旋转变压器;旋转变压器作为速度及位置检测,可以反馈给控制器进行监测,来准确控制电机的转速及位置。

图3-1-8 旋转变压器结构

4.电机检测

如图3-1-9所示为电机及旋转变压器控制电路,其中旋变测量,旋变励磁、正余旋阻值测量见表3-1-1,另外正余旋之间,正余旋和励磁之间,以及旋变信号和壳体之间阻抗均要大于20MΩ。电机线圈测量,电机 A、B、C 三相高压线之间阻值小于0.5Ω。

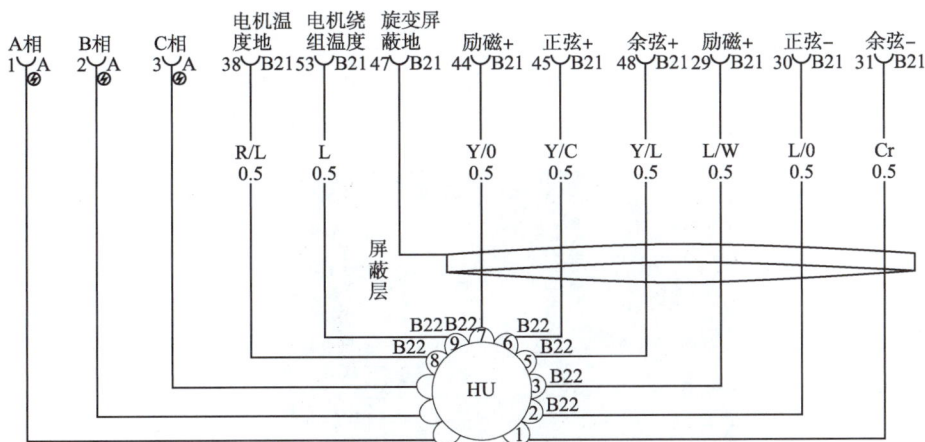

图3-1-9 电机及旋转变压器及控制电路

电机旋变测量   表3-1-1

针脚定义	阻值	针脚定义	阻值	针脚定义	阻值
6(正弦 +)	$16 \pm 1Q$	7(励磁 +)	$8 \pm 1\Omega$	5(余弦 +)	$16 \pm 1\Omega$
2(正弦 −)		3(励磁 −)		1(余弦 −)	

三 比亚迪纯电动汽车电机控制器及电机

1. 电机控制器及电机结构组成

如图 3-1-10 所示, 2019 款比亚迪 e5 纯电动汽车电机控制器及电机动力总成,采用的是三合一结构,电机控制器、驱动电机、主减速器在一起,电机控制高压线束采用内部连接,外部直接提供高压直流电,大大节省线束成本,代表电动化汽车动力总成的主流发展方向。

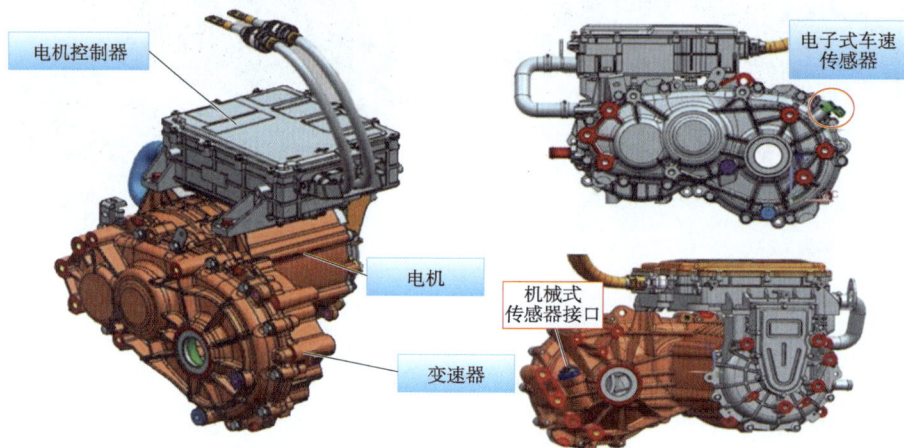

图 3-1-10　电机控制器及电机结构组成

2. 电机控制器的结构

如图 3-1-11 所示,电机控制器的作用是控制电机运转,其内部集成有 IGBT 模块、大容量薄膜电容、主动泄放模块、被动泄放模块。

图 3-1-11　电机控制器结构

3. 驱动电机的结构

如图 3-1-12 所示,三合一动力总成的电机交流电源线束和旋变传感器线束直接连接到电机控制器,安装在内部,线束保护级别更上一层楼。

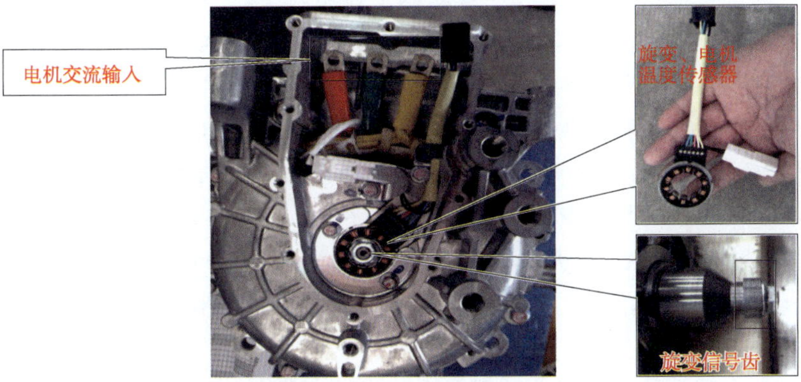

图 3-1-12　驱动电机结构

知识拓展 >>>

比亚迪的 IGBT 研发之路

　　IGBT 是功率半导体器件第三次技术革命的代表性产品,具有高频率、高电压、大电流,易于开关等优良性能,被业界誉为功率变流装置的"CPU",广泛应用于轨道交通、航空航天、船舶驱动、智能电网、新能源、交流变频、风力发电、电机传动、汽车等强电控制等产业领域。随着以新能源汽车、轨道交通为代表的新兴市场兴起,中国已经成为全球 IGBT 最大需求市场。

　　如果把电比作是血液,那么电机/电控就好比是电动汽车的心脏。而 IGBT 就是其中电能转换和控制的核心,主要用于改变电压和频率。IGBT 是一种大功率的电力电子器件,是一个非通即断的开关,IGBT 没有放大电压的功能,导通时可以看作导线,断开时当作开路。IGBT 的三大特点是高压、大电流、高速。它是电力电子领域非常理想的开关器件。

　　20 世纪末期,全球 IGBT 芯片产业角逐激烈,德国和日本可以说是 IGBT 角斗场上最为重磅的两位玩家,2008 年,比亚迪董事长王传福宣布一则公告,直接把自己推上舆论的焦点:比亚迪以 1.7 亿元收购宁波中纬半导体公司。而宁波中纬半导体则是宁波市政府投了 30 亿的失败项目。当时文章对于比亚迪的报道无一不是质疑与不解,彼时的比亚迪已经收购秦川汽车,靠着比亚迪 F3 成功打开了汽车市场,从电池制造商转型为全国第一汽车企业。2009 年,比亚迪 IGBT1.0 横空出世,让中国在 IGBT 技术上实现了从零到一的突破,人们才明白王传福收购宁波中纬半导体不是心血来潮。紧接着,比亚迪推出了 IGBT2.0 和 IGBT2.5,虽然在当时都未激起太大的涟漪,但这只是比亚迪实现自产 IGBT 芯片的初步尝试,往后更新的芯片搭配比亚迪自产的新能源汽车,才让比亚迪迎来了属于它的春天。

　　比亚迪汉 EV 所搭载的是比亚迪自研的 4.0 代 IGBT,被称为 IGBT 智慧"中国芯"。

比亚迪 IGBT4.0 代综合损耗较当前市场主流的 IGBT 降低了约 20%。当电流通过 IG-BT 器件时，受到的损耗降低，使得整车电耗显著降低。

如果说此前的 IGBT1.0 是横空出世的惊喜之作，那比亚迪的 IGBT4.0 可以说是开创中国 IGBT 时代的旷世之作。

据比亚迪称，2009 年推出的 IGBT1.0 仅仅相当于国外 1995 年左右的技术水平，即便是后续的 IGBT2.5 也仅仅相当于国外 2000 年左右的技术水平。而比亚迪的 IG-BT4.0 达到了国外同一阶段 IGBT 的主流性能水平，在部分指标上还实现了反超。

经过十七年的研发之后，比亚迪实现了集芯片设计、晶圆制造、封装测试、生产在内的垂直运作的 IDM 模式，结合自身上下游优势，充分发掘并开发了在汽车半导体产业链上的技术潜力。

民族企业的担当精神推动了我国工业的大踏步发展。

任务实施 »»»

一 工作准备

1. 场地布置

作业前现场环境检查：检查绝缘垫，设立隔离柱，布置警戒线，张贴警示牌，以警示相关人员，避免无关人员进入发生安全事故。场地布置如图 3-1-13 所示。

图 3-1-13　场地布置

2. 工具、防护用品

1）个人安全防护用品准备

新能源汽车维修人员必须检查并穿戴必要的安全防护用品，如绝缘手套、绝缘鞋、防护眼镜、安全帽等，其耐压等级需符合作业要求，如图 3-1-14 所示。

绝缘手套　　　　绝缘鞋　　　　护目镜　　　　安全帽

图 3-1-14　安全防护用品

2）常用工具准备

新能源汽车维护中涉及常规部件的紧固、调整时需要使用常用工量具。如图 3-1-15 所示。

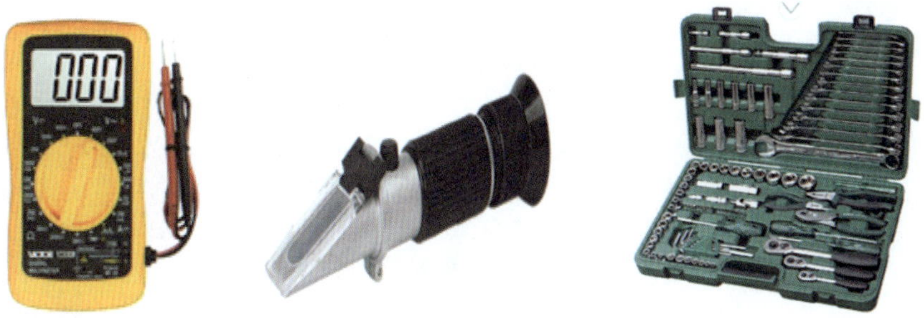

图 3-1-15　常用工量具

3）绝缘工具准备

新能源汽车维护中若涉及高压部件的紧固、调整时需要使用绝缘工具,确保操作人员人身安全。图 3-1-16 所示为常见绝缘工具套装。

4）绝缘测试仪准备

检测新能源汽车电气绝缘性能时,需要使用专用的绝缘测试仪器,测量高压电缆及零部件对车身绝缘电阻是否位于规定值范围内。如图 3-1-17 所示。

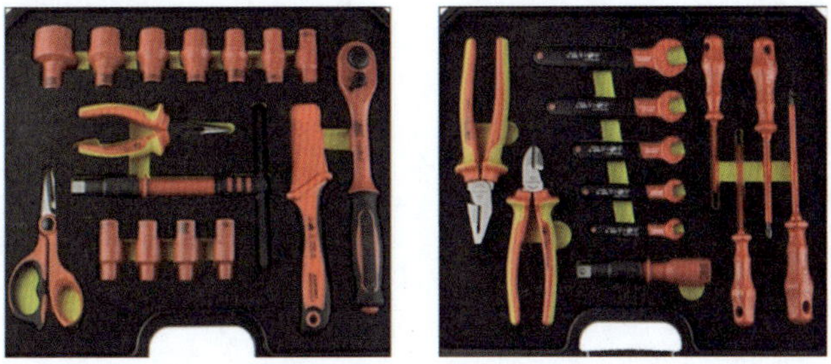

图 3-1-16　绝缘工具套装　　　　图 3-1-17　绝缘电阻测试仪

3.安全准备工作及注意事项(表 3-1-2)

安全准备工作及注意事项　　　　　　　　表 3-1-2

操作步骤	操作项目	注意事项
步骤一:整理场地	场地准备	1.新能源汽车维护工位必须洁净、干燥、无油脂、无飞溅火花、工位地面进行绝缘处理。 2.为了防止未经授权人员进入工位以及无法确保高电压本身安全或出现不明状态时,应使用隔离带。竖立发光黄色警告提示。 3.检查灭火器是否处于正常使用条件。 4.检查工位地面绝缘是否良好
步骤二:场地设备检查	场地设备准备	1.检查举升机维护日期,试运行举升机,检测工作状况。 2.检查车辆停放位置及举升臂高度

续上表

操作步骤	操作项目	注意事项
步骤三： 车辆检查	车辆准备	1.检查车辆外观,检查有无划痕、变形、损伤并进行记录。 2.检查车辆挡块是否齐备,察看挡块安装是否稳固有效。 3.检查车辆举升支撑位置,是否处于正确位置
步骤四： 安全防护设备检查	绝缘手套检查	1.检查绝缘手套标识,确认耐压等级。 2.检查外观有无明显磨损痕迹。 3.检查绝缘手套密封性。 (1)卷起手套边缘。 (2)折叠开口,并封住手套开口。 (3)向手套内吹气,确认无空气泄漏。 (4)使用同样的方法检查第二只手套
	安全帽检查	1.检查安全帽有无破损、裂纹。 2.根据自身调整安全帽扣带
	护目镜检查	1.检查护目镜表面有无破损、裂纹、镜面清晰度是否正常。 2.根据自身调整护目镜扣带尺寸
	绝缘鞋检查	1.检查绝缘鞋标识,确认耐压等级。 2.检查绝缘鞋有无破损、老化、裂纹
	绝缘服检查	1.检查绝缘服标识、确认耐压等级。 2.检查绝缘服有无破损、油污及各扣合位置是否正常可用
步骤五： 拆装工具检查	工具检查	1.清点绝缘工具套装内数目,确认项目使用工具正常可用,确认绝缘部位无破损、老化、裂纹。 2.扭力扳手检验合格证处于有效期,力矩调整灵活准确
步骤六： 设备检查	汽车用数字万用表检查	1.检查万用表设备及附件是否配备齐全。 2.检查万用表设备合格证书。 3.校验万用表确认测量有效性
	故障诊断仪检查	1.检查故障诊断仪设备及附件是否配备齐全。 2.检查故障诊断仪设备合格证书。 3.故障诊断仪工作正常
	冰点仪检查	1.检查冰点仪及附件是否配备齐全。 2.确认冰点仪工作正常

二 比亚迪秦插电式混合动力电动汽车电机控制器拆检

1.高低压断电

1）低压断电

打开行李舱盖,断开蓄电池负极,并做好防护。正常情况下,在点火开关关闭并断开蓄电池负极后,高压系统可能还存在高压电,这是因为高压部件中高压电容的存在造成的。因此,需要经过一段时间的等待,高压电容中的电才能被完全释放。

2）高压断电

打开后车门,拆卸后排座椅及靠背,拔下座椅相关插接件,两人配合抬出座椅和靠背,佩戴绝缘手套,拔下维修开关,等待 3min。

2.比亚迪秦插电式混合动力电动汽车电机控制器拆卸

（1）打开行李舱盖,拆下行李舱的内护板,使用十字螺丝刀,拆下动力蓄电池后封板,如图 3-1-18 所示,佩戴绝缘手套,万用表选择直流电压挡,将红、黑表笔分别搭在动力蓄电池的正、负极输出母线端进行验电,电压值不大于 5V 时,方可继续操作。

比亚迪秦插电式混合动力电动汽车电机控制器与 DC 总成拆卸

图 3-1-18　万用表验电及测量值

（2）如图 3-1-19 所示,使用十字螺丝刀分别拧下前保险杠与车身左侧、右侧和下方的连接螺钉。

（3）如图 3-1-20 所示,使用 10 号套筒拧下前保险杠与车身上方的连接固定螺栓,两人合作,将前保险杠从车身上取下;然后拔下雾灯,将前保险杠放至合适位置。

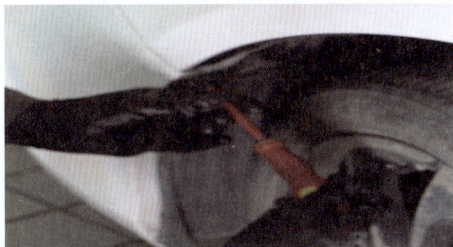

图 3-1-19　拆卸保险杠螺钉

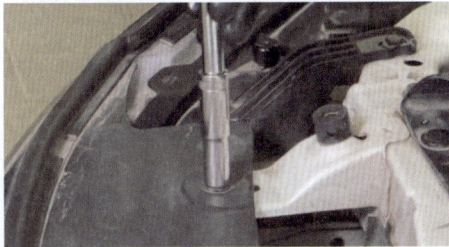

图 3-1-20　拆卸保险杠上方螺栓

（4）如图3-1-21所示，使用10号套筒拧下左侧前照灯与车身上的连接固定螺栓，左右轻微晃动，取出左侧前照灯，拔下前照灯上所有灯光插头，取下前照灯，放至合适位置。

（5）如图3-1-22所示，拧开冷却液盖，在车辆下方放置回收容器，使用尖嘴钳夹紧驱动电机控制器冷却回水管路的卡箍，将卡箍沿软管方向，向后移3～5cm，然后拔下回水管路。

图3-1-21　拆卸左侧前照灯固定螺栓

图3-1-22　拆卸冷却回水管路的卡箍

（6）待冷却液回收干净后，用同样的方法取下驱动电机控制器冷却进水管路和电机冷却管路。

（7）如图3-1-23所示，依次拔下驱动电机控制器外部的低压控制插头和DC/DC变换器插头。

（8）如图3-1-24所示，佩戴绝缘手套，拔下驱动电机控制器高压输入插头，并使用万用表进行验电，万用表选用直流电压挡，正常数值<5V。

图3-1-23　拔驱动电机控制器外部低压控制插头

图3-1-24　万用表验电

（9）如图3-1-25所示，使用7号套筒取下驱动电机控制器三相交流输出高压线固定螺栓，佩戴绝缘手套，将高压线束从驱动电机控制器与DC总成上取下，使用绝缘电阻测试仪检测各相线束的绝缘性。

（10）如图3-1-26所示，绝缘电阻测试仪选1000V挡位，红表笔依次接U/V/W三相高压线束，黑表笔接电机壳体，正常值≥50MΩ。

（11）如图3-1-27所示，使用10号套筒拧下驱动电机控制器搭铁线固定螺栓，取下搭铁线束。

图 3-1-25　拆卸三相交流输出高压线固定螺栓并做绝缘检测

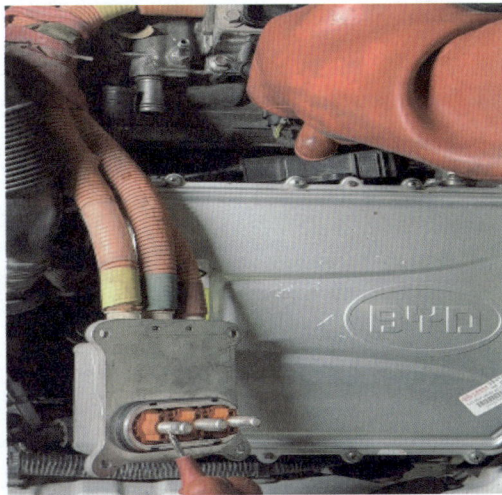

图 3-1-26　绝缘检测仪测量数值　　　　图 3-1-27　拆卸搭铁线固定螺栓

（12）如图 3-1-28 所示，使用 10 号套筒预松并拧下驱动电机控制器固定螺栓，从前舱取出驱动电机控制器，放置在工作台上。

（13）如图 3-1-29 所示，使用十字螺丝刀预松并拧下驱动电机控制器与 DC 总成盖板的固定螺钉，取下盖板，检查电路板是否存在烧蚀等现象。

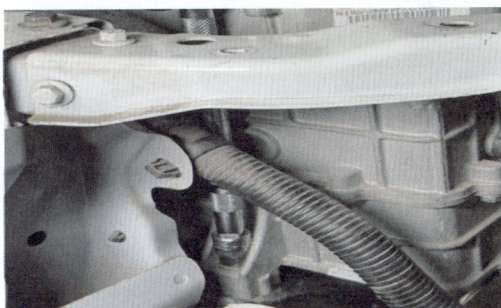
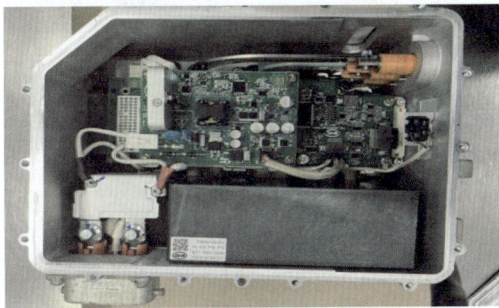

图 3-1-28　拆卸电机控制器固定螺栓　　　图 3-1-29　电机控制器内部结构

3. 比亚迪秦插电式混合动力电动汽车电机控制器安装

（1）如图 3-1-30 所示，将驱动电机控制器盖板装回，用十字螺丝刀紧固驱动电机控制器盖板的固定螺钉。

（2）如图 3-1-31 所示，将电机控制器装回至前舱原位置，使用 10 号套筒预紧并紧固驱动电机控制器固定螺栓。

比亚迪秦插电式混合动力电动汽车电机控制器与 DC 总成安装

图 3-1-30　安装电机控制器盖板固定螺钉

图 3-1-31　安装电机控制器

（3）如图 3-1-32 所示，安装驱动电机控制器搭铁线束，使用 10 号套筒紧固其固定螺栓。

（4）安装驱动电机控制器外部的 DC/DC 变换器插头。

（5）如图 3-1-33 所示，佩戴绝缘手套，安装驱动电机控制器外部的三相交流输出高压线，并使用 7 号套筒预紧并紧固其固定螺栓。

图 3-1-32　安装电机控制器搭铁线

图 3-1-33　安装电机控制器三相交流输出高压线

（6）如图 3-1-34 所示，佩戴绝缘手套，安装驱动电机控制器高压输入插头和低压控制插头。

（7）如图 3-1-35 所示，安装电机冷却管路，并使用尖嘴钳夹紧卡箍，使卡箍锁住所有软管。

（8）使用相同方法安装驱动电机控制器的冷却管路。

（9）如图 3-1-36 所示，将左侧前照灯上所有灯光插头依次插好后，安装回车上原位置,使用 10 号套筒紧固左侧前照灯与车身上的连接固定螺栓。

图 3-1-34 安装电机控制器高压输入插头

图 3-1-35 安装电机冷却管路

(10)如图 3-1-37 所示,将前保险杠上的雾灯依次插回,并将前保险杠安装回车身原位置,使用 10 号套筒紧固前保险杠与车身上方的连接固定螺栓。

图 3-1-36 安装左侧前照灯上的灯光插头

图 3-1-37 安装前保险杠

(11)如图 3-1-38 所示,使用十字螺丝刀分别紧固前保险杠与车身左侧、右侧和下方的连接螺钉。

(12)如图 3-1-39 所示,添加冷却液,液面至冷却液罐适当位置,等候 5min,查看各管路是否存在漏液现象。

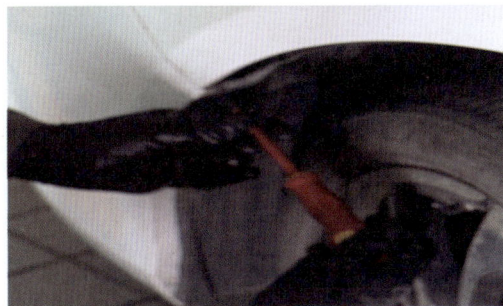

图 3-1-38 安装前保险杠右侧连接螺钉

图 3-1-39 检查冷却液管路

(13)佩戴绝缘手套,安装动力蓄电池高压维修开关,两人合作,安装后座和后座靠背,去除动力蓄电池负极防护,安装动力蓄电池负极,起动车辆,查看是否能够正常上电。

(14)规范 8S 操作、现场恢复。打开前机舱盖,取下车外防护三件套,并叠好放置到工具箱内,盖好机舱盖;打开车门,取下车内防护三件套,并扔到垃圾桶里,关好车门;收起绝缘地垫和灭火器;将安全警示牌放回工具箱内;收起车轮三角挡块;收起维修工位周边警戒线。

三 🔌 比亚迪 e5(2019 款)纯电动汽车电机控制器及电机的拆检

(1)车辆变速器设置在驻车挡,并拉起驻车制动器,安装车轮挡块。如图 3-1-40 所示。

(2)安装座椅套、转向盘套和地板垫。如图 3-1-41 所示。

图 3-1-40 装车轮挡块

图 3-1-41 车内三件套

(3)安装翼子板布和前格栅布。如图 3-1-42 所示。

(4)高低压断电

①关闭车辆点火开关,确认点火开关置于 LOCK 位置,将钥匙放到一个安全的区域,通常应该远离被维护的汽车。

注意:

①如果使用按钮起动,把钥匙拿到离车至少 5 m 远的地方,或锁入维修柜,防止汽车意外被起动。

②所有充电口应用绝缘胶布封住,防止车辆作业时被误充电。如图 3-1-43 所示。

图 3-1-42 车外三件套

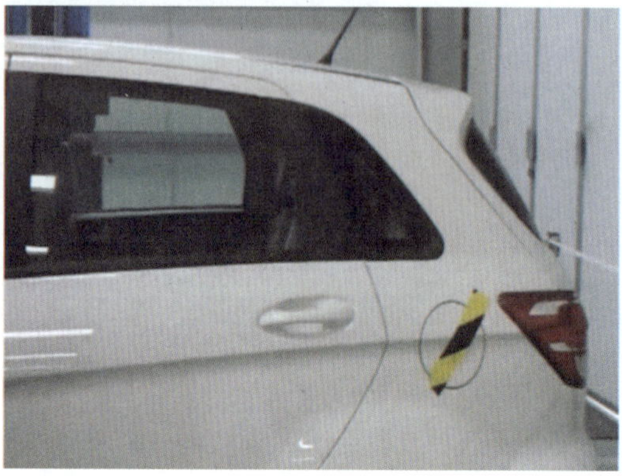

图 3-1-43 充电口绝缘防护

③断开低压蓄电池负极。切断低压控制系统,防止在进行高压系统维护时误操作接通导致高压上电,造成危险,对低压蓄电池负极桩进行绝缘处理,并等待 5min 以上。如图 3-1-44 所示。

④断开 PDU(高压配电盒)低压插头等待 5min。如图 3-1-45 所示。

图 3-1-44　断开低压蓄电池负极电缆

图 3-1-45　断开 PDU 低压插头

警告:

正常情况下,在点火开关关闭后,高压系统可能还存在高压电,这是因为高压部件中高压电容的存在造成的,需要经过一段时间的等待,高压电容中的电才能被完全释放。

⑤断开高压维修开关,确保切断高压电。如图 3-1-46 所示。

(5)拆卸充配电总成(具体见项目二相关内容)。

(6)拆卸驱动电机及控制器相关线路及管路。

①拔出驱动电机后方线束插接器,使用绝缘一字螺丝刀依次拆下电机周围的线束卡扣和扎带,如图 3-1-47 所示。

比亚迪 e5 纯电动汽车
驱动电机总成附近
线路与管路拆卸

图 3-1-46　断开维修开关

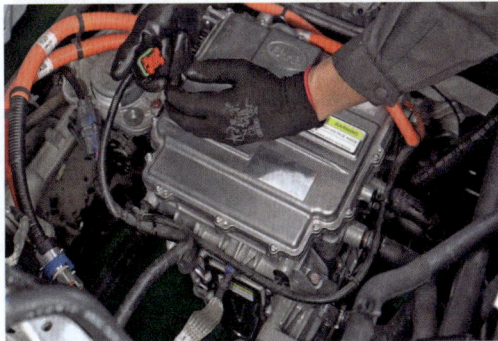

图 3-1-47　拔下驱动电机相关的线束插接器

②拔下驱动电机总成的各冷却液软管和冷却液泵,如图 3-1-48 所示。

③拧松驱动电机上方和下方的搭铁线固定螺栓,取下驱动电机搭铁线,如图 3-1-49 所示。

图 3-1-48　拆下冷却液软管及液泵

（7）拆卸驱动电机总成。

①将单臂吊推至车前合适位置,将单臂吊挂钩挂在吊装带上,操作单臂吊上升至吊装带拉紧。如图 3-1-50 所示。

②依次拆卸驱动电机左支架固定螺栓,拆卸驱动电机右支架的固定螺栓。如图 3-1-51 所示。

比亚迪 e5 驱动
电机总成拆卸

图 3-1-49　取下驱动电机搭铁线

图 3-1-50　吊装电机总成

图 3-1-51　拆卸驱动电机固定螺栓

③两人配合,使用单臂吊缓慢将电机总成吊出机舱,吊出时注意电机姿态。如图 3-1-52所示。

（8）驱动电机总成分解与检查。

①交叉拧松驱动电机后端盖 10 个固定螺栓,取下电机后端盖。如图 3-1-53 所示。

比亚迪 e5 纯电动
汽车驱动电机总成
解体与检测

图 3-1-52　将电机总成吊出机舱

图 3-1-53　取下电机后端盖

②依次拧松并拧下驱动电机三根母线端子的固定螺栓。如图 3-1-54 所示。

③依次拧松并拆卸驱动电机与电机控制器之间的 4 个固定螺栓,如图 3-1-55 所示。

图 3-1-54　拧下驱动电机三根母线端子的固定螺栓

图 3-1-55　拆卸驱动电机与电机控制器之间的固定螺栓

④拔下旋转变压器的线束插接器,取下电机控制器。如图 3-1-56 所示。

⑤将绝缘测试仪调至 1000V 挡位,两只表笔对接检查绝缘测试仪及表笔是否正常。将黑表笔指针与电机壳体接触,将红表笔指针依次与电机三根母线端子接触,测量三相绕组与电机壳体之间的绝缘电阻值应该大于 500Ω/V,或者电机整体绝缘电阻大于 20MΩ,表明电机绝缘良好,如图 3-1-57 所示。

图 3-1-56　取下电机控制器

图 3-1-57　电机母线的绝缘检查

⑥使用万用表的欧姆挡,分别测量任意两根母线端子之间的电阻,应该小于 1Ω,如图 3-1-58 所示。若测量值大于标准值,则说明二组线圈断路损坏。对比测试结果,三相绕组的任意两相之间的电阻值的差值应在 5% 以内为正常。

图 3-1-58　电机母线的导通检查

⑦拧松旋转变压器线束固定支架固定螺栓,拧松温度传感器插头支架固定螺栓,拧松旋转变压器固定盘的两个固定螺栓,取下固定盘,取下旋转变压器。如图 3-1-59 所示。

旋转变压器线束

图 3-1-59　取下旋转变压器

⑧用万用表电阻挡,测量旋转变压器的电阻值,正弦绕组应为 15Ω 左右,余弦绕组应为 12Ω 左右,励磁绕组应为 7Ω 左右,如果阻值过大,应更换旋转变压器,如图 3-1-60 所示。

⑨将旋转变压器装入安装孔,注意安装到位,拧紧固定螺栓。如图 3-1-61 所示。

比亚迪 e5 驱动电机总成安装

图 3-1-60　旋转变压器电阻值检测

图 3-1-61　安装旋转变压器

⑩安装电机控制器至驱动电机上方,安装电机控制器与驱动电机之间的 4 个固定螺栓并依次拧紧。如图 3-1-62 所示。

⑪安装电机母线端子的固定螺栓,拧紧 3 个固定螺栓至规定力矩。如图 3-1-63
所示。

图 3-1-62　安装电机控制器

图 3-1-63　安装电机母线端子固定螺栓

⑫安装驱动电机后端盖,注意 10 颗固定螺栓要交叉拧紧。如图 3-1-64 所示。

(9)使用单臂吊,将电机总成吊装到位,将电机总成缓慢吊入机舱中,注意不要碰触
到其他零件或者管路。如图 3-1-65 所示。安装驱动电机的固定螺栓,拧紧至规定力矩。

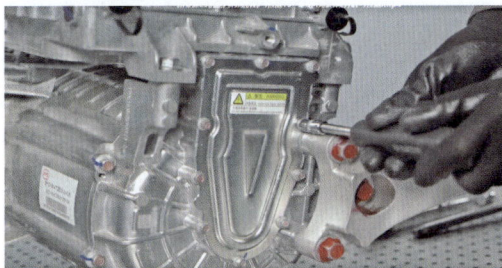

图 3-1-64　安装驱动电机后端盖

图 3-1-65　吊装电机总成

(10)安装电机控制器相关线路及管路。如图 3-1-66 所示。

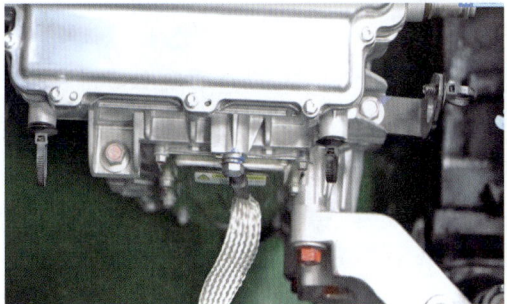

图 3-1-66　安装电机控制器线路及管路

(11)其余按与拆卸步骤相反顺序装复。

知识拓展 ▶▶▶

比亚迪 e5 驱动电机附近
线路与管路安装

我国永磁电机产业现状

永磁电机是现代材料科学、电子电力科学及电动机控制理论相结合的产物。永磁

电机是利用永磁材料产生磁场,替代传统电机由电流励磁产生的磁场,使得永磁电机具有结构简单、运行可靠、体积小、重量轻、损耗低、效率高,电动机的外型和尺寸可以灵活多变等显著特点,相比普通电机,永磁电机可节省电量约 20%,被业内誉为"节能神器",所以永磁电机近几年来发展很快。

新能源汽车的发展离不开电驱动的核心零部件——电机系统。高速高效高可靠性的电机,能让新能源电动汽车的能耗更低、寿命更长。在全球新能源汽车电驱动中,永磁电机占比近 90%。

目前,我国目前已形成完整的永磁动力产业链条,从前端材料到中段部件,到下游应用,汇集了一大批优秀的企业(主要集中在沿海经济较为发达的地区,市场份额排名前五的省市分别是江苏、浙江、山东、广东、福建),技术研发实力位于世界领先水平。最小的永磁电机外径仅为 0.8mm,长 1.2mm,大的永磁电机外径可做到 12m,几十 MW(风电、舰艇等),单台重量百余吨,转速低的仅为 0.2r/h,高的几十万 r/min。结构也不再局限于传统结构,横向磁通的、轴向磁通的、直线的、双定子的、双转子的等等,产量也将出现大的跨越。

电动汽车用永磁电机和轨道交通用永磁电动机在替代能源方面成为行业发展的另一焦点。交流永磁伺服电动机和特种永磁电机在信息化的进程中发挥了重要作用。随着需求结构的调整,用于节能环保领域的永磁电机将会出现大幅增长。

任务二　大众电动汽车驱动电机的检修

任务描述 》》》

一辆大众帕萨特插电式混合动力电动汽车和一辆大众朗逸纯电动汽车进厂维修,客户反映汽车上电后无法正常行驶,经班组长确认故障后,需要对驱动电机及控制系统进行检修。汽车修理工从班组长处接受汽车维修任务,阅读维修工单,明确任务要求,通过查阅维修手册,确定作业流程与技术标准;在规定工期内完成新能源汽车驱动电机的检查与更换工作,使汽车恢复正常使用性能;自检合格后,填写维修工单,交付班组长进行质量检验,在工作过程中遵循现场工作管理规范。

任务分析 》》》

新能源汽车驱动电机系统是新能源汽车的关键系统之一,它的工作情况直接影响到汽车是否能够正常工作。因此维修人员需要具备对驱动电机的检修能力。

📖 **知识学习** 》》

一⚡ 大众混合动力电动汽车驱动电机的结构原理

（一）大众帕萨特 PHEV 电机的安装位置及作用

（1）大众帕萨特 PHEV 电机装在 1.4TSI 发动机和 6 档双离合器变速器 0DD 之间。它可以单独驱动车辆行驶，或是结合内燃机一起驱动车辆。同时也承担了起动机和发电机的任务。如图 3-2-1 所示。

三相电流驱动电机 VX54

图 3-2-1　大众帕萨特 PHEV 电机

（2）双离合器变速器包括三个膜片式离合器，两个行驶离合器和一个分离离合器。两个行驶离合器 K1 和 K2 将电驱动装置的牵引电机 V141 与两个分离离合器连接到一起。分离离合器 K0 连接或断开电驱动装置的牵引电机 V141 与内燃机。所有的三个离合器都是依靠自动变速器油运行。在闭合分离离合器 K0 时，可以通过内燃机或结合电动机牵引电机 V141 驱动。在闭合分离离合器 K0 的情况下，也可以通过电动机牵引电机 V141 来起动内燃机。如图 3-2-2 所示。

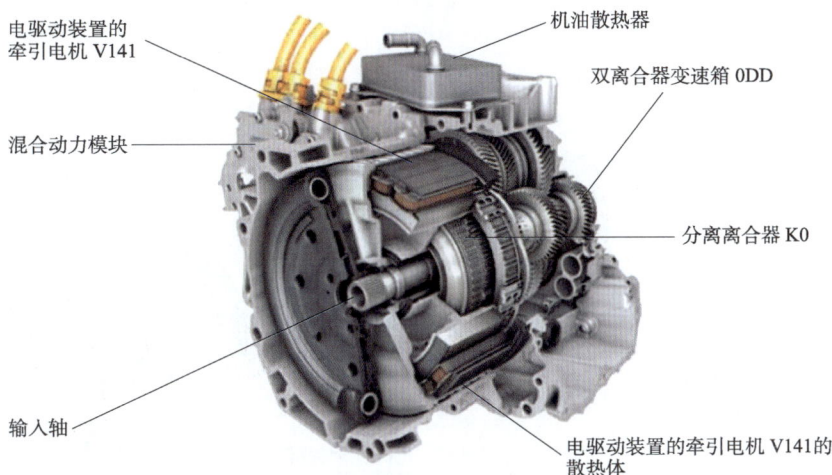

电驱动装置的牵引电机 V141

机油散热器

双离合器变速箱 0DD

混合动力模块

分离离合器 K0

输入轴

电驱动装置的牵引电机 V141 的散热体

图　3-2-2

图 3-2-2　牵引电机 V141

（二）大众帕萨特 PHEV 电机结构及组成

（1）主要由定子、转子、牵引电机、散热体、分离离合器以及支撑环组成。如图 3-2-3 所示。

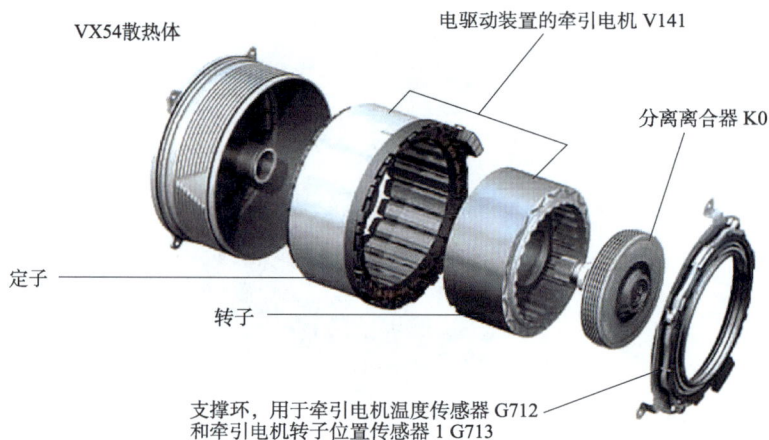

图 3-2-3　电动机 VX54

（2）主要技术数据，如图 3-2-4 所示。

技术数据

最大功率	85kW
最大转矩	330N·m
最大转速	7000r/min
电驱动装置牵引电机的重量	34kg
系统最大功率	160kW
系统最大转矩	400N·m

系统功率意味着，内燃机和三相电流驱动电机一起工作

- - - 系统功率
- - - 系统转矩

转矩功率图

图 3-2-4　技术数据

（3）电机温度传感器 G712。

传感器检测牵引电机的温度。将信号发送给电驱动装置控制单元 J841。从大约 150℃起，牵引电机的功率将受到限制。从 180℃起将不再运行，以避免过热。作为替代，内燃机将被起动。传感器是一个 NTC 电阻传感器（NTC 是负温度系数的缩写）。如图 3-2-5 所示。

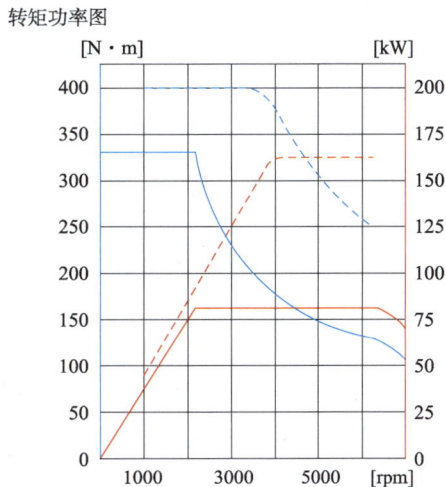

图 3-2-5　电机温度传感器 G712

（4）电机转子位置传感器 G713。

该部件用于检测转子中磁铁到定子的准确位置。从而通过位置计算对磁场进行精确控制。传感器包括固定安装的线圈和安装在转子上的传感轮。电驱动装置控制单元 J841 接收传感器的信号并根据信号进行位置计算。

①结构。

传感器具有 30 个串联的线圈。每个线圈都是由一个铁芯以及一个初级绕组和两个次级绕组组成的。电驱动装置控制单元 J841 为初级绕组提供激励电压。次级绕组具有不同的匝数。以此区分次级绕组 1 和 2。传感轮具有 8 个凸块，通过感应对线圈进行影响。如图 3-2-6 所示。

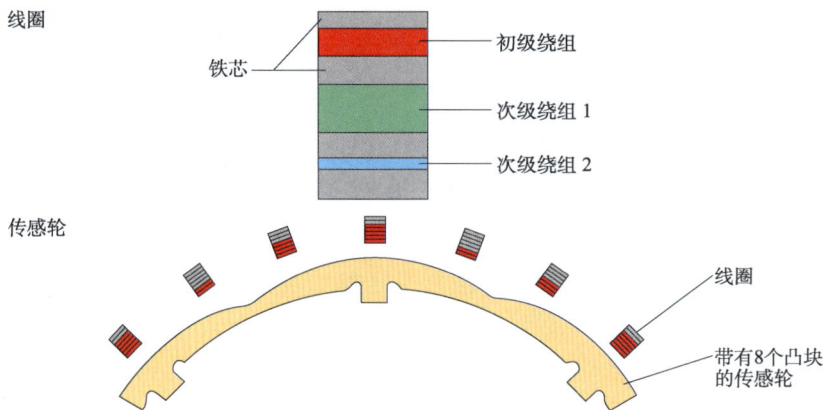

图 3-2-6　电机转子位置传感器 G713

②工作原理。

首先转子开始转动，带动传感轮转动。凸块开始从一个线圈移动到下一个线圈，从而加强了次级绕组内的感应。由于各线圈中次级绕组 1 和 2 的螺旋线数量不同，从而产生 90°的幅度错位。基于这种幅度，电驱动装置控制单元 J841 计算出磁铁相对于电驱动装置牵引电机 V141 内线圈绕组的位置。如图 3-2-7 所示。

电力驱动的功率电子装置 JX1 为初级线圈提供稳定的 10kHz 交流电压。

在用于正弦信号"sin-Out"和余弦信号"cos-Out"的次级线圈中，受到初级线圈的感应，产生出相同频率 10kHz 的电压。感应电压的大小取决于转子的位置。根据次级信号，控制单元计算转子频率和转子位置。转子速度从转子频率计算得出。该信号的任何故障的发生都可能造成发动机或电动机模式不能启动。

（5）电机温度传感器 G712 的检测。

驱动电机温度传感器 G712 连接到电力驱动的功率电子装置 JX1 上。

如果传感器 G712 出现故障，电机控制单元会以紧急模式启动散热风扇。（20℃时，传感器 G712 的电阻大约为 50kΩ，信号电压大约为 1V。）

在三相交流电机 VX54 的连接处使用测试工具/DSO 的转接适配器 VAS6946 或 JX1 上使用绝缘箱 VAS6606 和测试适配器 VAS6606/10 均可以检查电阻和信号电压。

如图 3-2-8 所示。

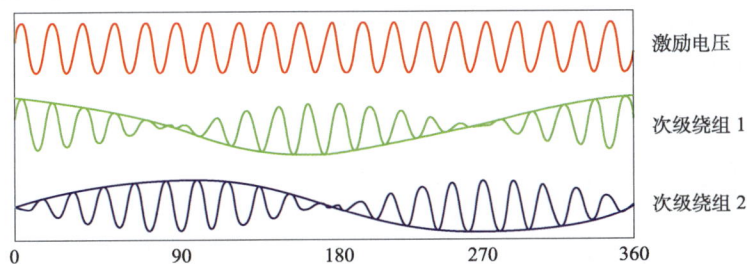

电动机VX54

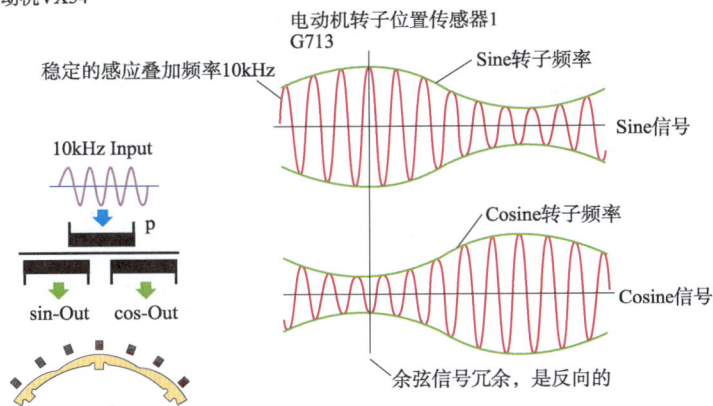

图 3-2-7　工作原理

电动机VX54

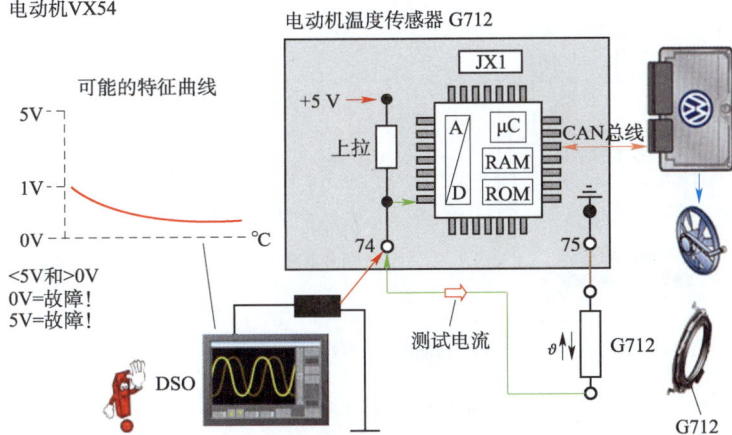

图 3-2-8　电机温度传感器 G712 的检测

（6）电机转子位置传感器 G713 的检测。

①初级线圈检测。

电力驱动的功率电子装置 JX1 为传感器 G713 的初级线圈提供 10kHz 的交流电压，并产生次级线圈的感应电压。

检测初级线圈的电阻和信号可用于诊断故障。

如果初级线圈出现中断,可在针脚 59 和 66 之间检测到 0.8V 左右的直流电压。

当 CAN 总线休眠时,可在 JX1 针脚 59 和 66 之间测得约 25Ω 的输入电阻。如图 3-2-9 所示。

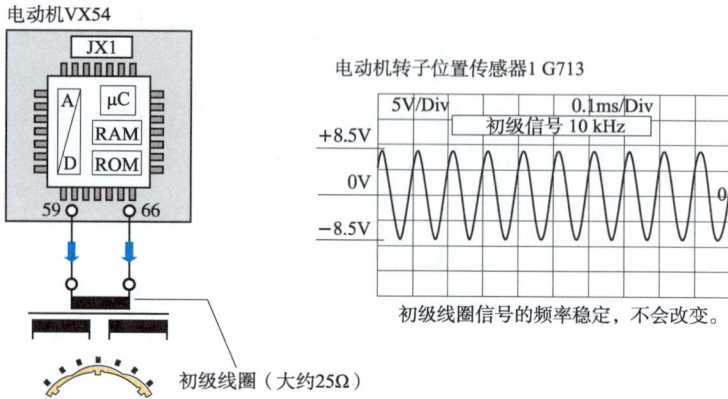

图 3-2-9　初级线圈检测

②次级线圈检测。

如果次级线圈出现中断,可在针脚 57 和 64、针脚 58 和 65 之间检测到 0.8V 左右的直流电压。

当 CAN 总线休眠时,任何情况下测得的电力驱动的功率电子装置 JX1 的输入电阻约 50Ω。如图 3-2-10 所示。

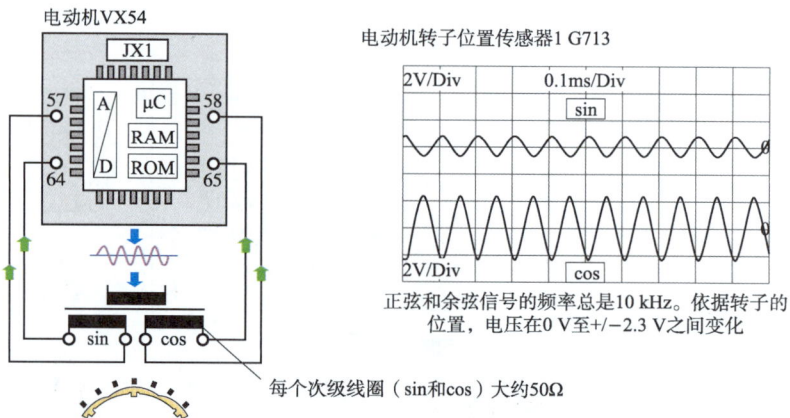

图 3-2-10　次级线圈检测

二　大众纯电动汽车驱动电机的结构原理

1. 纯电动汽车驱动电机的作用

新能源汽车驱动电机是将动力蓄电池的电能转化为机械能,通过传动装置驱动或直接驱动车轮,并能够在汽车减速制动或者下坡时,实现再生制动。早期电动汽车上广泛采用直流串激电机,这种电机具有"软"的机械特性,与汽车的行驶特性非常适应。

但直流电机由于存在换向火花、比功率较小、效率较低和维护保养工作量大等缺点,随着电机技术和电机控制技术的发展,被直流无刷电机、开关磁阻电机和交流异步电机所取代。

2.纯电动汽车驱动电机的特性

作为纯电动汽车上的一个关键部件,电机性能的好坏直接决定了整车性能的好坏。纯电动汽车的驱动电机要能够频繁起停,加速、低速和爬坡时要有高转矩,高速行驶时要有低转矩,还要有较大的变速范围。电机通常具有以下特性:

1)高电压

在允许范围内尽可能采用较高的电压,那么在同样功率的情况下,所需要的电流更小,从而系统所需的电流更小,这样就可以减小电机的尺寸和导线等装备的尺寸,最重要的是,可以减小逆变器的尺寸。

2)高转速

高转速电机一般指转速超过10000r/min的电机,由于转速高,所以电机功率密度高,而且体积比普通电机小,可以有效节约材料,同时质量轻,有利于降低电动汽车的整车整备质量。

3)质量轻

电机采用铝合金外壳,可以显著降低电机的质量。

4)较大的起动转矩和较大范围的调速性能

具有较大起动转矩的电机会使电动汽车具有良好的启动性能和加速性能,而良好的调速性能可以减轻驾驶员的操纵强度,提高驾驶舒适性。

5)效率高、损耗小

具有此特性,电机就能够达到最有效的能量利用,在车载总质量不变的情况下尽可能地延长行驶里程。

6)具有再生制动回收功能

此特性要求电机还要能作为发电机,将汽车在行驶过程中的制动能量回收到蓄电池中,在下一次需要使用的时候再释放出来,即可达到节约能源的作用。通常情况下,回收的能量可以达到总耗损能量的10%～20%,这是很可观的。

7)耐温耐潮性能强,运行时噪声低

纯电动汽车的电机通常位于前桥部位,快速变化的温度、潮湿、泥沙等因素都使得该位置的工作环境比较恶劣,因而电机需要耐温耐潮特性从而应对这一复杂环境,而运行时噪声低这一要求,则可以使电机运行时更加安静,以减少对乘车人员的打扰。

3.朗逸纯电动汽车电机结构

1)三相交流驱动电机总成VX54的结构、作用

朗逸纯电动汽车电机结构包括三相交流驱动电机、转子位置传感器、转子温度传感器等。三相交流驱动电机包括转子、定子、电机壳体等组成。如图3-2-11所示。

三相交流驱动电机总成VX54位于前舱内,如图3-2-12所示,其直接作用在传动

轴上,有 2 个作用:

(1)电动机功能,以纯电动方式驱动车辆。

(2)发电功能,为动力蓄电池 AX2 充电。

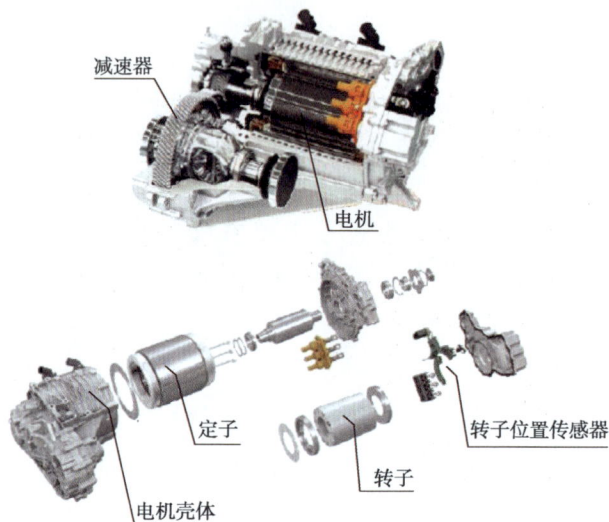

图 3-2-11 朗逸纯电动汽车的电机结构

图 3-2-12 三相交流驱动装置 VX54 的安装位置

转子位置传感器 G713 安装在驱动电机 V141 的转子上,有一个对称的、带 8 个凸轮的脉冲信号轮。如图 3-2-13 所示。包括由 30 个铁芯构成的定子,其周围排列着初级线圈、正弦信号次级线圈 1 和余弦信号次级线圈 2。所有线圈都是串联连接。根据识别到的转子位置,激活相应的 U、V 和 W 三个相,这样转子磁场就可与定子磁场同步运转。三相交流电机 VX54 或 JX1 在保养或维修之后,必须根据"引导型故障查寻"重新校准驱动电机。

如图 3-2-14 所示,在此过程中,为了让驱动电机达到最佳效率,U、V 和 W 感应电压的各个相位的位置必须调整以适应 JX1 内的控制软件。功率电子装置 JX1 为初级线圈提供稳定的 10kHz 交流电压。在用于正弦信号"sin-Out"和余弦信号"cos-Out"的次级线圈中,受到初级线圈的感应,产生出相同频率 10kHz 的电压。感应电压的大小取决于转子的位置。根据次级信号,控制单元计算转子频率和转子位置。转子速度从转子频率计算得出。如图 3-2-15 所示。该信号的任何故障的发生都可能造成电动机模式不能启动。

图 3-2-13　转子位置传感器 G713 安装位置

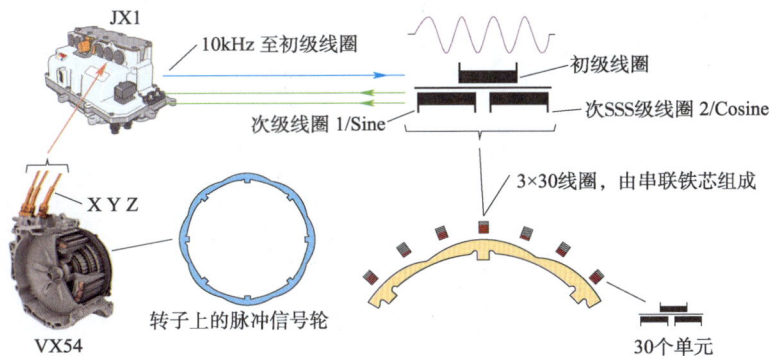

图 3-2-14　转子位置传感器 G713 控制原理

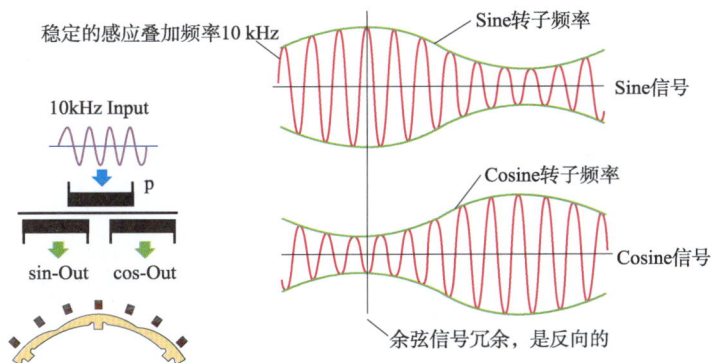

图 3-2-15　转子位置传感器 G713 信号

2）电机电路分析

如图 3-2-16 所示，朗逸纯电动汽车电机电路包括功率电子装置 JX1、电力驱动牵引电机 V141、电机温度传感器 G712、电机转子位置传感器 G713 等。功率电子装置 JX1 根据电机温度传感器 G712、电机转子位置传感器 G713 等信号，给驱动电机 U、V、W 三相供电，使电机工作。

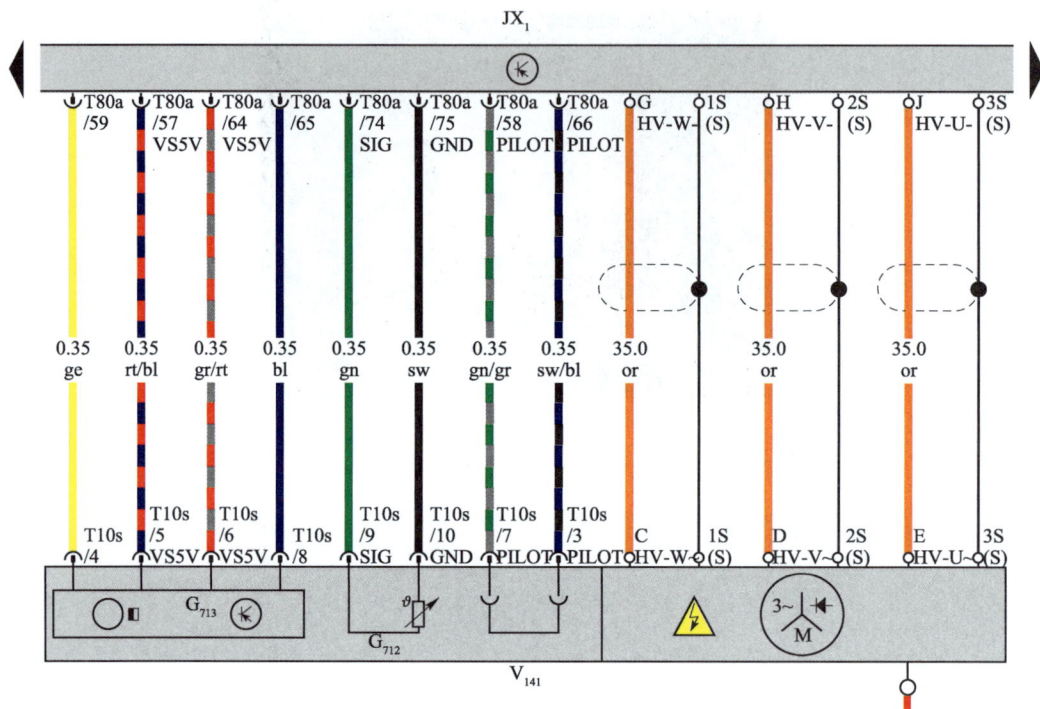

图 3-2-16　电机电路

4. 电机常见故障

作为系统最重要的组成部分之一，驱动电机的故障将直接影响整车运行状态，及时查找并排除相关故障显得尤为重要。

1）电机超速故障

（1）故障可能的原因。

①整车负载突然降低，电机转矩控制失效。

②电机低压信号线插头连接松动或者退针。

③控制器损坏（硬件故障）。

（2）对应原因的故障分析。

①电机之所以匀速运转，是由于通电线圈产生的安培力矩和电机受到的阻力矩平衡。在电机负载突然降低时，由于电机是感性元件，这一瞬间的电流并未降低，因而通电线圈产生的安培力矩不变，因而安培力矩大于阻力矩，从而使电机超速。

②低压信号线接触不良，会使电机无法接收到正确的控制信号，从而产生电机转

速问题。

③控制器发生损坏,则无法正常控制电机运转。

(3)对应原因的解决方法。

①此情况只需重新上电,问题即不再出现。

②检查信号线插头是否接触不良,可通过重新拔插尝试解决。

③更换控制器。

2)电机过温故障

(1)故障可能的原因。

①低压信号线接触不良,会使电机无法接收到正确的控制信号,从而产生电机转速问题。

②冷却系统工作异常。

③电机本体损坏(长时间过载运行)。

(2)对应原因的故障分析。

①检查信号线插头是否接触不良,可通过重新拔插尝试解决。

②在电机运转过程中,一方面由于阻抗的作用,另一方面由于电机机械之间存在摩擦,不可避免将产生大量的热,冷却系统将产生的热量及时带走并排出,才能维持正常的电机工作温度。

③长时间过载运行,会对电机的一些零部件产生严重的伤害,因而会使电机产生过热的现象。

(3)对应原因的解决方法。

①检查信号线插头是否接触不良,可通过重新拔插尝试解决。

②对冷却系统进行检查,主要看冷却液是否充足,冷却水泵是否能正常工作,冷却管路是否堵塞或产生气阻等。

③更换新电机。

3)与VCU通信丢失故障

(1)故障可能的原因。

①未收到整车控制器信号。

②网络干扰严重。

③线束问题。

(2)对应原因的故障分析。

①通信线束连接得不牢固可能会导致车上的电控设备发往整车控制器或从整车控制器发往车上电控设备的信息丢失,从而造成此故障。

②纯电动汽车为保证正常工作,其上有非常多的导电线束和通信线路,如果线束的屏蔽层破损,将大大降低对外来信号屏蔽干扰的能力,进而对车辆的通信网络产生影响,造成此故障。

③线束损坏或其他原因产生此故障。

（3）对应原因的解决方法。

检查或重新拔插数据线排除故障,更换与该故障相关的通信线束,或尝试更换控制器。

4）电机系统高压暴露故障

（1）故障可能的原因。

①电源模块硬件损坏。

②软件与硬件不匹配。

③网络上有部件报出高低压互锁故障引起。

（2）对应原因的故障分析。

①电源模块硬件损坏,使得系统对高压蓄电池的高压输出控制能力降低。

②软件在使用过程中是需要与硬件相匹配的,软硬件不匹配会导致软件的控制逻辑无法在硬件上正常运行。

③为保证安全性,一般高压系统要在所有的高压部件都正确连接之后,再进行高压的输出,这就需要每个高压系统的连接件上都安装有互锁装置,若互锁装置没有连接好,则会出现该故障。

（3）对应原因的解决方法。

①更换电源模块硬件。

②重新刷程序。

③检查各高压部件的互锁装置的连接情况,重新拔插或更换相应互锁装置。

5）电机(噪声)异响

（1）故障可能的原因。

①电磁噪声(高频较尖锐)。

②机械噪声,可能是来自减速器、悬置系统或电机本体(轴承)。

（2）对应原因的故障分析。

①主要是电机转速较高引起,尤其是加速或者高速时尤为明显。

②电机长时间运转时,其各个部件之间难免会有磨损的情况发生,这就有可能造成电机发生异响。

（3）对应原因的解决方法。

①电机高速运转产生的电磁噪声属于正常现象,无须理会。

②排查确定电机本体损坏,检查电机各个部件之间的磨损程度,若磨损较为严重可以考虑更换电机。

知识拓展 >>>

电动汽车电机工作特点和要求

电动汽车的电机驱动系统把电能转换为机械能,并通过传动装置(或直接)将能量传递到车轮,进而驱动车辆按照驾驶人意志行驶,是电动汽车的关键系统之一。它在电动汽车上的具体任务是:在驾驶人操纵控制下,将内燃机-发电机系统、动力蓄电池组的电能转换为车轮的动能驱动车辆,并在车辆制动时把车辆的动能再生为电能反馈到动力蓄电池中以实现车辆的再生制动。

电动汽车利用电动机驱动作为辅助动力,来降低燃料的消耗和实现"低污染",或在纯电动驱动模式时实现"零污染"。电动汽车上电机系统的工作条件以及工作模式与传统电机相比有着很大的区别,这些区别使得工业电机不适合在汽车上使用。相对于传统工业电机而言,电动汽车上所使用的电机系统一般有以下特点:

(1)电动汽车上所使用的电机往往要求频繁的起停,频繁的加、减速以及工作模式的频繁切换(作为电动机使用驱动汽车以及作为发电机使用实现能量回收及发电的功能),这对电机的响应性能提出了更高的要求。

(2)由于汽车内部空间紧张,往往要求电机系统具有体积小、重量轻以及具有较高的功率密度和工作效率等性能要求。

(3)相对于传统电机而言,电动汽车上所使用的电机系统的工作环境更为恶劣、干扰更大,从而要求它具有更高的可靠性、抗振性和抗干扰性。

(4)传统电机一般工作在额定工况附近,而电动汽车电机的工作范围相对较宽。由于电动汽车电机工作模式的特殊性(电机的工况经常处于动态变化中),额定功率这个参数对电动汽车所使用的电机没有特别大的意义,所以对其额定功率的要求并不严格,高效工作区间这个参数则更为实际和重要。

(5)在供电方式上,传统电机由常规标准电源供电,而电动汽车电机所使用的电能来源于蓄电池,且由功率转换器直接供给。另外,电机的使用电压及形式并不确定,从减少功率损耗及降级电机逆变器成本的角度考虑,一般倾向于使用较高的电压。

由此可知,电动汽车对其使用的电机系统有着下面的特殊要求:频繁切换性能好、比功率大、体积较小、抗振性和抗干扰性好、高效工作范围宽、容错能力强、噪声小、对电压波动的适应能力强和可以接受的成本等。

任务实施 ▶▶▶

一 大众帕萨特 PHEV 电机检修

1. 大众帕萨特 PHEV 电机检修准备

1)场地布置

作业前现场环境检查:检查绝缘垫,设立隔离柱,布置警戒线,张贴警示牌,以警示相关人员,避免无关人员进入发生安全事故,场地布置如图 3-2-17 所示。

2)工具、防护用品

(1)个人安全防护用品准备。

新能源汽车维修人员必须检查并穿戴必要的安全防护用品,如绝缘手套、绝缘鞋、防护眼镜、安全帽等,其耐压等级需符合作业要求,如图 3-2-18 所示。

图 3-2-17　场地布置

绝缘手套　　　　　绝缘鞋　　　　　护目镜　　　　　安全帽

图 3-2-18　安全防护用品

(2)常用工具准备。

新能源汽车维护中涉及常规部件的紧固、调整时需要使用常用工量具,如图 3-2-19 所示。

图 3-2-19　常用工量具

(3)绝缘工具准备。

新能源汽车维护中若涉及高压部件的紧固、调整时需要使用绝缘工具,确保操作人员人身安全,如图 3-2-20 所示为常见绝缘工具套装。

(4)绝缘测试仪准备。

对新能源汽车上电气绝缘性能进行检测时,需要使用专用的绝缘测试仪器,测量高压电缆及零部件对车身绝缘电阻是否位于规定值范围内,如图 3-2-21 所示。

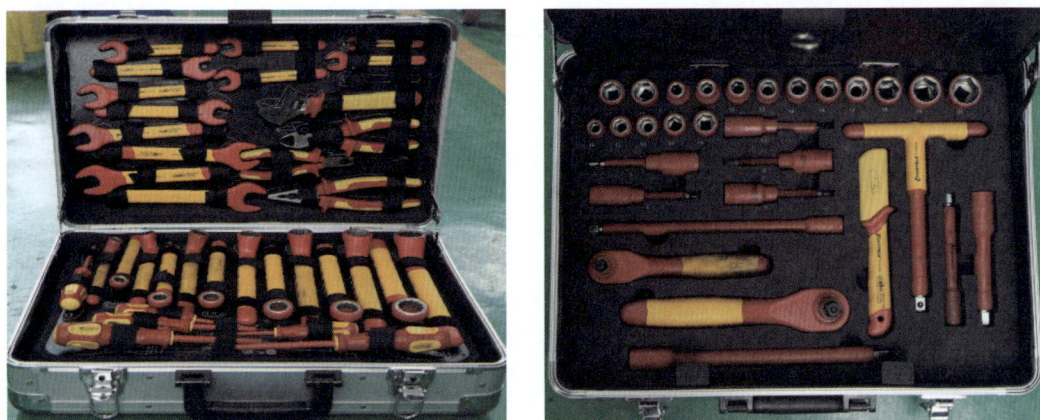

图 3-2-20　绝缘工具套装

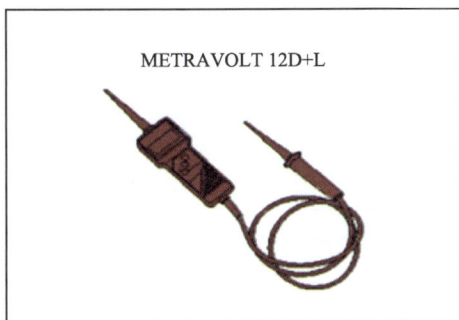

图 3-2-21　绝缘测试仪

3）安全准备工作及注意事项(表 3-2-1)

安全准备工作及注意事项　　　　　　　　　表 3-2-1

操作步骤	操作项目	注意事项
步骤一： 整理场地	场地准备	1.新能源汽车维护工位必须洁净、干燥、无油脂、无飞溅火花、工位地面进行绝缘处理。 2.为了防止未经授权人员进入工位以及无法确保高电压本身安全或出现不明状态时,应使用隔离带。竖立发光黄色警告提示。 3.检查灭火器是否处于正常使用条件。 4.检查工位地面绝缘是否良好
步骤二： 场地设备检查	场地设备准备	1.检查举升机维护保养日期,试运行举升机,检测工作状况。 2.检查车辆停放位置及举升臂高度
步骤三： 车辆检查	车辆准备	1.检查车辆外观,察看有无划痕、变形、损伤并进行记录。 2.检查车辆挡块,察看是否齐备安装稳固有效。 3.检查车辆举升支撑位置,察看是否处于正确位置

操作步骤	操作项目	注意事项
步骤四： 安全防护设备检查	绝缘手套检查	1. 检查绝缘手套标识，确认耐压等级。 2. 检查外观有无明显磨损痕迹。 3. 检查绝缘手套密封性。 (1)卷起手套边缘。 (2)折叠开口，并封住手套开口。 (3)向手套内吹气，确认无空气泄漏。 (4)使用同样的方法检查第二只手套 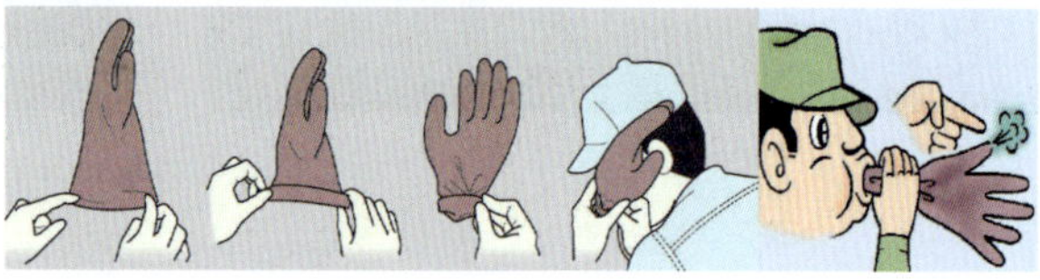
	安全帽检查	1. 检查安全帽有无破损、裂纹。 2. 根据自身调整安全帽扣带
	护目镜检查	1. 检查护目镜表面有无破损、裂纹、镜面清晰度是否正常。 2. 根据自身调整护目镜扣带尺寸
	绝缘鞋检查	1. 检查绝缘鞋标识，确认耐压等级。 2. 检查绝缘鞋有无破损、老化、裂纹
	绝缘服检查	1. 检查绝缘服标识，确认耐压等级。 2. 检查绝缘服有无破损、油污及各扣合位置是否正常可用
步骤五： 拆装工具检查	工具检查	1. 清点绝缘工具套装内数目，确认项目使用工具正常可用，绝缘部位无破损、老化、裂纹。 2. 扭力扳手检验合格证处于有效期，力矩调整灵活准确
步骤六： 设备检查	汽车用数字万用表检查	1. 检查万用表设备及附件是否配备齐全。 2. 检查万用表设备合格证书。 3. 校验万用表确认测量有效性
	故障诊断仪检查	1. 确认故障诊断仪设备及附件配备齐全。 2. 检查故障诊断仪设备合格证书。 3. 确认故障诊断仪工作正常
	冰点仪检查	1. 确认冰点仪及附件配备齐全。 2. 确认冰点仪工作正常

2. 大众帕萨特 PHEV 电机检修准备-安全防护

(1)车辆处于停车挡，并拉起驻车制动器，安装车轮挡块，如图 3-2-22 所示。

(2)安装座椅套、方向盘套和地板垫，如图 3-2-23 所示。

图 3-2-22　车轮挡块

图 3-2-23　车内三件套

（3）安装翼子板布和前格栅布，如图 3-2-24 所示。

3. 大众帕萨特 PHEV 电机拆装

1）切断高压系统的电压

（1）断开高压电系统的维修插头 TW 并上锁，如图 3-2-25 所示。

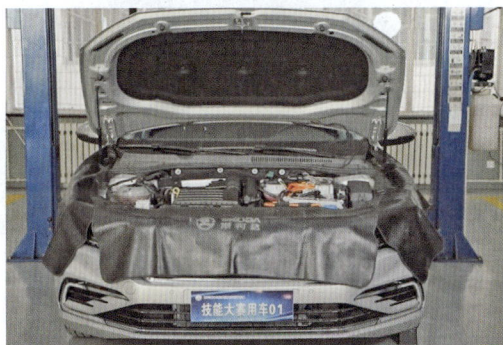

图 3-2-24　车外三件套

图 3-2-25　高压电系统的维修插头 TW

（2）使用 6150E 诊断仪、混合动力测量模块 VAS6558A、高压诊断适配器 VAS6558/9-4 和 VAS6558/9-6，按照流程进行高压系统断电，如图 3-2-26 所示。

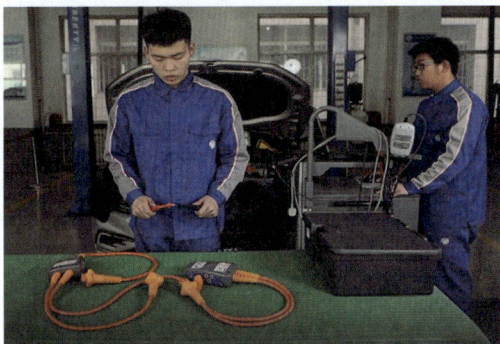

图　3-2-26

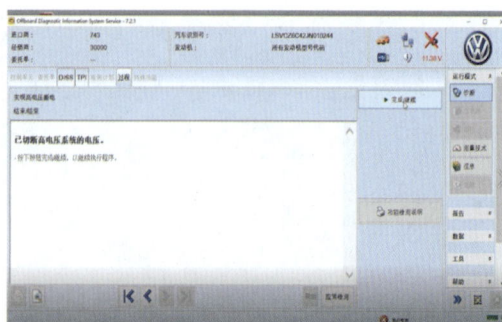

图 3-2-26　高压系统断电

2）拆卸大众帕萨特 PHEV 电机

（1）举升车辆至合适位置，并锁止，如图 3-2-27 所示。

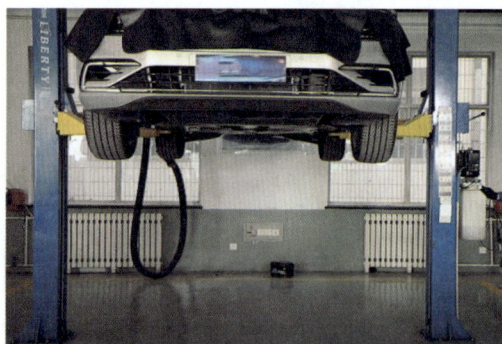

图 3-2-27　举升车辆

（2）拆卸前部隔音板，如图 3-2-28 所示。

图 3-2-28　拆卸前部隔音板

（3）排出冷却液。

（4）拆卸高压电池的充电装置 AX4，如图 3-2-29 所示。

（5）拆卸功率电子装置 JX1，如图 3-2-30 所示。

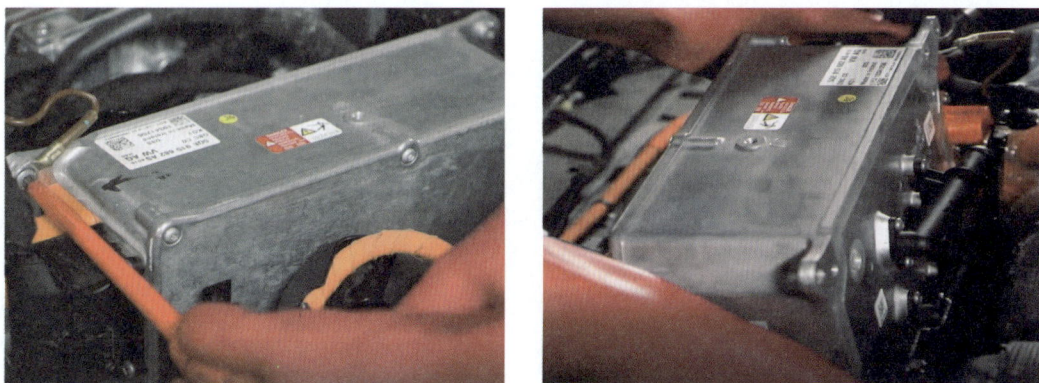

图 3-2-29　拆卸高压电池的充电装置 AX4

图 3-2-30　拆卸功率电子装置 JX1

（6）松开软管卡箍 2，拔下冷却液软管 1。在发动机密封件 SVW6122 或 VAS6122 中选取合适的密封件密封住冷却液管和冷却液管接头，如图 3-2-31 所示。

（7）用 14mm 的开口扳手 2 沿箭头方向撬出换挡杆拉索，如图 3-2-32 所示。

（8）旋出换挡杆拉索支架的固定螺栓，并将其放置到合适的地方，如图 3-2-33 所示。

（9）用扭力扳手旋出螺栓 1。将电驱动模式的功率和控制电子装置冷却液循环泵 V508 和支架 2 取下，如图 3-2-34 所示。

（10）旋出螺栓 2，从三相交流驱动装置 VX54 上取下等电位线 1，如图 3-2-35 所示。

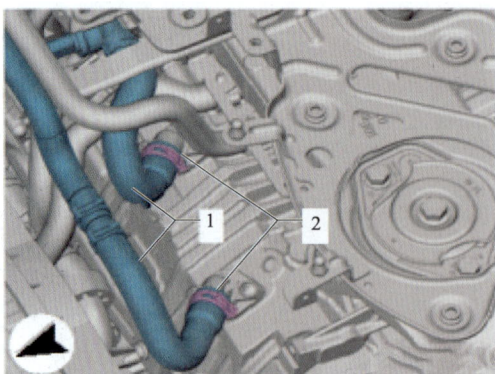

图 3-2-31 拆卸冷却液软管

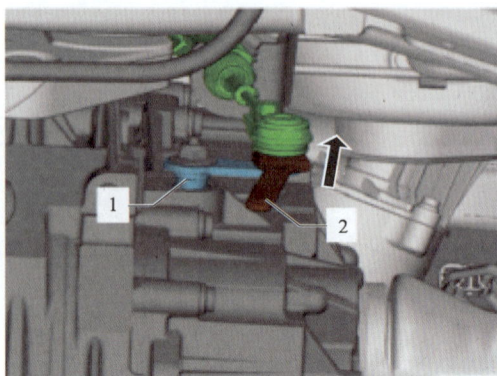

图 3-2-32 拆卸换挡杆拉索

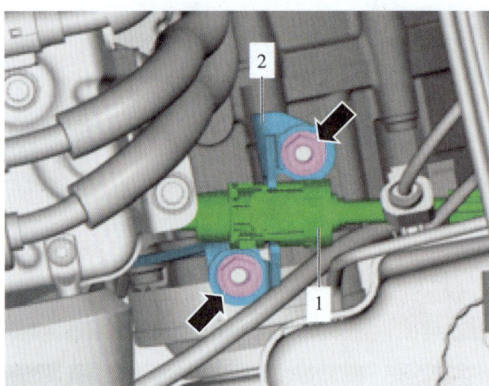

图 3-2-33 旋出换挡杆拉索支架的固定螺栓

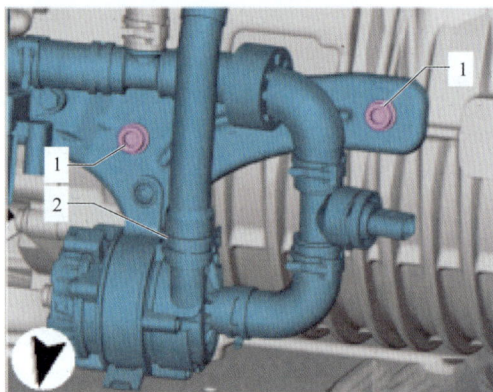

图 3-2-34 拆卸冷却液循环泵

（11）拔下电气插头 1。用合适的密封袋密封住电气插头,避免液体或异物进入电气插头内。脱开左右侧传动轴并将其固定在副车架合适的位置,如图 3-2-36 所示。

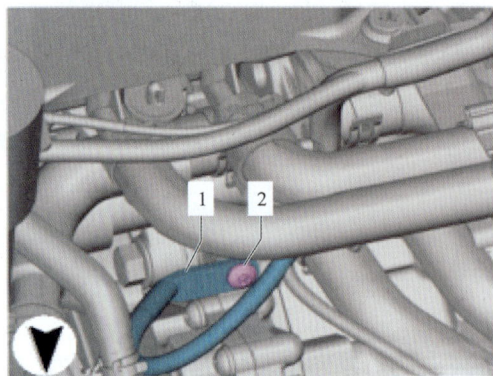

图 3-2-35 拆卸等电位线

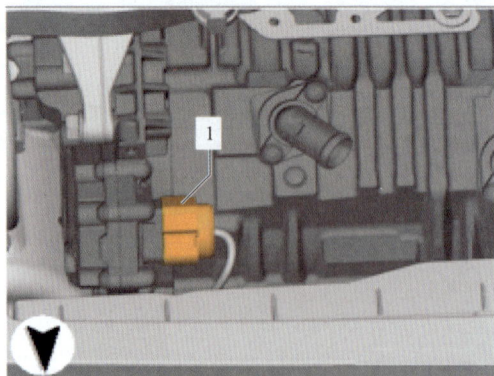

图 3-2-36 拔出低压插头

（12）旋出螺栓 1。从空调压缩机 V470 上取下等电位线 2。将空调压缩机 V470 从三相交流驱动装置 VX54 上拆卸,并捆绑至车身合适位置,从支架上拆卸空调压缩机。

拆卸摆动支撑,如图 3-2-37 所示。

(13)将变速箱工具 3282 安装到发动机/变速器专用举升器 SVW1383A 或 VAS6931 上。通过调整片 S3282/71 或 3282/71 安装定位件,如图 3-2-38 所示。

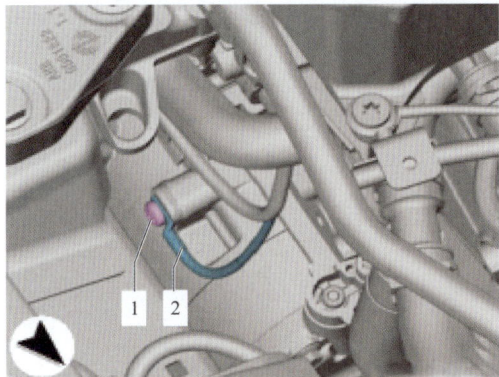

图 3-2-37　拆卸空调压缩机

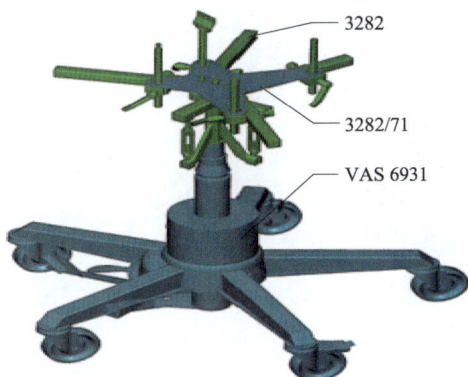

图 3-2-38　变速器专用举升器

(14)将发动机/变速器专用举升器 SVW1383A 或 VAS6931 放到三相交流驱动装置 VX54 下面,并支撑住变速器,如图 3-2-39 所示。

(15)将变速器排气软管 3 从功率电子装置 JX1 支架上脱开。旋出螺栓 1,如图 3-2-40 所示。

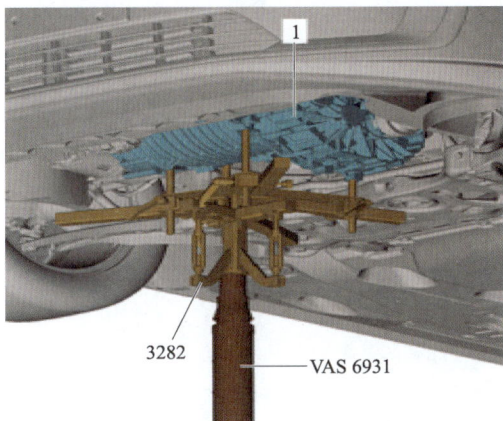

图 3-2-39　支撑变速器

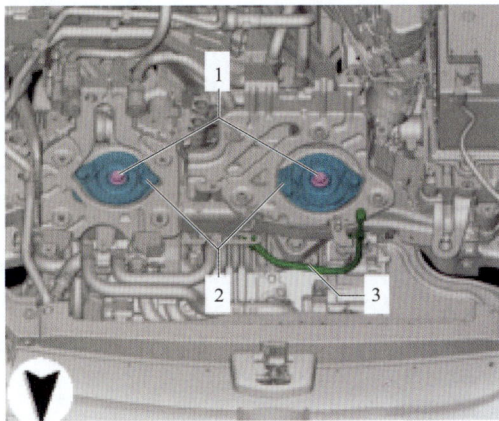

图 3-2-40　拆卸变速器排气软管

(16)尽量降低三相交流驱动装置 VX54,以便可以旋出高压加热装置冷却液循环泵(PTC)V509 支架 2 上的螺栓 3。旋出高压加热装置冷却液循环泵(PTC)V509 支架 2 上的螺栓 3,并取下支架 2,如图 3-2-41 所示。

(17)降低三相交流驱动装置 VX54,在此过程中小心地将电机的高压线束从前舱中引导出,如图 3-2-42 所示。

(18)旋出螺栓 2,取下变速箱支架 3,如图 3-2-43 所示。

(19)用专用液压吊机 SVW6100 或 VAS6100 和吊架 S2024a 或 2024A 将三相交流驱

动装置 VX54 从发动机/变速器专用举升器 SVW1383A 或 VAS6931 取下,如图 3-2-44 所示。

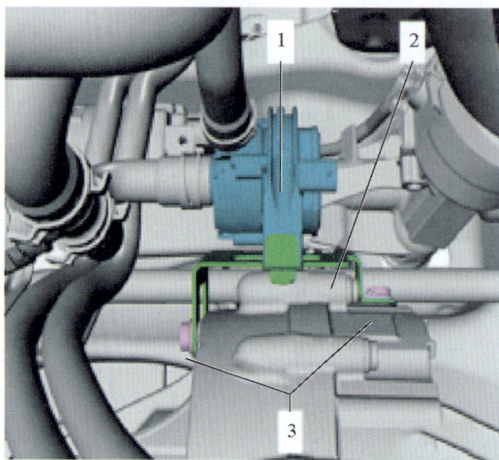

图 3-2-41 拆卸 PTC 冷却液循环泵

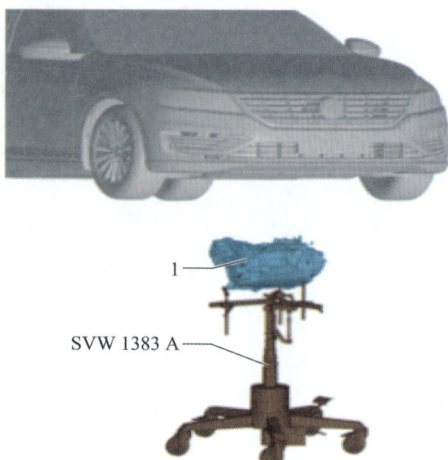

图 3-2-42 降低三相交流驱动装置

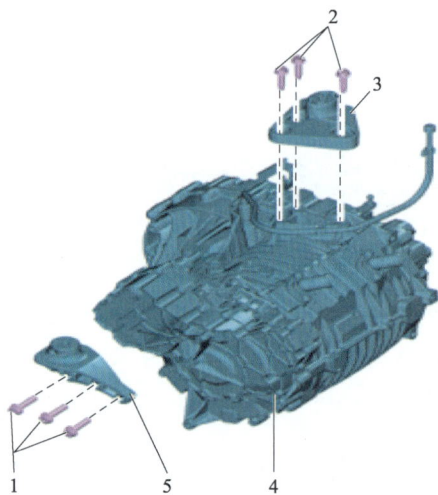

图 3-2-43 取下变速器支架

图 3-2-44 吊变速器

3)装配大众帕萨特 PHEV 电机

安装以拆卸的相反顺序进行,注意拧紧力矩。

4)检测电机 UVW 相线

(1)拆卸功率电子装置 JX1 上部盖板,如图 3-2-45 所示。

(2)拆卸功率电子装置 JX1 防接触保护绝缘垫,如图 3-2-46 所示。

(3)使用万用表测量每根相线之间的阻值。测试前应当对 HV 线路进行放电。测量值正常约为:1Ω。如图 3-2-47 所示。

(4)使用绝缘电阻测试仪测量每个相线对地的绝缘阻值,正常为:10MΩ 以上。

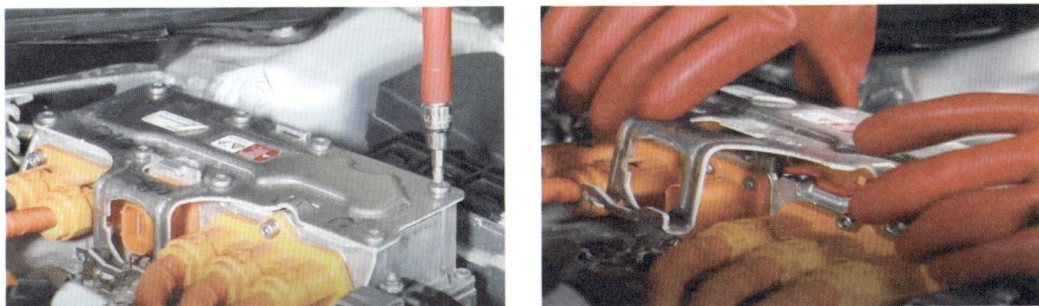

图 3-2-45　拆卸功率电子装置 JX1 上部盖板

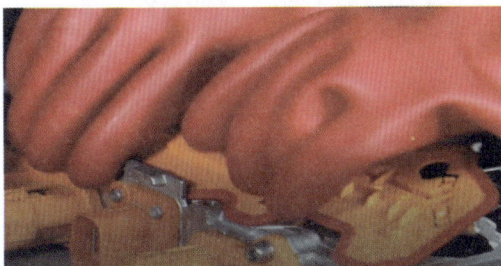

图 3-2-46　拆卸防接触保护绝缘垫

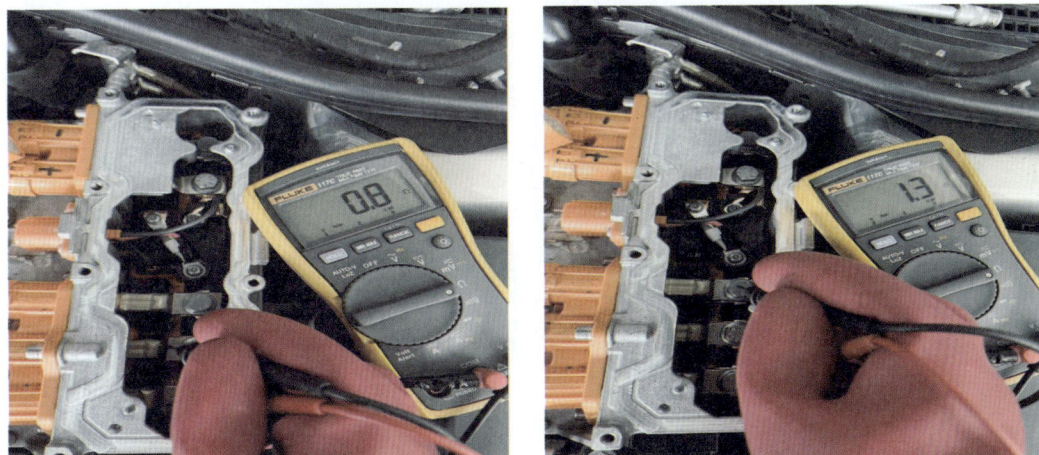

图 3-2-47　测量相线之间的阻值

5）检测电机温度传感器 G712

（1）电机 V141 与功率电子装置 JX1 电路图,如图 3-2-48 所示。

（2）准备测试适配器 VAS6606/10,如图 3-2-49 所示。

（3）断开功率电子装置 JX1 的低压插头,如图 3-2-50 所示。

（4）连接测试适配器 VAS6606/10 的线束,如图 3-2-51 所示。

（5）连接测试适配器 VAS6606/10 与功率电子装置 JX1 的低压插头,如图 3-2-52 所示。

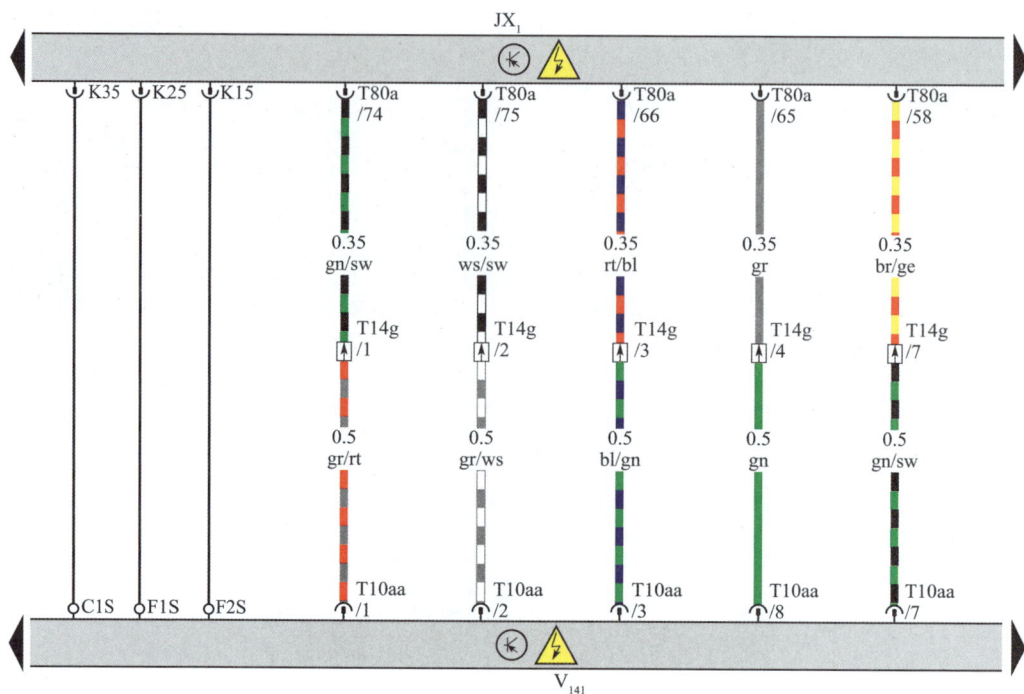

图 3-2-48　电机温度传感器 G712 电路图

图 3-2-49　测试适配器 VAS6606/10

图 3-2-50　断开功率电子装置 JX1 的低压插头

图 3-2-51　连接测试适配器 VAS6606/10 的线束

（6）用万用表测量 74 与 75 端子，即温度传感器 G712 的阻值，如无穷大，则更换相关线束或更换电机温度传感器 G712，如图 3-2-53 所示。

端子	正常情况
T80a/75—T80a/74	20℃约50kΩ

图 3-2-52　连接测试适配器 VAS6606/10
与功率电子装置 JX1 的低压插头

图 3-2-53　测量温度传感器 G712 的阻值

6）检测电机转子位置传感器 G713

（1）电机 V141 与功率电子装置 JX1 电路图，如图 3-2-54 所示。

（2）用万用表测量 59 与 66 端子，即电机转子位置传感器 G713 初级线圈阻值，如图 3-2-55 所示。

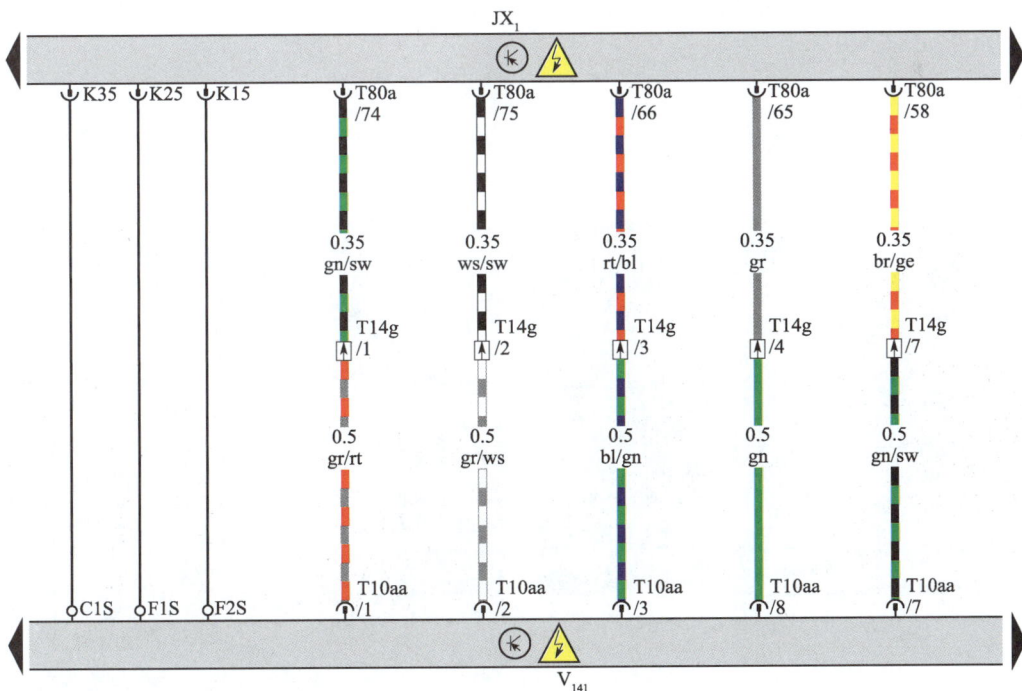

图　3-2-54

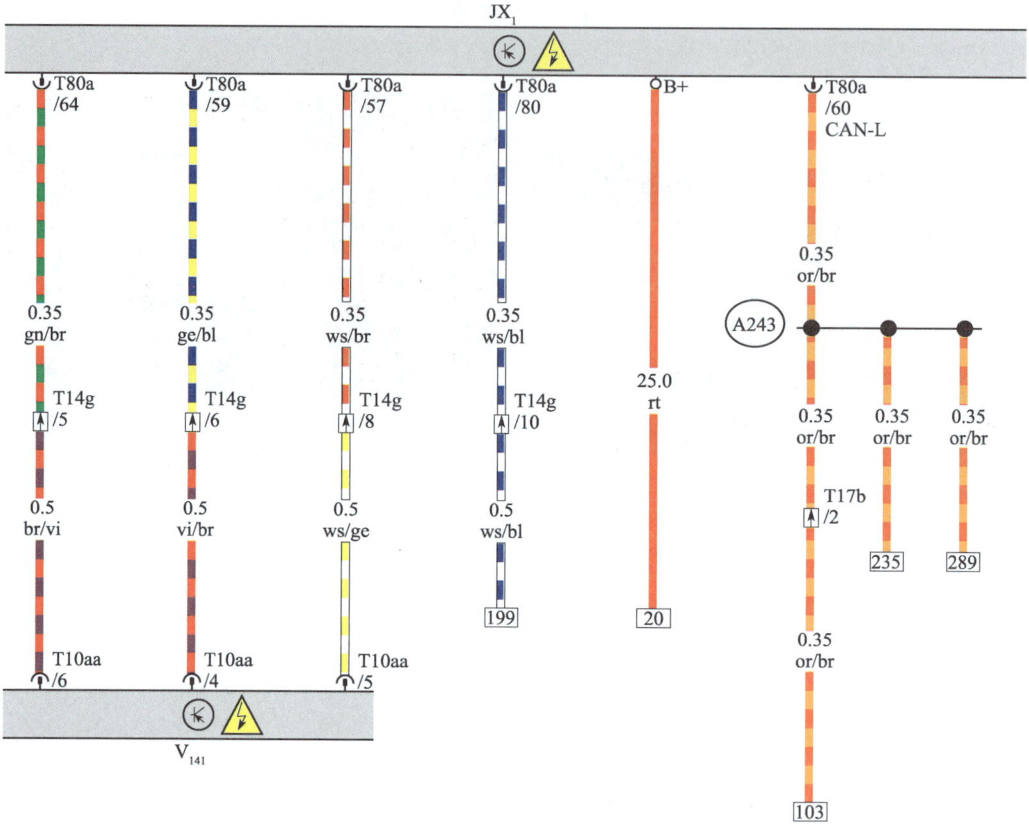

图 3-2-54　电机转子位置传感器 G713 电路图

（3）用万用表测量 57 与 64 端子，即电机转子位置传感器 G713sin 次级线圈阻值，如图 3-2-56 所示。

端子	正常情况
T80a/59—T80a/66	约25Ω

图 3-2-55　测量电机转子位置传感器 G713 初级线圈阻值

图 3-2-56　测量电机转子位置传感器 G713sin 次级线圈阻值

（4）用万用表测量 58 与 65 端子，即电机转子位置传感器 G713cos 次级线圈阻值，如图 3-2-57 所示。

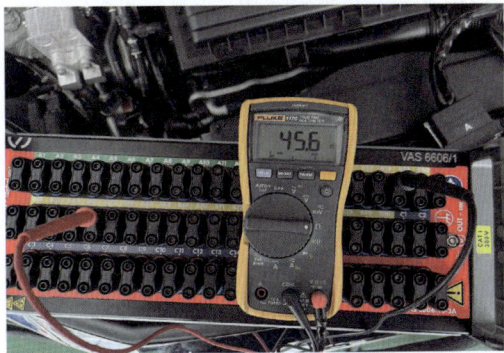

端子	正常情况
T80a/57—T80a/64	约50Ω
T80a/58—T80a/65	约50Ω

图 3-2-57　测量电机转子位置传感器 G713cos 次级线圈阻值

（5）如果初级和次级线圈相关阻值不正常，检修初级线圈或两个次级线圈相关的电路。如果线路正常，更换传感器。

二　大众朗逸纯电动汽车电机检修准备

1. 拆卸三相交流驱动装置

（1）举升车辆，如图 3-2-58 所示。

（2）拆卸前机舱底部护板，如图 3-2-59 所示。

拆卸朗逸纯电动汽车三相交流驱动装置

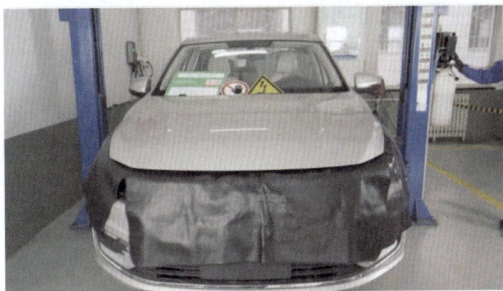

图 3-2-58　举升车辆

图 3-2-59　拆卸前机舱底部护板

（3）拆卸水箱下部水管卡箍，排放冷却液，如图 3-2-60、图 3-2-61 所示。

（4）降下车辆，如图 3-2-62 所示。

（5）切断高压系统的电压，如图 3-2-63 所示。

（6）断开低压蓄电池负极线，如图 3-2-64 所示。

（7）拆卸高压电池的充电装置，如图 3-2-65 所示。

（8）拆卸功率电子装置，如图 3-2-66 所示。

（9）拆卸软管卡箍并拔下冷却液软管，密封三相交流驱动装置冷却液管和冷却液管接口,如图 3-2-67 所示。

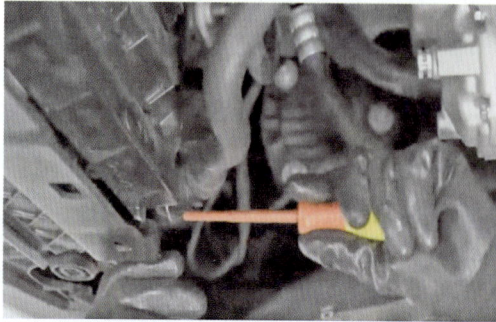
图 3-2-60 拆卸水箱下部水管卡箍

图 3-2-61 排放冷却液

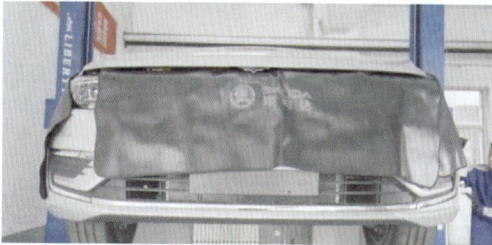
图 3-2-62 降下车辆

图 3-2-63 切断高压系统的电压

图 3-2-64 断开低压蓄电池负极线

图 3-2-65 拆卸高压电池的充电装置

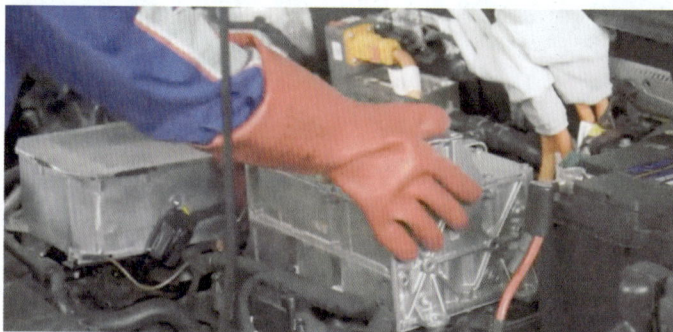
图 3-2-66 拆卸功率电子装置

(10)使用 14mm 的开口扳手撬出换挡杆拉索,如图 3-2-68 所示。

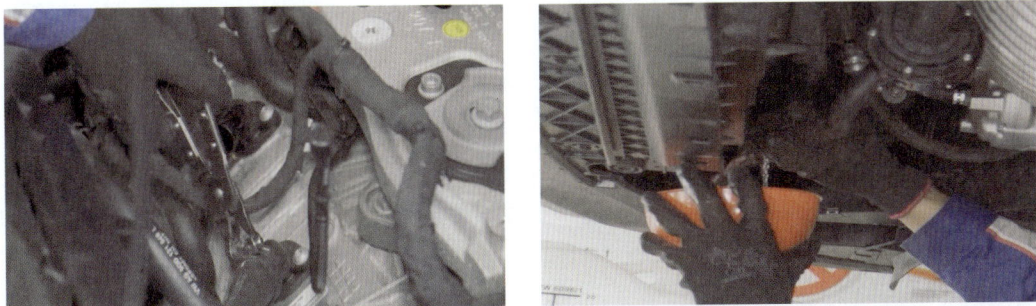

图 3-2-67 拆卸软管卡箍并拔下冷却液软管

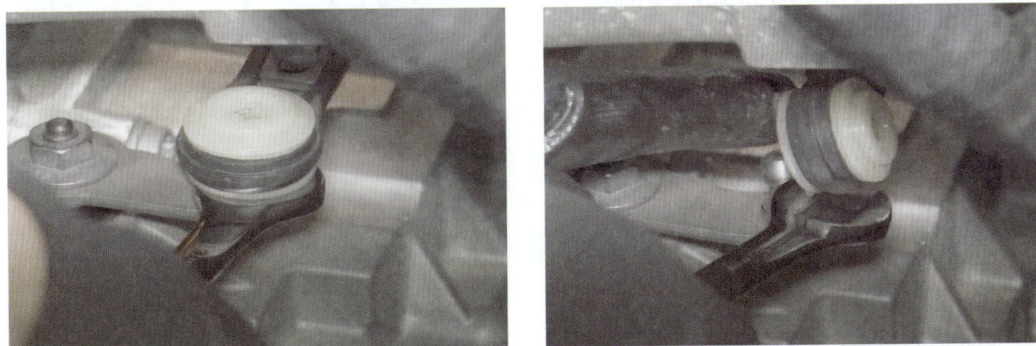

图 3-2-68 撬出换挡杆拉索

（11）拆卸换挡杆拉索支架固定螺栓，并将其放置合适位置，如图 3-2-69 所示。

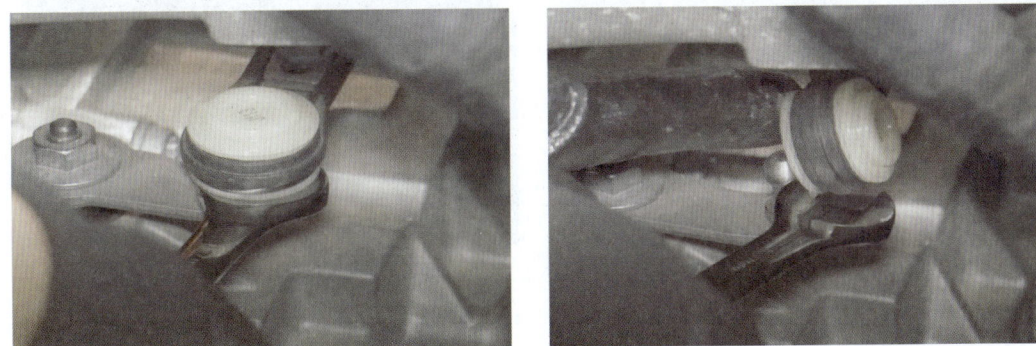

图 3-2-69 拆卸换挡杆拉索支架固定螺栓

（12）拆卸电驱动模式的功率和控制电子装置冷却液循环泵固定支架的固定螺栓，并将其取下，如图 3-2-70 所示。

（13）拆卸三相交流驱动装置上的等电位线，并将其取下，如图 3-2-71 所示。

（14）拆卸三相交流驱动装置上的低压插接件，并对其密封，如图 3-2-72 所示。

（15）拆卸冷却液循环水泵固定螺栓和水管，并取下，如图 3-2-73 所示。

（16）举升车辆，如图 3-2-74 所示。

（17）拆卸左侧传动轴固定螺栓，并捆绑至车身合适位置，如图 3-2-75 所示。

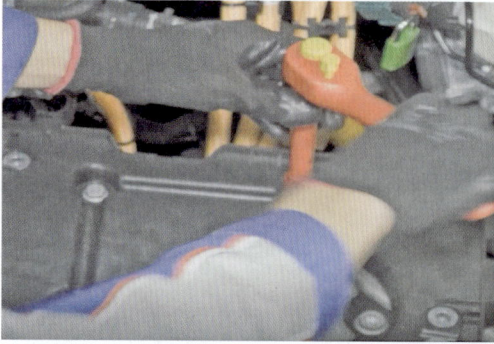

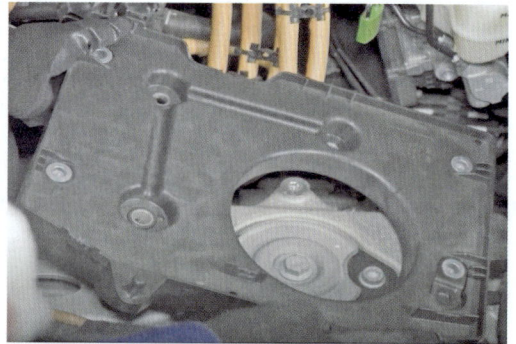

图 3-2-70　拆卸功率和控制电子装置冷却液循环泵固定支架的固定螺栓

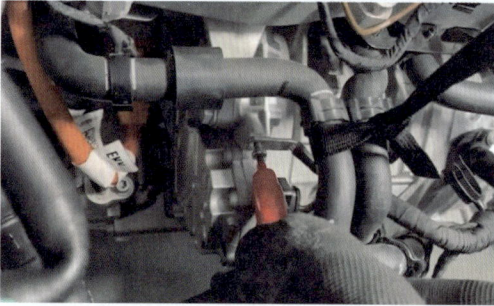

图 3-2-71　拆卸三相交流驱动装置上的等电位线

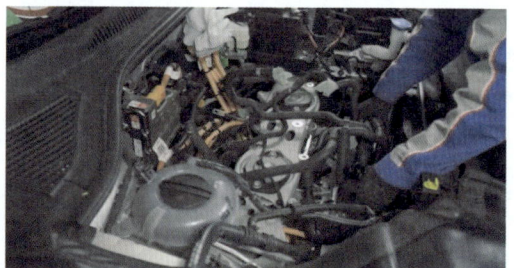

图 3-2-72　拆卸三相交流驱动装置上的低压插接件

图 3-2-73　拆卸冷却液循环水泵固定螺栓和水管

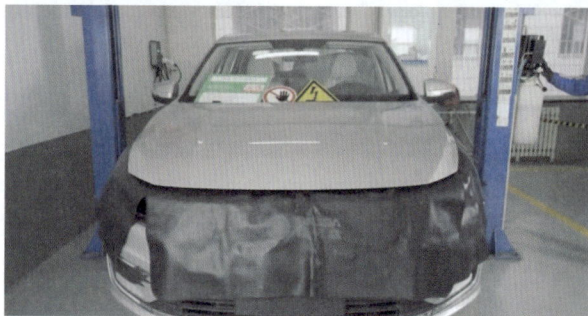

图 3-2-74　举升车辆

图 3-2-75　拆卸左侧传动轴固定螺栓

（18）拆卸右侧传动轴固定螺栓，并捆绑至车身合适位置，如图 3-2-76 所示。

图 3-2-76　拆卸右侧传动轴固定螺栓

（19）拆卸压缩机等电位线固定螺栓，并将其取下，如图 3-2-77 所示。

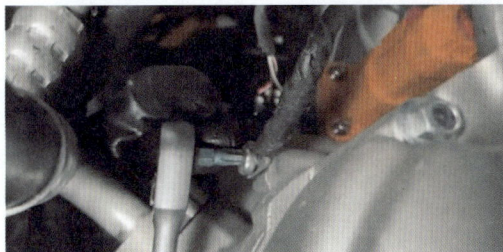

图 3-2-77　拆卸压缩机等电位线固定螺栓

（20）将空调压缩机从三相交流驱动装置上拆卸，并捆绑至车身合适位置，如图 3-2-78 所示。

（21）拆卸三相交流驱动装置后部摆动支撑，如图 3-2-79 所示。

（22）使用发动机/变速器专用举升器放置三相交流驱动装置下部，并支撑住三相电流驱动装置，如图 3-2-80 所示。

（23）将变速器排气软管从功率电子软管支架上脱开，如图 3-2-81 所示。

（24）拆卸三相交流驱动装置上部固定螺栓，如图 3-2-82 所示。

图 3-2-78　将空调压缩机从三相交流驱动装置上拆卸

图 3-2-79　拆卸三相交流驱动装置后部摆动支撑

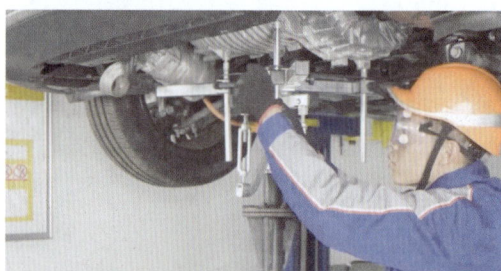

图 3-2-80　使用发动机/变速器专用举升器支撑住三相交流驱动装置

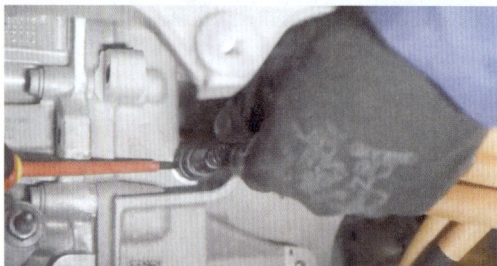

图 3-2-81　将变速器排气软管从功率电子软管支架上脱开

图 3-2-82　拆卸三相交流驱动装置上部固定螺栓

（25）拆卸高压加热装置冷却液循环泵（PTC）支架上的固定螺栓，并将其取下，如图 3-2-83 所示。

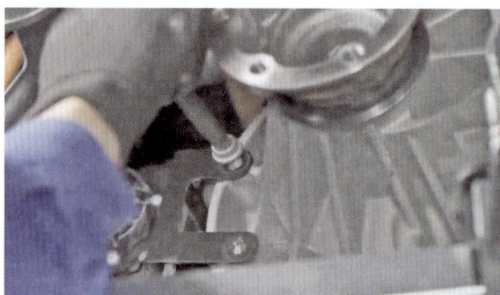

图 3-2-83　拆卸高压加热装置冷却液循环泵（PTC）支架上的固定螺栓

（26）降低三相交流驱动装置高度，在此过程中注意将电机的高压线束从前机舱引导出，使用专用液压吊机和吊架将三相交流驱动装置从发动机/变速器专用举升器上取下，如图3-2-84所示。

图3-2-84 将三相交流驱动装置取下

2.电机温度传感器、转子位置传感器的测量与拆装

（1）拆卸电机盖罩固定螺栓并取下盖罩，如图3-2-85所示。

（2）使用万用表欧姆挡进行校表，如图3-2-86所示。

（3）使用万用表对电机的温度传感器的电阻值进行测量，如图3-2-87所示。

拆卸检测朗逸电机温度
及转子位置传感器

图3-2-85 拆卸电机盖罩固定螺栓并取下盖罩

图3-2-86 使用万用表欧姆挡进行校表

（4）测量电机转子位置传感器的正弦的电阻值，如图3-2-88所示。

图3-2-87 测量电机的温度传感器的电阻值

图3-2-88 测量电机转子位置传感器的正弦电阻值

（5）测量电机转子位置传感器的余弦的电阻值，如图3-2-89所示。

（6）测量电机转子位置传感器的励磁的电阻值，如图3-2-90所示。

图 3-2-89　测量电机转子位置传感器的余弦电阻值　　图 3-2-90　测量电机转子位置传感器的励磁电阻值

（7）拆卸驱动电机插头，如图 3-2-91 所示。

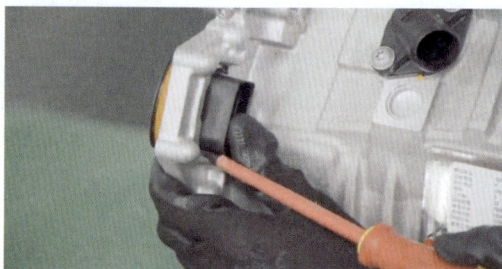

图 3-2-91　拆卸驱动电机插头

（8）拆卸传感器线束支架固定螺栓并拆卸电机转子位置传感器固定螺栓，如图 3-2-92 所示。

图 3-2-92　拆卸传感器线束支架固定螺栓并拆卸电机转子位置传感器固定螺栓

（9）将牵引电机的温度传感器从定子中拔出，如图 3-2-93 所示。

（10）安装电机的温度传感器，安装传感器线束支架固定螺栓，拧紧力矩为 6N·m，如图 3-2-94 所示。

图 3-2-93　将牵引电机的温度传感器从定子中拔出　　图 3-2-94　安装电机的温度传感器

（11）安装电机转子位置传感器螺栓，拧紧力矩 5N·m，如图 3-2-95 所示。

（12）安装驱动电机插头，如图 3-2-96 所示。

图 3-2-95　安装电机转子位置传感器螺栓

图 3-2-96　安装驱动电机插头

（13）安装电机盖罩螺栓，拧紧力矩 30N·m，如图 3-2-97 所示。

3. 安装三相交流驱动装置

（1）举升车辆至合适位置，如图 3-2-98 所示。

（2）使用发动机/变速器专用举升器将三相交流驱动装置移动至前机舱下部，举升三相交流驱动装置，注意防止挤压电机的高压线束，如图 2-2-99 所示。

安装朗逸纯电三相交流驱动装置

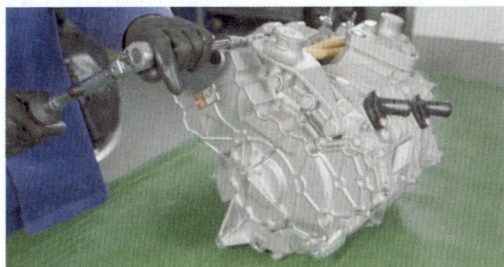

图 3-2-97　安装电机盖罩螺栓

图 3-2-98　举升车辆

（3）安装高压加热装置冷却液循环泵（PTC）支架上的固定螺栓，拧紧力矩为 20N·m，如图 3-2-100 所示。

图 3-2-99　使用发动机/变速箱专用举升器
　　　　　举升三相交流驱动装置

图 3-2-100　安装高压加热装置冷却液循环泵（PTC）
　　　　　 支架上的固定螺栓

（4）安装三相交流驱动装置上部固定螺栓，拧紧力矩为 60N·m，如图 3-2-101 所示。

（5）安装三相交流驱动装置后部摆动支撑，如图 3-2-102 所示。

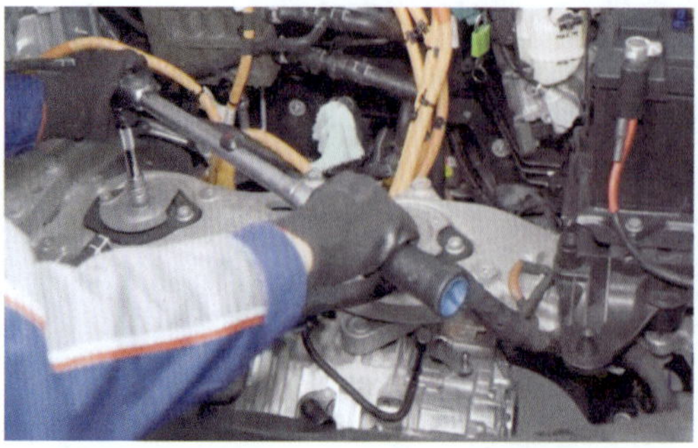

图 3-2-101　安装三相交流驱动装置上部固定螺栓

图 3-2-102　安装三相交流驱动装置后部摆动支撑

（6）安装三相交流驱动装置后部摆动支撑固定螺栓，拧紧至 40N·m，如图 3-2-103 所示。

（7）安装三相交流驱动装置后部摆动支撑车身固定螺栓，拧紧至 130N·m，如图 3-2-104 所示。

图 3-2-103　安装三相交流驱动装置后部摆动
　　　　　　支撑固定螺栓

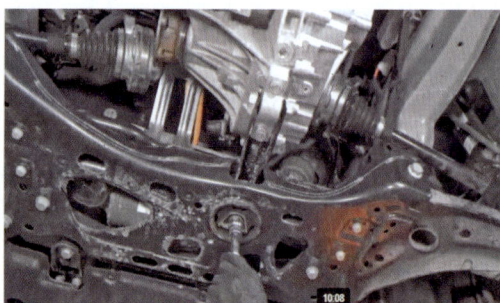

图 3-2-104　安装三相交流驱动装置后部摆动
　　　　　　支撑车身固定螺栓

（8）安装空调压缩机到三相交流驱动装置固定螺栓，拧紧至 23N·m，如图 3-2-105 所示。

（9）安装右侧传动轴固定螺栓，拧紧至 70N·m，如图 3-2-106 所示。

图 3-2-105　安装空调压缩机到三相交流驱动
　　　　　　装置固定螺栓

图 3-2-106　安装右侧传动轴固定螺栓

（10）安装左侧传动轴固定螺栓，拧紧至70N·m，如图3-2-107所示。

（11）安装三相交流驱动装置上的低压插接件，如图3-2-108所示。

图3-2-107　安装左侧传动轴固定螺栓

图3-2-108　安装三相交流驱动装置上的低压插接件

（12）安装三相交流驱动装置上的等电位线，拧紧至9N·m，如图3-2-109所示。

（13）安装电驱动模式的功率和控制电子装置冷却液循环泵固定支架的固定螺栓，拧紧至20N·m，如图3-2-110所示。

图3-2-109　安装三相交流驱动装置上的等电位线

图3-2-110　安装功率和控制电子装置冷却液循环泵固定支架的固定螺栓

（14）安装换挡杆拉索支架固定螺母，拧紧至20N·m，如图3-2-111所示。

（15）安装三相交流驱动装置冷却液软管，如图3-2-112所示。

图3-2-111　安装换挡杆拉索支架固定螺母

图3-2-112　安装三相交流驱动装置冷却液软管

（16）恢复工位，如图3-2-113所示。

图 3-2-113　恢复工位

知识拓展 >>>

电机控制器逆变原理

电机控制器作为整个驱动电机系统的控制中心,它由逆变器和控制器两部分组成。逆变器接收电池输送过来的直流电电能,逆变成三相交流电给汽车电机提供电源。

某车型的逆变器内部电路如图 3-2-114 所示,由 6 个 IGBT 组成,每一相输出线和正负直流母线之间各连接 3 只 IGBT 功率管,连接正极母线的 IGBT 与输出端节点为上桥臂,连接负极母线的 IGBT 与输出端节点为下桥臂,每一相的上、下桥臂统称为半桥,6 个 IGBT 的序号一般为 VD_1—VD_6。

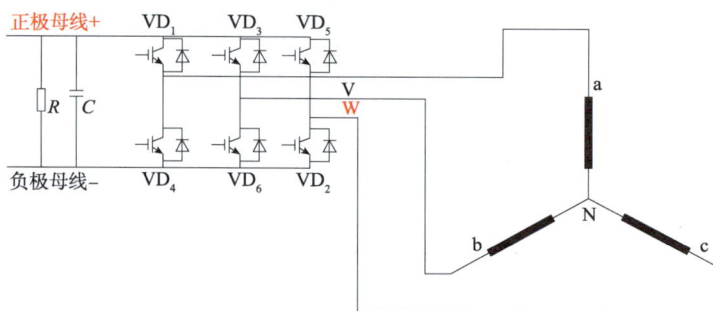

图 3-2-114　逆变器内部电路

为了能够将输入的直流电变成交流电,6 个 ICBT 会从 VD1～VD6 依次间隔 60° 顺序导通或关断,U/V/W 三相的相位差为 120°,这也就意味着和第一相(U 相)上桥臂导通(或关断)时刻间隔 120° 的 IGBT 为第二相(V 相)的上桥臂,和第二相(V 相)上桥臂导通(或关断)时刻间隔 120° 的 ICBT 为第三相(W 相)的上桥臂,一个周期的正弦交流电所经过的角度是 360°(2π),其中正半波经过 180°(π)会从第二象限进入第三象限,变为负半波并经过 180°(π)。当某一相的上桥臂导通区间内下桥臂是不可以导通的,也就是完全关断状态,上桥臂导通 180° 后立刻关断,这视为此相的正半波。另外那一项在上桥臂关断时刻起导通并经过 180°(π)就为此相的下桥臂。每一相间隔 120° 的循环输出就会产生交流电了,连接永磁同步电机后就会建立旋转磁场,电机转子就可以旋转并对外做功。逆变器中 IGBT 工作时序如图 3-2-115 所示。

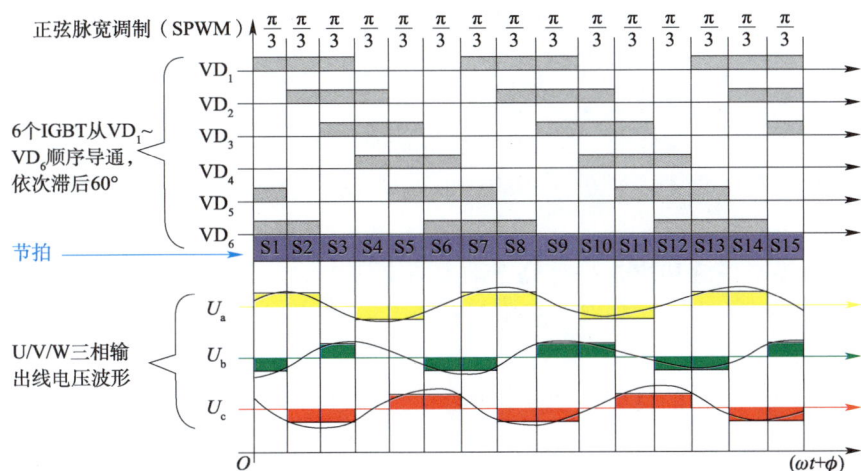

图 3-2-115　逆变器中 IGBT 工作时序图

考核评价 >>>

（一）学习过程评价表（表 3-2-2）

学习活动过程评价表　　　　表 3-2-2

班级		姓名		学号		日期	年　月　日	
序号	评价要点					配分	得分	总评
1	能正确识读和填写生产派工单,明确任务要求					10		
2	能识别电机及控制器的安装位置					10		
3	能叙述电机及控制器的作用					15		A□（86～100）
4	能叙述电机及控制器的插头含义					15		B□（76～85）
5	能查阅相关资料,正确完成检查					10		C□（60～75）
6	能遵守劳动纪律,以积极的态度接受工作任务					10		D□（60 以下）
7	能积极参与小组讨论,团队间相互合作					15		
8	能及时完成老师布置的任务					15		
总分						100		

（二）学习效果评价

1.判断题

（1）作为纯电动汽车上的一个关键部件,电机性能的好坏直接决定了整车性能的

149

好坏。   （   ）

（2）具有较大起动转矩的电机会使电动汽车具有良好的启动性能和加速性能,而良好的调速性能可以减轻驾驶员的操纵强度,提高驾驶舒适性。   （   ）

（3）高转速电机一般指转速超过 1000r/min。   （   ）

（4）冷却系统工作异常会造成电机过温。   （   ）

（5）低压信号线接触不良,不会产生电机转速问题。   （   ）

（6）电动汽车区别于内燃机汽车的最大不同点是电动汽车有电机及控制系统。

（   ）

（7）电机控制系统功用是将存储在动力蓄电池中的电能高效地转化为电机的动能进而驱动汽车行驶,并能够在汽车减速制动或者下坡时,实现再生制动。   （   ）

2. 选择题

（1）电机应该具备的良好性能不包括(   )。

    A. 高电压   B. 高转速

    C. 质量轻   D. 较小范围的调速性能

（2）目前,纯电动汽车采用的驱动电机种类说法正确的是。(   )。

    A. 直流有刷电机   B. 交流感应电机   C. 交流永磁电机   D. 以上均不是

（3）新能源汽车的电机及控制系统的组成不包括(   )。

    A. 电机控制器   B. 驱动电动机   C. 压缩机   D. 机械传动装置

（4）帕萨特插电式混合动力电动汽车,电机及控制系统包括(   )。

    A. 电动机的电子功率和控制装置 JX1 及电动机控制单元 J841

    B. 三相交流驱动电机 VX54

    C. 牵引电机温度传感器 G712、牵引电机转子位置传感器 G713

    D. 以上均正确

3. 填空题

（1）朗逸纯电动汽车电机结构包括三相交流驱动电机、_____、转子温度传感器等。三相交流驱动电机包括_____、定子、电机壳体等组成。

（2）电机常见的故障有_____、_____、_____、_____等。

4. 技能考核

调用朗逸纯电动汽车,按照技术要求对电机进行拆装检查,并填写表3-2-3。

学生实践记录表   表3-2-3

班级		车型及年款	
姓名		车辆识别码	
学号		里程数	
实践项目		实践设备	电池类型	
实践流程				

结果分析	
防范措施	
自我评价	良好□　合格□　不合格□
教师评价	良好□　合格□　不合格□ 教师姓名：　　　　　　　　　　　年　月　日

📗 榜样的力量 »»»

敢于挑战　勇于创新

王传福,男,汉族,1966 年 2 月 15 日生,安徽芜湖人,中共党员,比亚迪股份有限公司董事长,是中国新能源汽车领域的领军人物。他以其前瞻性的战略眼光和坚定的创新精神,引领比亚迪汽车不断突破技术难关,挑战国外汽车巨头,书写了一段令人瞩目的传奇。

在新能源汽车这片充满机遇与挑战的领域中,比亚迪汽车面临着巨大的技术难题。然而,王传福并没有被这些困难所吓倒。他深知,只有攻克这些技术难关,才能在激烈的市场竞争中站稳脚跟。于是,他带领团队积极投身于技术研发,不畏艰难,勇于挑战。

在电池技术方面,比亚迪汽车取得了重大突破。他们成功研发出了能量密度高、寿命长的刀片电池。这一创新不仅提高了新能源汽车的续航里程,还降低了使用成本,为消费者带来了实实在在的利益。这一成果让比亚迪汽车在市场上赢得了广泛的认可,也为公司在新能源汽车领域的发展奠定了坚实的基础。

除了电池技术,比亚迪汽车在电机、电控等核心技术上都取得了重要突破,提升了新能源汽车的驾驶性能和安全性能。这些技术成果不仅让比亚迪汽车在国内市场上崭露头角,还为其在国际市场上赢得了声誉。

面对国外汽车巨头的挑战,王传福并没有选择退缩。他坚信,只有敢于亮剑,勇于挑战,才能不断突破自我,实现更大的发展。因此,他带领团队积极参与国际市场,与国外汽车巨头展开正面竞争。

在某次国际汽车展览会上,比亚迪汽车推出了一款全新的新能源车型。这款车型不仅在设计上独具匠心,而且在性能和技术上也有着卓越的表现,还注重环保和智能化等方面的创新。这些特点使得比亚迪汽车在国际市场上具有了强大的竞争力,吸引了越来越多的国际消费者,赢得了众多国际订单,为比亚迪乃至我国的新能源汽车在国际市场上打开了新的局面。

王传福与比亚迪汽车用实际行动诠释了什么是真正的创新精神,什么是真正的挑战精神。他们不仅克服了技术难关,还勇于挑战国外汽车巨头,为中国汽车工业的发展做出了重要贡献。他们的故事告诉我们,只要我们敢于挑战、勇于创新,就一定能够在激烈的市场竞争中脱颖而出,实现更大的发展。

项目四

新能源汽车电驱动冷却系统检修

项目描述 >>>

新能源汽车高压部件包含动力蓄电池、高压配电装置、电机控制器及驱动电机等部件,其工作时会产生大量的热量,新能源汽车电驱动冷却系统就是冷却电驱动系统中除动力蓄电池以外的高压部件,保证使其处于正常工作温度。

本项目主要介绍新能源汽车电驱动冷却系统组成、工作原理及检修。当电驱动冷却系统出现问题之后,汽车将不能正常运行,维修人员需要查找维修手册,对电驱动冷却系统进行拆检更换。

学习目标 >>>

1. 能叙述比亚迪与大众新能源汽车电驱动冷却系统的组成与控制原理。
2. 能进行比亚迪新能源汽车电驱动冷却系统的拆检与更换。
3. 能进行大众新能源汽车电驱动冷却系统的拆检与更换。
4. 能通过学习新能源汽车电驱动冷却系统理解"磨刀不误砍柴工"的哲理。

任务一　比亚迪电动汽车电驱动冷却系统检修

任务描述 >>>

一辆比亚迪秦插电式混合动力电动汽车和一辆比亚迪 e5 纯电动汽车进厂维修,客户反映汽车不能上电,经班组长确认故障是电机控制器温度过高导致的。汽车修理工从班组长处接受汽车维修任务,阅读维修工单,明确任务要求,通过查阅维修手册,确定作业流程与技术标准;在规定工期内完成新能源汽车电驱动冷却系统的检查与更换工作,使汽车恢复正常使用性能;自检合格后,填写维修工单,交付班组长进行质量检验,在工作过程中遵循现场工作管理规范。

任务分析 ⟫⟫

新能源汽车驱动电机或电机控制器一旦出现温度过高故障,则会造成高压不能上电,车辆无法正常运行,而对驱动电机、电机控制器及电驱动冷却系统等其他部件进行检查和更换之前,需要熟悉比亚迪新能源汽车电驱动冷却系统的控制原理。

知识学习 ⟫⟫

电驱动冷却系统主要用于保证驱动电机和电机控制器等高压部件在规定的温度范围内工作,使其具有良好的工作性能。新能源汽车运行过程中,电驱动系统中的高压配电装置、驱动电机和电机控制器均会产生热量而使其温度上升。当温度上升到一定程度时,高压部件的绝缘材料会发生本质的变化,最终使其失去绝缘能力,同时也会使驱动电机相对运转的金属部件因温度升高而变形或膨胀,从而使其强度、硬度降低,甚至会影响部件的润滑,最终大大降低驱动电机相关部件的使用寿命;电机控制器温度过高会导致电机控制器中的半导体结点烧坏、电路损坏,甚至烧坏元器件,从而引起电机控制器失效。新能源汽车的电驱动系统可以采用两种方式散热:空气冷却和水冷却,目前新能源汽车基本上采用水冷方式冷却,如图 4-1-1 所示。

图 4-1-1　新能源汽车电驱动冷却系统

一、比亚迪混合动力电动汽车电驱动冷却系统组成及原理

1. 比亚迪混合动力电驱动冷却系统组成及功用

比亚迪秦混合动力电动汽车电驱动冷却系统如图 4-1-2 所示,包含电机控制器、驱动电机、电子冷却液泵、散热器、风扇及副水箱总成,其中电驱动系统的电动冷却水泵安装在右前部总成外侧保险杠骨架安装板附近。冷却液在电动水泵的作用下,在冷却系统中循环带走电机控制器及电机等高压部件工作时产生的热量,从而起到冷却效果。

2. 比亚迪混合动力车电驱动冷却系统控制原理

(1)在驱动电机控制器及 DC 总成内部,有三组单元在工作时会产生热量,分别为 IPM(控制器内部智能功率控制模块)、IGBT(电机驱动模块)、电感,因此,在驱动电机控制器及 DC 总成内部有相应的水道对这三个部分进行冷却。当电机控制器内的

IPM、IGBT(电机驱动模块)及电感这三部分工作温度超过一定范围时,驱动电机控制器及 DC 总成就会检测到,同时电机温度传感器把电机的温度及电机冷却液温度也一起经过 CAN 网络传递给发动机 ECU,ECU 驱动冷却风扇继电器,从而带动冷却风扇按设定程序以低速或高速工作,以降低冷却液温度,表 4-1-1 为冷却风扇工作条件。

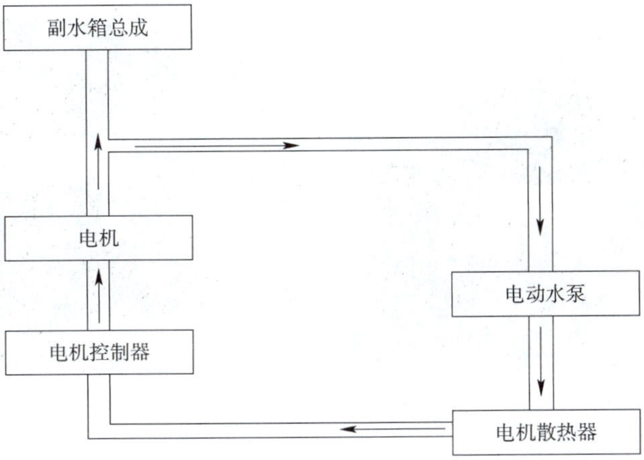

图 4-1-2　秦混合动力车电驱动冷却系统示意图

冷却风扇工作条件　　　　　　　　　　　　表 4-1-1

类型	风扇低速要求	风扇高速要求	报警控制策略
电机冷却液温度	47～64℃低速	>64℃高速	
IPM	53～64℃低速	>64℃高速	>85℃报警
IGBT	55～75℃低速	>75℃高速	>90℃限制功率;>100℃报警
电机温度	90～110℃低速	>110℃高速	
满足 3 个低速请求,电子风扇低速转;满足 1 个高速请求,电子风扇高速转			

(2)高温报警原因。根据以上工作原理,可以确定导致 IGBT 高温报警的原因具体如下:

①电驱动冷却系统冷却液不足或有空气;
②电驱动冷却系统电动水泵不工作;
③电驱动冷却系统冷却液散热器堵塞;
④电机控制器及 DC 总成本身故障。

(3)常见故障现象及故障码(表 4-1-2)。

电驱动故障码及故障现象　　　　　　　　　表 4-1-2

编号	DTC	故障码(ISO 15031-6)	描述	备注
1	1B0200	P1B0200	电机过温告警	
2	1B0300	P1B0300	IGBT 过温告警	
3	1B0400	P1B0400	冷却液温度过高报警	

3. 电子冷却液泵功用及结构

1）功用

电子冷却液泵作为电驱动冷却系统的重要组成部件，串接在冷却水路中，输送冷却液，增加水路压力使冷却液流动更顺畅，更好的达到冷却效果。其结构如图4-1-3所示。

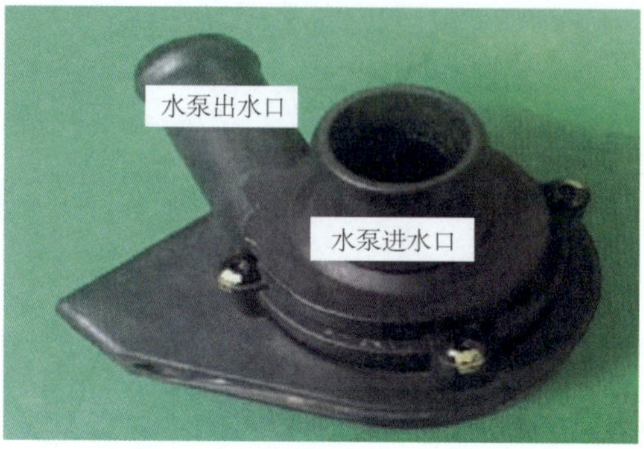

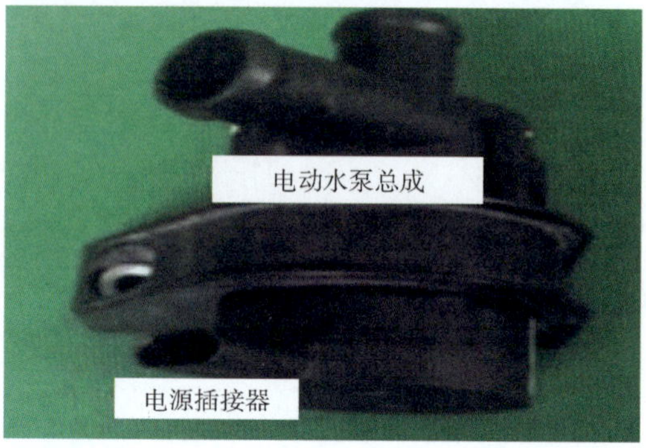

图4-1-3 电动水泵结构图

2）电子冷却液泵控制原理

如图4-1-4，电子冷却液泵插头为2线，其中端子1为电源，由电机控制器输出，端子2为搭铁。

脚位	定义
1	电源
2	搭铁

图4-1-4 电子冷却液泵插头定义

二 比亚迪 e6 纯电动汽车电驱动冷却系统

1. 结构组成及安装位置

如图4-1-5所示，电驱动冷却系统采用闭式强制水冷循环系统，主要由散热器、电子冷却液泵、冷却软管及电子风扇等部件组成，冷却液为乙二醇型冷却液。

2. 冷却系统工作原理

如图4-1-6所示，冷却系统工作时，由电子冷却液泵提供动力，低温冷却液通过冷却管路由冷却液泵流向高压待散热元件，如电机控制器、DC/DC变换器及驱动电机等，冷却液在高压待散热元件处吸收热量后，再通过冷却管路流至散热器，被电子风扇强制冷却进行热量交换,然后再次流至电动水泵进行下一个循环。电子风扇总成采用吸风式双风扇,通过串联调整电阻的方式来实现风扇的高、低速挡分级,从而降低风扇的噪音,提高舒适性。

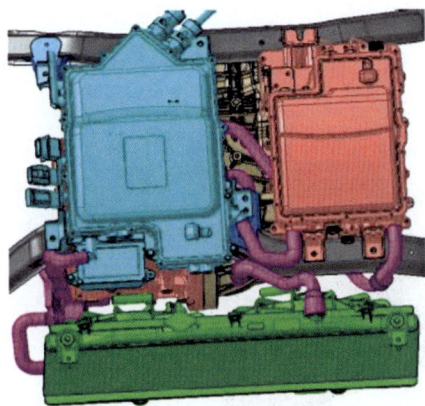

图 4-1-5　电驱动冷却系统组成

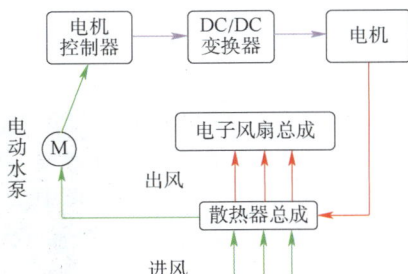

图 4-1-6　电驱动冷却系统工作原理图

三　比亚迪 e5 纯电动汽车电驱动冷却系统

1. 比亚迪 e5 纯电动汽车电驱动冷却系统组成及原理

1)冷却系统组成

电子冷却液泵、充配电总成、电机控制器、驱动电机、散热器、冷却风扇及冷却管路等。

2)冷却系统原理

如图 4-1-7 所示,冷却水路为电子冷却液泵→充配电总成→电机控制器→驱动电机→散热器左上→散热器右下→电子冷却液泵。

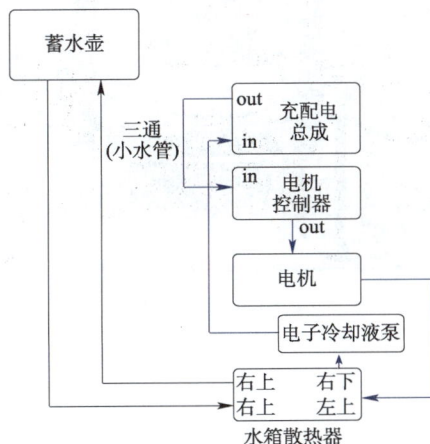

图 4-1-7　冷却系统原理图

2. 电子风扇的结构与功用

电子风扇组件位于散热器的内侧，主要由导热罩、电动机、冷却风扇等部件组成，如图4-1-8所示。电子风扇的功用是提高通过散热器芯的空气流速与流量，增强散热器的散热能力，加速冷却液的冷却。风扇按其结构原理和驱动方式分为：轴流式电动风扇、离心式电动风扇、机械式电动风扇和电机驱动式电动风扇。目前新能源汽车常用的是电机驱动式电动风扇。

图4-1-8　电子风扇的结构图

任务实施 》》》

一　工作准备

1. 场地布置

作业前现场环境检查：检查绝缘垫，设立隔离柱，布置警戒线，放置警示牌，以警示相关人员，避免无关人员进入发生安全事故。场地布置如图4-1-9所示。

图4-1-9　场地布置

2. 绝缘用品

1）个人安全防护用品准备

新能源汽车维修人员必须检查并穿戴必要的安全防护用品，如绝缘手套、绝缘鞋、防护眼镜、安全帽等，其耐压等级需符合作业要求，如图4-1-10所示。

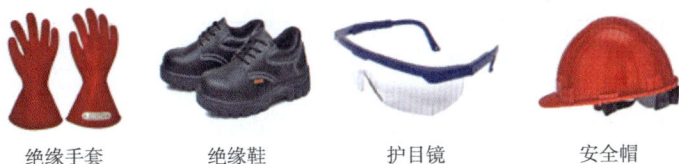

| 绝缘手套 | 绝缘鞋 | 护目镜 | 安全帽 |

图 4-1-10　安全防护用品

2）绝缘工具准备

新能源汽车维修中若涉及高压部件的拆装时需要使用绝缘工具，确保操作人员人身安全。图 4-1-11 所示为常见绝缘工具套装。

图 4-1-11　绝缘工具套装

3. 安全准备工作及注意事项（表 4-1-3）

安全准备工作及注意事项　　　　　　　　　　　表 4-1-3

操作步骤	操作项目	注意事项
步骤一： 整理场地	场地准备	1. 高压动力蓄电池修理工位必须洁净、干燥、无油脂、无飞溅火花、工位地面进行绝缘处理。 2. 为了防止未经授权人员进入工位以及无法确保高电压本身安全或出现不明状态时，应使用隔离带。竖立发光黄色警告提示。 3. 检查灭火器是否处于正常使用条件。 4. 检查工位地面绝缘是否良好
步骤二： 场地设备检查	场地设备准备	1. 检查举升机维护保养日期，试运行举升机，检测工作状况。 2. 检查车辆停放位置及举升臂高度。 3. 检查动力蓄电池托举车工作状况是否良好
步骤三： 车辆检查	车辆准备	1. 检查车辆外观，察看有无划痕、变形、损伤并进行记录。 2. 检查车辆挡块是否齐备，安装是否稳固有效。 3. 检查车辆举升支撑位置，是否处于正确位置

操作步骤	操作项目	注意事项
步骤四： 安全防护设备检查	绝缘手套检查	1. 检查绝缘手套标识,确认耐压等级。 2. 检查外观有无明显磨损痕迹。 3. 检查绝缘手套密封性。 (1)卷起手套边缘。 (2)折叠开口,并封住手套开口。 (3)向手套内吹气,确认无空气泄漏。 (4)用同样的方法检查第二只手套
	安全帽检查	1. 检查安全帽有无破损、裂纹。 2. 根据自身调整安全帽扣带
	护目镜检查	1. 检查护目镜表面有无破损、裂纹、镜面清晰度是否正常。 2. 根据自身调整护目镜扣带尺寸
	绝缘鞋检查	1. 检查绝缘鞋标识,确认耐压等级。 2. 检查绝缘鞋有无破损、老化、裂纹
	绝缘服检查	1. 检查绝缘服标识,确认耐压等级。 2. 检查绝缘服有无破损、油污及各扣合位置是否正常可用
步骤五： 拆装工具检查	工具检查	1. 清点绝缘工具套装内数目,确认项目使用工具正常可用,绝缘部位无破损、老化、裂纹。 2. 扭力扳手检验合格证处于有效期,力矩调整灵活准确
步骤六： 检测设备检查	汽车用数字万用表检查	1. 检查万用表设备及附件是否配备齐全。 2. 检查万用表设备合格证书。 3. 校验万用表确认测量有效性
	漏电诊断仪检查	1. 检查漏电诊断仪设备及附件是否配备齐全。 2. 检查漏电诊断仪设备合格证书。 3. 校验漏电诊断仪确认测量有效性
	放电工装检查	1. 检查放电工装设备及附件是否配备齐全。 2. 检查放电工装设备合格证书

二 比亚迪秦插电式混合动力电动汽车电驱动冷却系统检测

1. 电机控制器温度的检查

(1)用诊断仪读取整车各模块软、硬件版本号、整车故障码并记录;

(2)清除整车故障码后对车辆重新上电;

（3）上电后用诊断仪读取驱动电机控制器冷却液温度、IGBT温度、IPM温度、驱动电机温度并记录；

（4）EV模式试车，用诊断仪读取驱动电机控制器IGBT温度急剧上升，温度≥100℃自动切换至HEV、发动机起动，冷却液温度基本无变化；

（5）停车，待IGBT温度下降＜99℃，可切换至EV模式，继续行车IGBT温度≥100℃，冷却液温度基本无变化。

2. 冷却系统的检查

（1）检查电驱动冷却系统储液罐液位是否正常，冷却液颜色是否正常，水路有无堵塞；

（2）用诊断仪读取电驱动系统电机控制器数据流，水泵状态是否开启（水泵状态应为开启状态）。

3. 电子冷却液泵的检查

1）电子冷却液泵电源检测

（1）如图4-1-12，按压锁舌，拔下A58线束插接器。

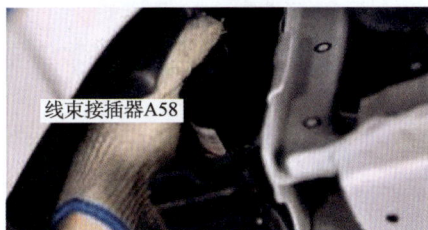

图4-1-12　拔下电动水泵A58线束插接器

比亚迪秦混动车
电子水泵检查

（2）调整万用表挡位至20V电压测试挡，使用红色表笔连接A58插接器1号端子，黑色表笔连接车身搭铁。

（3）在点火开关打开的情况下，判断电子冷却液泵供电是否良好，正常电压值为：9V－16V。

2）电子冷却液泵搭铁检测

（1）车内人员关闭点火开关至OFF位置。

（2）选用万用表，调整万用表挡位至200Ω测试挡。

（3）使用红色表笔连接A58插接器2号端子，黑色表笔连接车身搭铁。

（4）判断电子冷却液泵搭铁是否良好，电阻值正常应小于1Ω。

3）复位

检测操作完成，装复车辆，回收车外三件套，取下车内三件套，整理工具、实训设备归位。

三 ⚡ 比亚迪e5纯电动汽车电驱动冷却系统检测

1. 电子冷却液泵的检测

1）电路分析

电子冷却液泵电路如图4-1-13所示，F1的19号熔断丝为电子冷却液泵供电。电

IG3继电器
B44-63

W/R
0.75

27 | B44

F1/19
模块IG3
10A

16 | B44

R/L
0.5

1 | B43

高压模块水泵
(动力总成)

M
≡

3 | B43

B
0.5

Eb01
1#搭铁

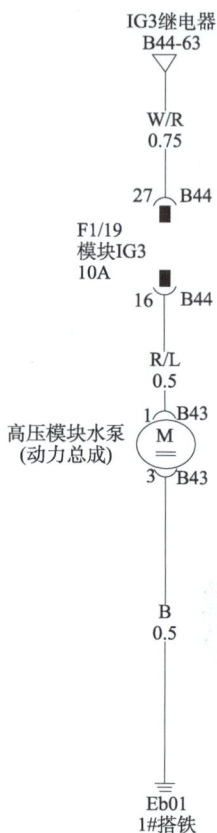

图 4-1-13　电子冷却液泵控制电路图

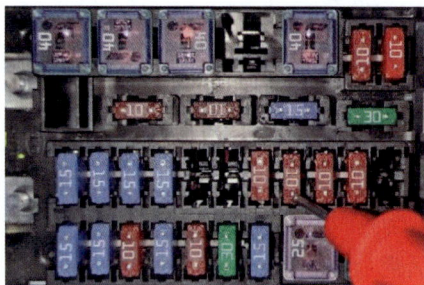

图 4-1-14　电子冷却液泵 F1/19 熔断丝检测

子冷却液泵线束插接器接 B43 有两个针脚,其中 B43/1 号针脚为供电端,B43/3 号针脚为搭铁端。

2)电子冷却液泵熔断丝检测(图 4-1-14)

(1)打开熔断丝盒盖,打开车辆电源开关。

(2)取出数字万用表并校准,确保万用表正常可用。

(3)将数字万用表调至电压测试挡,将红表笔接 F1 的 19 号熔断丝的进端,黑表笔接蓄电池负极,测量供电电压,待万用表数值稳定后,读取并记录万用表数值。

(4)若检测值与标准值不符,则需要进一步检修熔断丝到低压蓄电池之间的电路。

(5)以同样方法检测 F1 的 19 号熔断丝出端电压。

(6)若检测的进端电压与出端电压不一致,说明熔断丝损坏,需及时更换。

(7)安装熔断丝盒盖,关闭车辆电源开关。

3)电子冷却液泵供电线路检测

(1)安装低压蓄电池负极。

(2)将数字万用旋转至直流电压挡,用合适跨接线连接至电子冷却液泵线束插接器 B43/1 号端子,红表笔跨接另一端的鳄鱼夹,黑表笔接车身搭铁,测量供电电路电压,等数值稳定后,读取万用表数值。

(3)若检测值不在标准值(低压蓄电池电压)范围内,则需检修电子冷却液泵供电电路。

4)电子冷却液泵搭铁线路检测

(1)断开低压蓄电池负极,断开电子冷却液泵线束接插器。

(2)取出万用表,将数字万用表旋转至电阻挡,选用合适跨接线连接至电子冷却液泵线束插接器 B43/3 号针脚,红表笔跨接另一端的鳄鱼夹,黑表笔接车身搭铁,测量搭铁电路电阻,等数值稳定后,读取万用表值。

(3)若检测值与标准值(低于 1Ω)不符,需检修电子冷却液泵搭铁电路。

2.冷却风扇控制电路检测

1)电路分析

如图 4-1-15 可知,冷却无级风扇调速控制模块插接器接 B14 的 1 号针脚为接地端,2 号针脚为风扇供电端,3 号针脚为与整车控制器相连的控制信号端,5 号针脚为检测信号端。

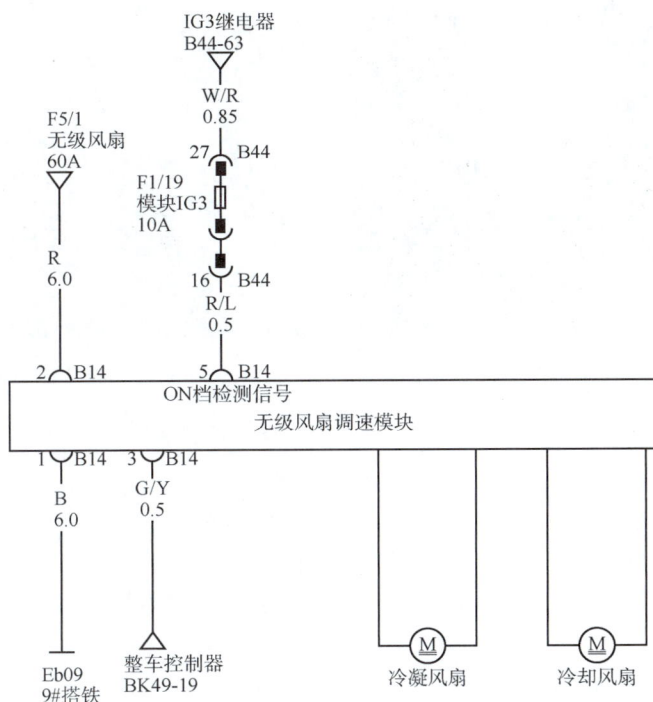

图 4-1-15　冷却风扇控制电路

2）冷却风扇调速模块供电电路检测

（1）断开冷却风扇调速模块线束插接器,打开车辆电源开关。

（2）取出数字万用表并校准,确保万用表正常可用。

（3）如图 4-1-16 所示,将数字万用表旋转至直流电压挡,选用合适跨接线连接至冷却风扇调速模块线束插接器 B14/2 号端子,将万用表的红表笔接跨接线另一端的鳄鱼夹,黑表笔接低压蓄电池负极,测量供电电压,等数值稳定后,读取万用表数值。若检测值与标准值（低压蓄电池电压）不符,需检修风扇调速模块的供电电路。

3）冷却风扇调速模块信号电路检测

如图 4-1-17 所示,将合适跨接线连接至冷却风扇调速模块线束插接器 B14/5 号端子,将万用表的红表笔接跨接线另一端的鳄鱼夹,黑表笔接低压蓄电池负极,测量信号电压,等数值稳定后,读取万用表数值。若检测值与标准值不符,需检修风扇调速模块的检测信号电路。

4）冷却风扇调速模块搭铁电路检测

（1）关闭车辆电源开关,断开低压蓄电池负极。

（2）将合适跨接线连接至冷却风扇调速模块线束插接器 B14/1 号端子,将万用表的红表笔接跨接线另一端的鳄鱼夹,黑表笔接低压蓄电池负极,测量信号电压,等数值稳定后,读取万用表数值。

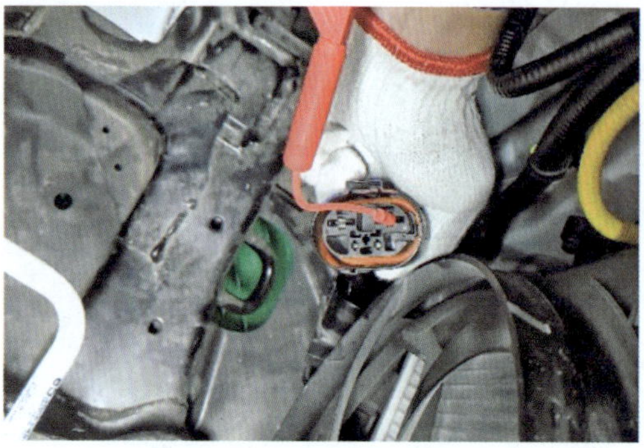

图 4-1-16　调速模块 B14 供电检测

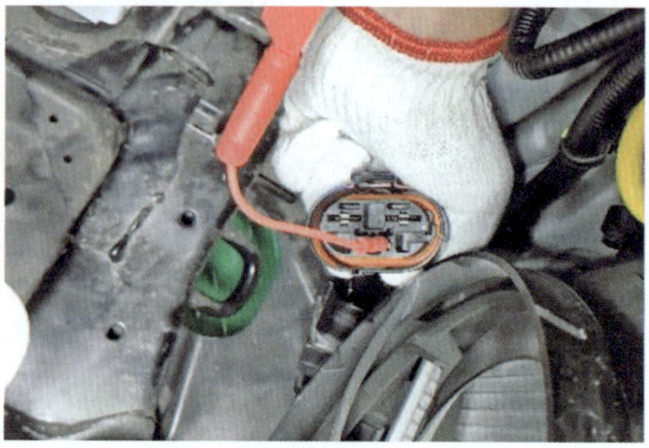

图 4-1-17　调速模块 B14 信号检测

（3）若检测值与标准值（低于 1Ω）不符,需检修风扇调速模块的搭铁电路,最后安装冷却风扇线束接插器。

3.电子冷却液泵拆装与检测

1）电子冷却液泵拆卸

（1）使用水管钳,松开电子冷却液泵出水管紧固卡箍,如图 4-1-18 所示,断开电子冷却液泵出水管。

（2）举升车辆至合适位置。

（3）使用水管钳,松开电子冷却液泵进水管紧固卡箍,断开电子冷却液泵进水管。

（4）如图 4-1-19 所示,从支架胶套中拆下电子冷却液泵。

图 4-1-18　松开冷却液泵紧固卡箍

图 4-1-19　拆下电子冷却液泵

图 4-1-20　冷却液泵电阻的测量

2）电子冷却液泵检测

（1）目视检查电子冷却液泵外观有无变形、破损。

（2）将数字万用表旋转至电阻挡,并校表。

（3）用合适跨接线连接至电子冷却液泵插接器的两端子,如图 4-1-20 所示。将万用表红黑表笔分别连接至跨接线的另一端,测量冷却液泵电阻,等数值稳定后,读取万用表数值。

(4)若测量值与标准值不符,需要更换电子冷却液泵。

3)电子冷却液泵安装

(1)将电子冷却液泵安装至支架胶套中,安装电子冷却液泵进水管,使用水管钳,安装进水管固定卡箍。

(2)安装电子冷却液泵出水管,使用水管钳,安装进出水管固定卡箍。

(3)安装电子冷却液泵线束插接器。

知识拓展 >>>

电机温度控制逻辑

1.电机温度采集

电机控制器内部设有温度采集模块,采集 IGBT 模块的温度和电机控制散热底板的温度。驱动电机的温度传感器检查电机的绕组温度,温度传感器的电阻类型为热敏电阻,阻值随温度的上升而降低。

2.电机温度控制逻辑

(1)电机温度保护

当电机控制器监测到驱动电机温度传感器显示:120℃≤温度<140℃时,降功率运行;温度≥140℃时,降功率至0,即停机。

(2)控制器温度保护

当电机控制器监测到散热基板温度为:75℃≤温度<85℃时,降功率运行;温度≥85℃时,开启超温保护,即停机。

(3)冷却系统的控制策略

当电机控制器监测到驱动电机温度传感器显示:45℃≤温度<50℃时,冷却风扇低速起动;温度≥50℃时,冷却风扇高速起动;温度降至40℃时,冷却风扇停止工作。

当电机控制器监测到散热基板板温度为:温度≥75℃时,冷却风扇低速起动;温度≥80℃时,冷却风扇高速起动;温度降至70℃时,冷却风扇停止工作。

任务二　大众电动汽车电驱动冷却系统的检修

任务描述 >>>

一辆大众帕萨特插电式混合动力电动汽车和一辆大众朗逸纯电动汽车进厂维修,客户反映汽车 EV 功能受限即无 EV 模式,经班组长确认故障是驱动电机温度过高导致的。汽车修理工从班组长处接受汽车维修任务,阅读维修工单,明确任务要求,通过查阅维修手册,确定作业流程与技术标准;在规定工期内完成混合动力电动汽车驱动电机温度传感器的检查与更换工作,使汽车恢复正常使用性能;自检合格后,填写维修工单,交付班组长进行质量检验,在工作过程中遵循现场工作管理规范。

任务分析 >>>

　　大众电动汽车驱动电机或功率电子装置一旦出现温度过高故障,则会造成无 EV模式或不能上电,对电机功率电子装置进行检查和更换之前,需要熟悉大众新能源车电驱动冷却系统结构组成及控制原理。

知识学习 >>>

一 大众混合动力电动汽车电驱动冷却系统组成及原理

1. 电驱动冷却系统组成及功用

　　如图 4-2-1 所示,大众混合动力电动汽车电驱动冷却系统主要由冷却液循环泵V508、功率和控制电子装置 JX1、高压蓄电池充电器 1AX4、节流阀、冷却液膨胀罐、冷却液转换阀 1N632、低温散热器、温度传感器、止回阀等组成。

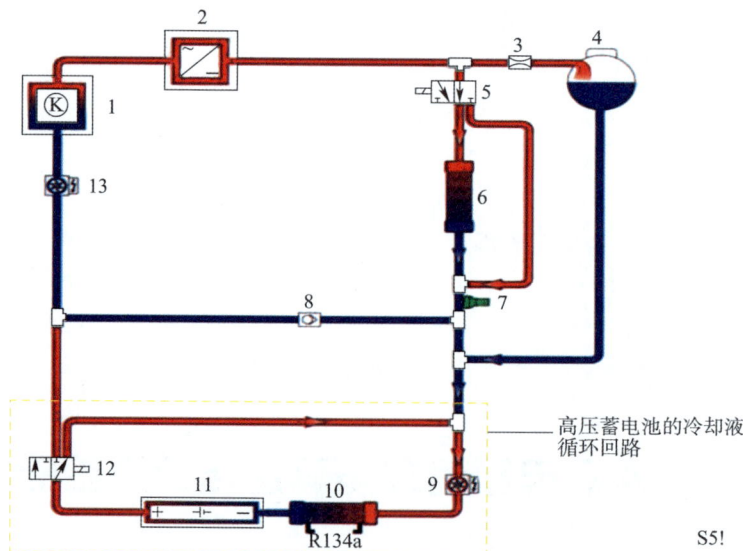

图 4-2-1　大众混合动力电动汽车电驱动冷却系统组成图

1-功率和控制电子装置 JX1;2-高压蓄电池的充电器 1AX4;3-节流阀;4-冷却液膨胀罐;5-冷却液转换阀 1N632;6-低温散热器;7-温度传感器;8-止回阀;9-高压蓄电池冷却泵 V590;10-高压蓄电池热交换器 VX63;11-高压蓄电池热交换器 AX2;12-高压蓄电池冷却液阀 N688;13-冷却液循环泵 V508

　　工作时,冷却液在冷却液泵作用下在管路中循环,带走串联在冷却系统中功率电子装置、高压蓄电池充电单元等各高压部件产的热量并在散热器处放热,最终使功率电子装置及高压蓄电池充电器等高压部件处于正常工作温度范围内。

2.冷却系统控制原理(图 4-2-2)

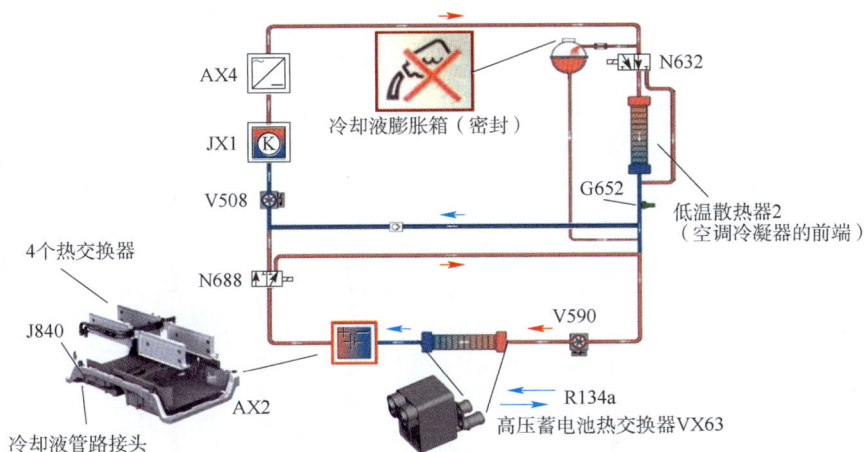

图 4-2-2 大众混合动力电动汽车电驱动冷却系统原理图

1)常规散热

电驱动系统冷却液泵 V508→JX1 功率电子装置→AX4 高压蓄电池充电器→N632 冷却液转换阀→止回阀→电驱动冷却液泵 V508。整个循环水路没有经过散热器,相当于小循环。

2)高强度散热

电驱动系统冷却液泵 V508→JX1 功率电子装置→AX4 高压蓄电池充电器→N632 冷却液转换阀→低温散热器→止回阀→电驱动冷却液水泵 V508。由于冷却液经过低温散热器,且散热器后装有冷却风扇吸风,使冷却液的冷却效果会明显提升。

3.控制电路分析

1)冷却液转换阀控制电路

如图 4-2-3 所示,是冷却液转换阀 N632 的控制电路。其电路:蓄电池→主继电器→熔断器 SB5(10A)→N632 冷却液转换阀 T2fl/2→N632 冷却液转换阀 T2fl/1→J623 发动机控制单元→搭铁。

2)冷却液泵控制电路

如图 4-2-4 所示,电驱动冷却液泵 V467 的端子 T3bh/2 为电源供电端子,T3bh/1 为搭铁线,T3bh/3 为冷却液泵的调速信号端子。

二 大众纯电动汽车电驱动冷却系统

1.大众纯电动汽车电驱动冷却系统组成

如图 4-2-5 所示,大众纯电动汽车电驱动冷却系统由电驱动冷却液泵、电子功率和控制装置JX1、高压蓄电池充电单元、三相交流驱动电机、散热器、转换阀及水管等部件组成。

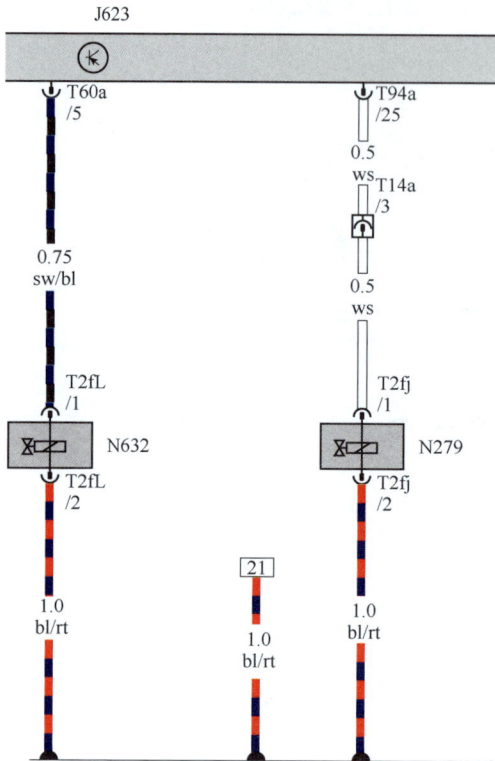

图 4-2-3　冷却液转换阀电路

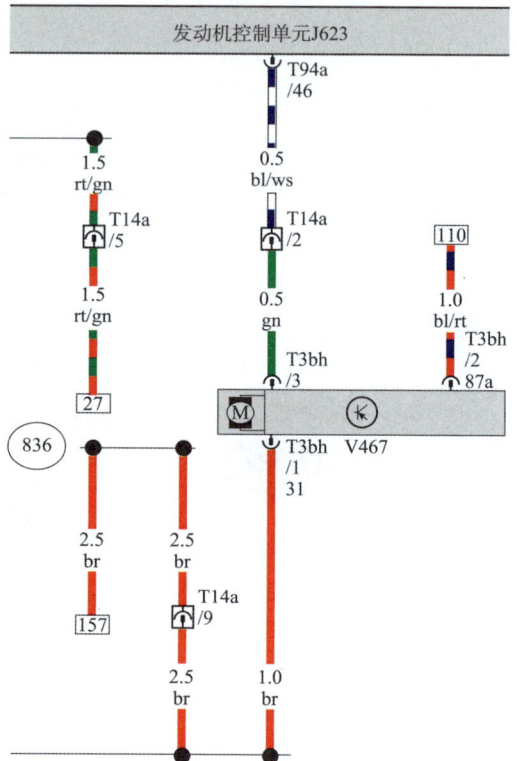

图 4-2-4　电驱动冷却液泵控制电路

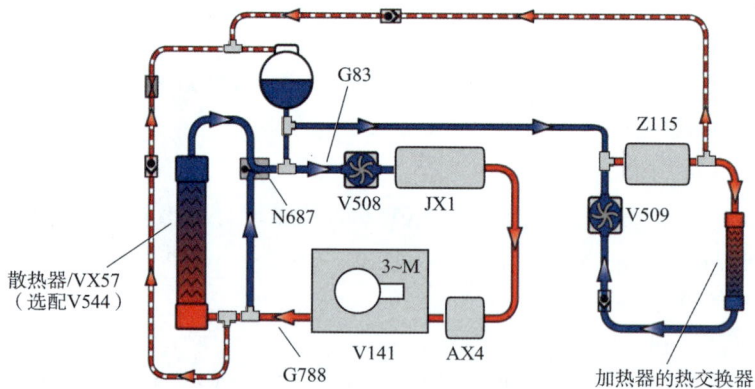

图 4-2-5　大众纯电动汽车电驱动冷却系统组成

N687-冷却液转换阀；G83-温度传感器；V508-电驱动冷却泵；AX4-高压蓄电池充电单元；JX1-电子功率和控制装置 JX1；V141-三相交流驱动电机；G788-温度传感器；Z115-PTC加热器；V509-加热冷却液泵

2.大众纯电动汽车电驱动冷却系统工作原理

1）常规散热

电驱动冷却液泵 V508→JX1 功率电子装置→AX4 高压蓄电池充电单元→三相交

流驱动电机 V141→N687 冷却液转换阀→电驱动冷却液泵 V508。没有经过散热器,相关当于小循环。

2)高强度散热

电驱动冷却液泵 V508→JX1 功率电子装置→AX4 高压蓄电池充电单元→三相交流驱动电机 V141→冷却液转换阀→散热器→N687 阀→电驱动冷却液泵 V508。由于冷却液经过低温散热器,且散热器后有冷却风扇吸风,使冷却液的冷却效果会明显提升。

任务实施 >>>

一、工作准备

1.场地布置

作业前现场环境检查:检查绝缘垫,设立隔离柱,布置警戒线,放置警示牌,以警示相关人员,避免无关人员进入发生安全事故。场地布置如图4-2-6所示。

图4-2-6 场地布置

2.绝缘用品

1)个人安全防护用品准备

新能源汽车维修人员必须检查并穿戴必要的安全防护用品,如绝缘手套、绝缘鞋、护目镜、安全帽等,其耐压等级需符合作业要求,如图4-2-7所示。

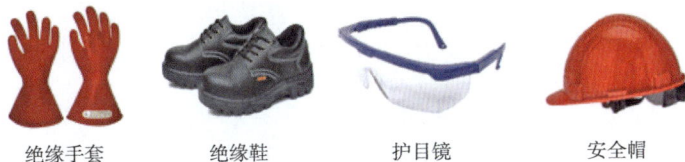

绝缘手套   绝缘鞋   护目镜   安全帽

图4-2-7 安全防护用品

2)绝缘工具准备

新能源汽车维修中若涉及高压部件的拆装时需要使用绝缘工具,确保操作人员人身安全。图4-2-8所示为常见绝缘工具套装。

图4-2-8　绝缘工具套装

3.安全准备工作及注意事项(表4-2-1)

安全准备工作及注意事项　　　　　　　　　　　　　　　　表4-2-1

操作步骤	操作项目	注意事项
步骤一: 整理场地	场地准备	1.高压动力蓄电池修理工位必须洁净、干燥、无油脂、无飞溅火花、工位地面进行绝缘处理。 2.为了防止未经授权人员进入工位以及无法确保高电压本身安全或出现不明状态时,应使用隔离带。竖立发光黄色警告提示。 3.检查灭火器是否处于正常使用条件。 4.检查工位地面绝缘是否良好
步骤二: 场地设备检查	场地设备准备	1.检查举升机维护保养日期,试运行举升机,检测工作状况。 2.检查车辆停放位置及举升臂高度。 3.检查动力蓄电池托举车工作状况是否良好
步骤三: 车辆检查	车辆准备	1.检查车辆外观,察看有无划痕、变形、损伤并进行记录。 2.检查车辆挡块是否齐备,安装是否稳固有效。 3.检查车辆举升支撑位置是否正确
步骤四: 安全防护设备检查	绝缘手套检查	1.检查绝缘手套标识,确认耐压等级。 2.检查外观有无明显磨损痕迹。 3.检查绝缘手套密封性。 (1)卷起手套边缘。 (2)折叠开口,并封住手套开口。 (3)向手套内吹气,确认无空气泄漏。 (4)用同样的方法检查第二只手套

续上表

操作步骤	操作项目	注意事项
步骤四： 安全防护设备检查	安全帽检查	1. 检查安全帽有无破损、裂纹。 2. 根据自身调整安全帽扣带
	护目镜检查	1. 检查护目镜表面有无破损、裂纹、镜面清晰度是否正常。 2. 根据自身调整护目镜扣带尺寸
	绝缘鞋检查	1. 检查绝缘鞋标识，确认耐压等级。 2. 检查绝缘鞋有无破损、老化、裂纹
	绝缘服检查	1. 检查绝缘服标识，确认耐压等级。 2. 检查绝缘服有无破损、油污及各扣合位置是否正常可用
步骤五： 拆装工具检查	工具检查	1. 清点绝缘工具套装内数目，确认项目使用工具正常可用，绝缘部位无破损、老化、裂纹。 2. 扭力扳手检验合格证处于有效期，力矩调整灵活准确
步骤六： 检测设备检查	汽车用数字万用表检查	1. 检查万用表设备及附件是否配备齐全。 2. 检查万用表设备合格证书。 3. 校验万用表确认测量有效性
	漏电诊断仪检查	1. 确认漏电诊断仪设备及附件配备齐全。 2. 检查漏电诊断仪设备合格证书。 3. 校验漏电诊断仪确认测量有效性
	放电工装检查	1. 确认放电工装设备及附件配备齐全。 2. 检查放电工装设备合格证书

二、大众帕萨特插电式混合动力电动汽车电驱动冷却系统检修

1. 电驱动冷却液转换阀 N632 的检查

1）供电检测

如图 4-2-9 所示为电驱动冷却液转换阀 N632 安装位置及结构图，其控制电路为图 4-2-10 所示。拔下插头，打开点火开关，用万用表红表笔连接 T2fl/2，黑表笔连接车身搭铁，应为蓄电池电压，如不是则需要检测电路及继电器。

2）阀本体的检测

拔下插头，用引线连接插座 2 个端子，用万用表电阻挡直接测量转换阀 2 个端子的电阻值，应为规定值，如无穷大则表示转换阀损坏。

3）线路检测

拔下转换阀插头及发动机控制单元插头，用万用表电阻挡测量 T2fl/1 与发动机控制单元 J623 的 T60a/5 之间的电阻值，应小于 1Ω。

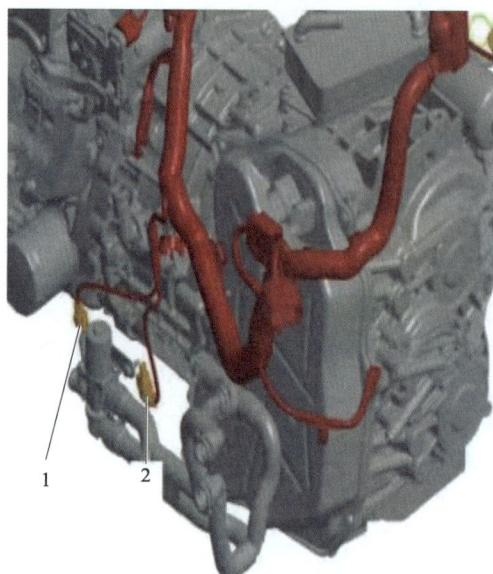

图 4-2-9　冷却液转换阀 N632 安装位置及结构图

2. 电驱动冷却液泵 V467 的检查（图 4-2-11）

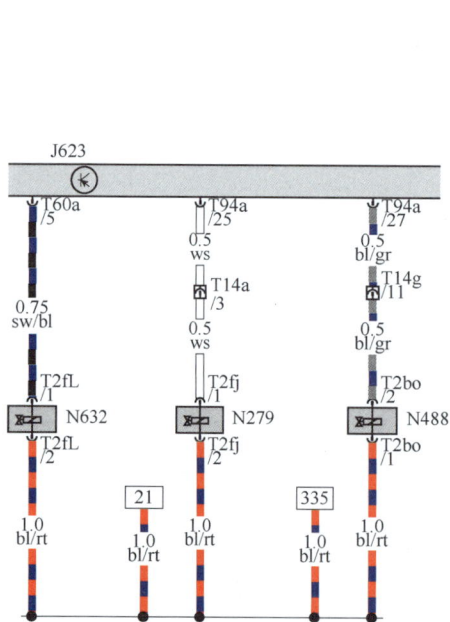

图 4-2-10　冷却液转换阀 N632 控制电路

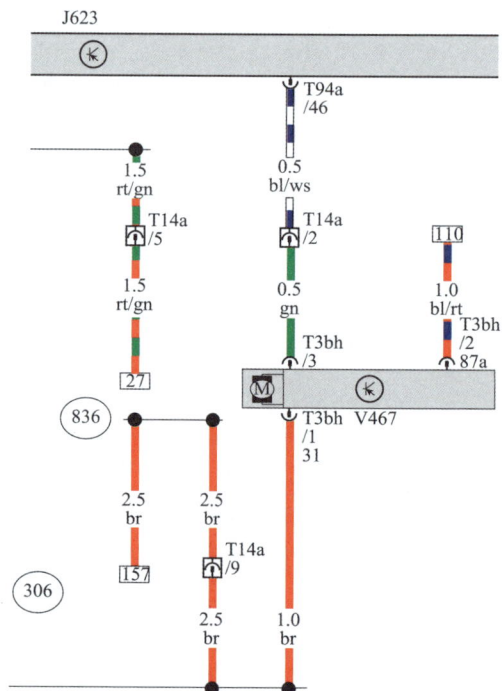

图 4-2-11　电驱动冷却液泵 V467 控制电路

1）供电检测

拔下冷却液泵插头，打开点火开关，用万用表红表笔连接 T3bh/2，黑表笔连接车身搭铁，应为蓄电池电压，否则要检测冷却液泵供电线路及主继电器。

2）搭铁检测

拔下冷却液泵插头,检测 T3bh/1 端子与车身搭铁之间的电阻,应为 0Ω,否则需要检查搭铁。

3）线路检测

拔下冷却液泵插头,T3bh/3 与 J623 的 T94a/46 之间的电阻值应小于 1Ω。

三 ⚡ 大众朗逸纯电动汽车电驱动冷却系统检修

1. 电驱动冷却液的检查更换

（1）断开高压电及低压电（具体操作见前高压断电操作）；

（2）打开冷却液补偿罐密封盖（具体操作见前动力蓄电池）；

（3）举升车辆,拆下前底板（图 4-2-12）,并在车下合适位置放冷却液收集盘（图 4-2-13）；

排放、加注朗逸纯电动汽车冷却液

图 4-2-12　拆下前底板

图 4-2-13　放冷却液收集盘

（4）用一字螺丝刀松开散热器水管快速防松卡子（图 4-2-14）,脱开散热器进出水管（图 4-2-15）,并让冷却液彻底排完；

图 4-2-14　撬开水管快速接头防松卡子

图 4-2-15　脱开进出水管

（5）冷却液的加注与排气。

①如图 4-2-16 所示,检查冷却液参数是否符合厂家标准;

②如图 4-2-17 所示,用气枪清洁散热器水管接头,安装冷却液水管接头,并用防松

卡子固定；

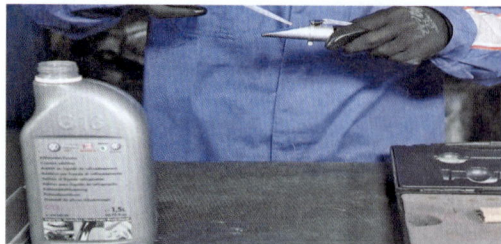

图 4-2-16　检查冷却液参数

图 4-2-17　清洁水管接头

③组装冷却加注设备（图 4-2-18）及冷却系统测试仪适配接头（图 4-2-19）；

图 4-2-18　组装冷却液加注设备

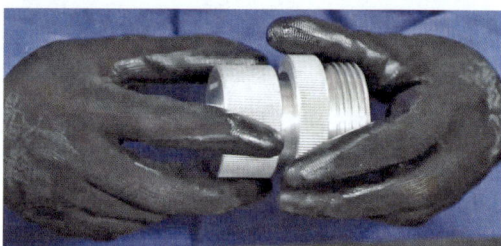

图 4-2-19　组装测试仪接头

④打开高压系统冷却液补偿罐盖（图 4-2-20），安装冷却系统测试仪适配接头（图 4-2-21）；

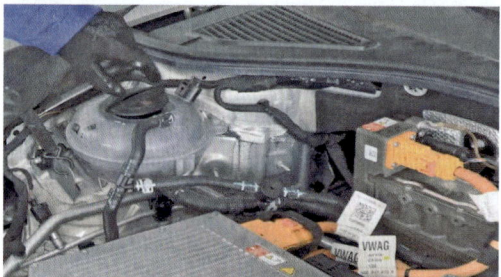

图 4-2-20　打开补偿罐盖

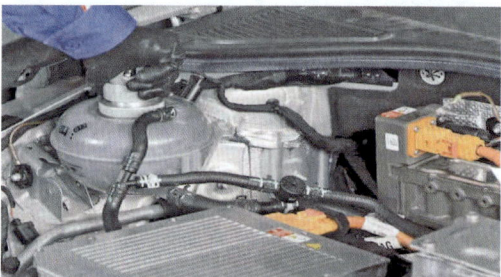

图 4-2-21　安装测试仪适配接头

（6）安装冷却系统加注设备（图 4-2-22），并安装出水管并关闭两个阀门（图 4-2-23）；

图 4-2-22　安装加注设备

图 4-2-23　安装出水管

（7）将加注设备进气管接上压缩空气（图 4-2-24），并打开阀门 B（图 4-2-25）；

图 4-2-24　接上压缩空气

图 4-2-25　打开阀门 B

（8）短暂打开阀门 A（图 4-2-26），使冷却液软管内充满冷却液；

（9）重新关上阀门 A（图 4-2-27），继续打开阀门 B 2min，2min 后继续关闭阀门 B（图 4-2-28）。

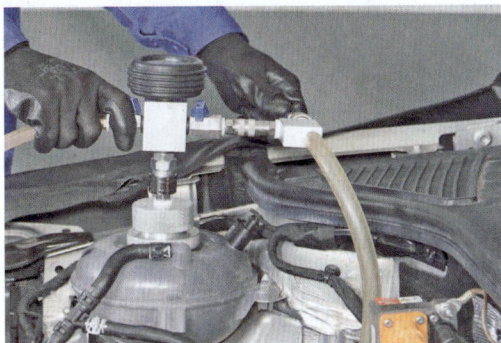

图 4-2-26　打开阀门 A

图 4-2-27　关上阀门 A

（10）如图 4-2-29 所示，关闭后注意真空压力表读数，保证真空压力表在绿色区域，其压力才能完成冷却液加注。

图 4-2-28　2min 后关阀门 B

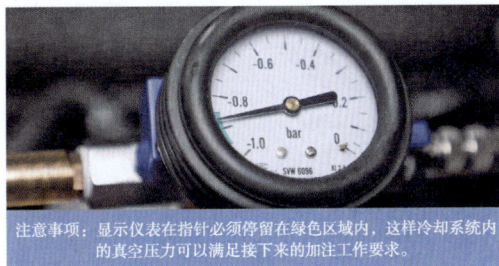

注意事项：显示仪表在指针必须停留在绿色区域内，这样冷却系统内的真空压力可以满足接下来的加注工作要求。

图 4-2-29　真空压力表在绿色区域

（11）拔下压缩空气软管，慢慢打开阀门 A，在真空作用下冷却液被吸入冷却液补偿罐，直到加不进为止（图 4-2-30），取下冷却液加注设备及测试仪适配接头（图 4-2-31）。

图 4-2-30　加不进为止位置

图 4-2-31　取下适配接头

（12）冷却管路排气。

①打开点火开关，连接车辆诊断仪 VAS 6150 系列（图 4-2-32）。

图 4-2-32　连接车辆诊断仪

②进入控制单元列表，点击发动机控制系统，进入引导型功能，选择给冷却液系统加注/排气，按照电脑提示执行操作（图 4-2-33）。

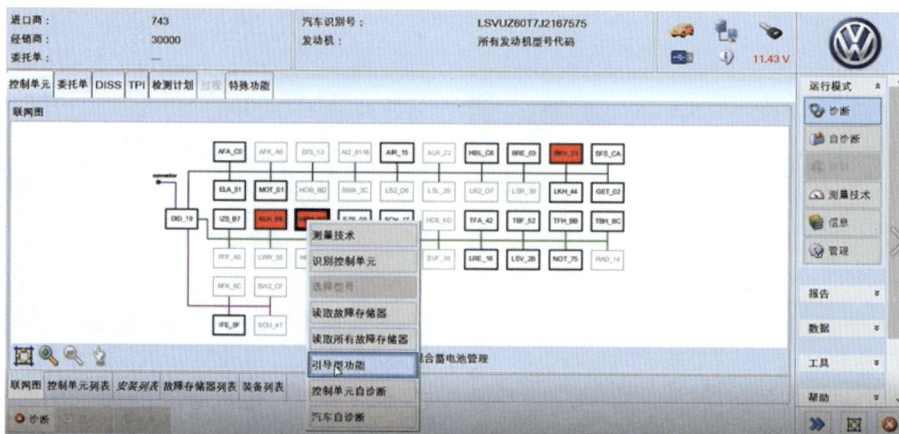

图 4-2-33　选择引导型功能

（13）装回冷却液补偿罐盖，举升车辆检查散热器水管有无渗漏，起动车辆检查，检查冷却液液面是否符合要求（图4-2-34）。

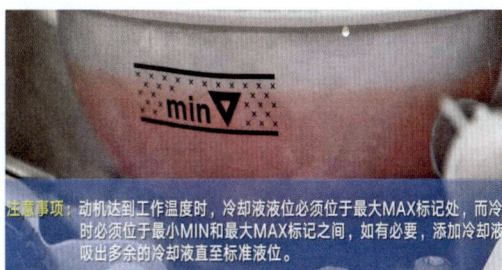

图4-2-34 检查冷却液液位

（14）举升车辆并锁上保险锁，装复前部隔音板，恢复工位。

2.电动水泵V508的检查

1）电路分析

如图4-2-35所示，电动水泵V508插头T3aw/2为水泵供电电源端子，由主继电器通过保险供电，T3aw/1为水泵搭铁端子，T3aw/3为水泵调速信号端子，由发动机控制单元J623控制。

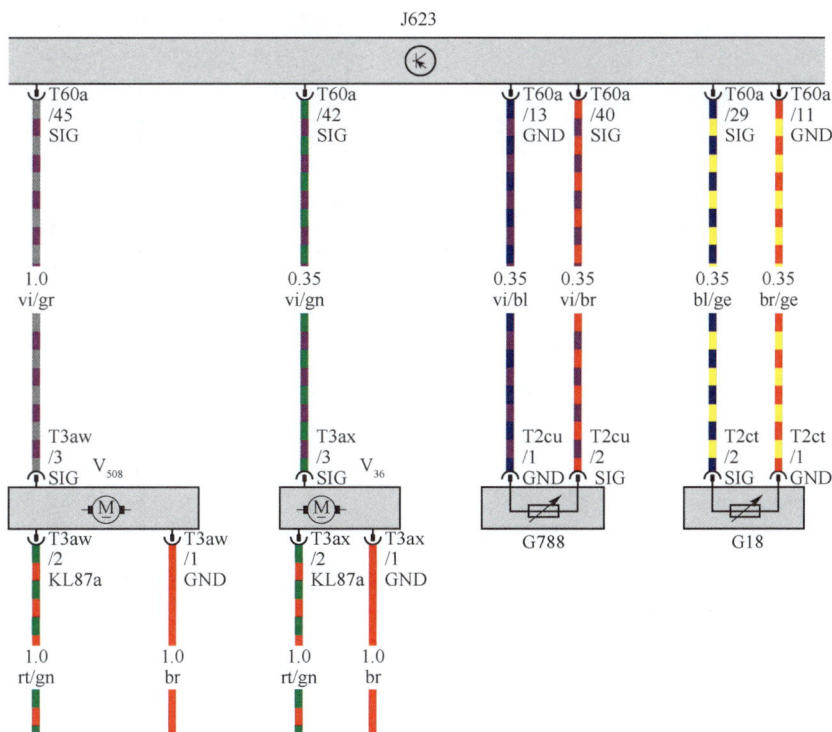

图4-2-35 朗逸电驱动电动冷却水泵控制电路

2）电子冷却液泵供电检查

拔下电子冷却液泵插头，在点火开关打开状态下，万用表电压挡，红表笔连接冷却液泵 V508 供电电源端子 T3aw/2,黑表笔连接车身搭铁,正常为蓄电池电压,否则需要检测线路及熔断器。

3)电子冷却液泵搭铁检查

拔下电子冷却液泵插头,在点火开关关闭状态下,用万用表电阻挡检测,红表笔连接冷却液泵搭铁线 T3aw/1,黑表笔连接车身搭铁,正常电阻值为小于 1 欧姆,否则需要检测搭铁线路。

4)电子冷却液泵调速信号线检查

拔下电子冷却液泵插头,在点火开关关闭状态下,用万用表电阻挡检测,红表笔连接冷却液泵调速信号端子 T3aw/3,黑表笔连接发动机控制单元 T60a/45,正常电阻为小于 1Ω,否则需要检测线路。

3.散热器风扇的检查

1)电路分析

如图 4-2-36 所示,电子风扇 VX57 插头端子 T4h/1、T4h/2 均为电子风扇供电电源端子,由主继电器通过熔断器供电,端子 T4h/3 为风扇调速信号,由发动机控制单元 J623 控制,端子 T4h/4 为风扇搭铁线。

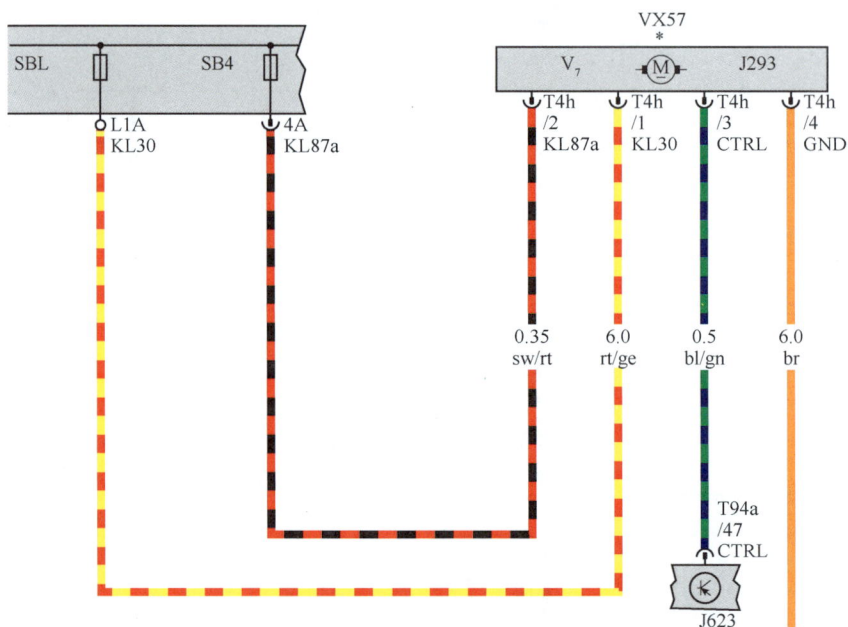

图 4-2-36　电子风扇控制电路

2)电子风扇供电检查

拔下电子风扇插头,在点火开关打开状态下,用万用表电压挡,红表笔分别连接风扇供电电源端子 T4h/1、T4h/2,黑表笔连接车身搭铁,两者均应为蓄电池电压,否则需要检测线路。

3）电子风扇搭铁检查

拔下电子风扇插头，在点火开关关闭状态下，用万用表电阻挡检测，红表笔连接电子风扇搭铁线 T4h/4，黑表笔连接车身搭铁，正常电阻值为小于 1Ω，否则需要检测搭铁线路。

4）电子风扇调速信号线检查

拔下电子风扇插头，在点火开关关闭状态下，用万用表电阻挡检测，红表笔连接电子风扇调速信号端子 T4h/3，黑表笔连接 J623 发动机控制单元的端子 T94/47，正常电阻为小于 1Ω，否则需要检测线路。

📋 **知识拓展** ▶▶▶

电动汽车热管理系统的重要性

传统燃油车发动机的冷却系统和电动汽车动力蓄电池的冷却系统实际都是一个保温过程，保障各自的发热源（动力源）在一个合适的温度区间工作，不能太高，也不能太低。

两者冷却的原理实际都是采用热交换方式，如风冷、水冷、液冷制冷等，实际原理在大方向是一致的。

电驱动车辆的发热源主要是电池及其高压部分，而电池的冷却系统，就是电动车的重中之重了。

因为动力蓄电池是由众多电芯组成的，而成百上千个电芯不仅要保障在合适温度区间内工作，还要求彼此之间的温度差不能太大。其中涉及的因素更复杂，所以这也意味着电池的热管理如果要达到要求，则需要更精准化的控制，设计难度上升了一个数量级。

单体电芯的温度直接影响着电池的性能和寿命，通常热设计的理论是要让电芯控制在 20 ~ 30℃，现在车企的目标温度区间基本定在 10 ~ 45℃ 之间。温度长期高于45℃，动力蓄电池的循环寿命会大幅削减，且会有热失控的安全隐患。而长期低于零度或者更低温中使用，电池容易出现不可逆的充电析锂现象，伤害到电池，甚至可能晶体刺穿隔膜造成内部短路。所以说，电池长期高温下运行会有热失控的安全影响，但长期低温运行一样也会有安全影响，也不能忽视。

不同电芯之间的温度差控制在 5 ~ 8℃ 以内比较好，因为过高的温度差并不是会影响临近的电芯，而是在不同的温度下长期充放电，会造成不同电芯的循环寿命、容量、内阻出现差异，最后导致电芯一致性变差。而电芯的一致性变差是蓄电池包出各种问题（安全问题）的源头之一。不仅如此，电芯的温差过大，也会造成系统 SOC 的不准确。研究表明，当温差超过 5℃ 时，系统的 SOC 差异大于 10%，也就是电量不准。

从安全的角度来说，动力蓄电池的温控则比发动机更为重要。发动机温控失效，汽车无法行驶，发动机损坏，对车的伤害大，但大多数情况对驾乘人员没有伤害。而动力蓄电池的温控失灵，很有可能就是带来的动力蓄电池的热失控，磷酸铁锂电池会冒烟,三元锂电池则有可能剧烈反应产生燃烧和爆炸,带来人员损失的可能性更大。

驱动电机作为电动汽车的动力源,其性能和使用寿命对整车可靠性及安全性有着极为重要的影响,电机在使用过程中产生的热量如果不能及时散发,会使得电机温度急剧升高,导致电机转子中永磁体因受热而产生不可逆的退磁现象,降低驱动电机的性能,影响永磁同步电机的使用寿命,增加整车使用成本。同时,温度过高还会使得电机绝缘材料发生本质变化,失去绝缘能力。此外,电机控制器中一些电子元件和模块如IGBT模块、主控板、电源板等,也会因温度过高而影响使用寿命,有时甚至会使元件烧毁。因此,设计有效的冷却系统对保证驱动电机和控制器正常工作、纯电动客车整车运行的安全性和可靠性都具有极为重要的实际意义。

📋 考核评价 ≫≫≫

(一)学习过程评价(表4-2-2)

学习活动过程评价表   表4-2-2

班级		姓名		学号		日期		年　月　日	
序号	评价要点					配分	得分	总评	
1	能正确识读和填写生产派工单,明确任务要求					10			
2	能识别比亚迪及大众电动水泵、风扇的安装位置					10		A□(86~100)	
3	能叙述电动冷却液泵及冷却风扇的作用及控制原理					15			
4	能进行电动冷却液泵及冷却风扇的检测与更换					15		B□(76~85)	
5	能查阅相关资料,正确完成冷却系统各部件的检查诊断					10		C□(60~75)	
6	能遵守劳动纪律,以积极的态度接受工作任务					10		D□(60以下)	
7	能积极参与小组讨论,团队间相互合作					15			
8	能及时完成老师布置的任务					15			
总分						100			

(二)学习效果评价

1.判断题

(1)新能源汽车的电驱动系统一般采用两种方式散热:空气冷却和水冷却,目前通常的多采用空气冷却。　　　　　　　　　　　　　　　　　　　　　　　　　(　　)

(2)电池冷却系统区别于电驱动冷却系统的最大不同点是冷却部件不同。

　　　　　　　　　　　　　　　　　　　　　　　　　　　　　　　　　　　(　　)

(3)新能源汽车电驱动冷却系统功用是将存储在动力蓄电池中的电能高效地转化为电机的动能进而推进汽车行驶,并能够在汽车减速制动或者下坡时,实现再生制动。

　　　　　　　　　　　　　　　　　　　　　　　　　　　　　　　　　　　(　　)

（4）电机控制器温度过高会导致电机控制器中的半导体结点烧坏、电路损坏,甚至烧坏元器件,从而引起电机控制器失效。（   ）

（5）比亚迪混合动力电动汽车冷却系统的冷却液泵安装在右前部总成外侧保险杠骨架安装板附近。（   ）

（6）比亚迪混合动力电动汽车,当电机控制器内的 IPM、IGBT(电机驱动模块)及电感这三部分工作温度超过一定范围时,驱动电机控制器及 DC 总成就会检测到,同时电机温度传感器把电机的温度及电机冷却液温度也一起经过 CAN 网络传递给发动机 ECU,ECU 驱动冷却风扇继电器,从而带动冷却风扇按设定程序以低速或高速工作,以降低冷却液温度。（   ）

2. 选择题

（1）混合动力电动汽车的电驱动冷却系统的组成不包括(   )。

    A. 电机控制器   B. 驱动电动机

    C. 压缩机   D. 冷却液泵

（2）下面不属于新能源汽车电驱动冷却系统的是(   )。

    A. 电子功率和控制装置 JX1 及电动机控制单元 J841

    B. 三相交流驱动电机 VX54

    C. 牵引电机温度传感器 G712、牵引电机转子位置传感器 G713

    D. 冷却液泵

（3）关于 IGBT 高温报警的原因说法错误的是(   )。

    A. 电驱动冷却系统防冻液不足或有空气

    B. 电驱动电子冷却液泵不工作

    C. 电机控制器及 DC 总成本身故障

    D. 以上都不正确

（4）风扇按其结构原理和驱动方式分为:轴流式电动风扇、离心式电动风扇、机械式电动风扇和电机驱动式电动风扇。目前新能源汽车常用的是(   )。

    A. 轴流式电动风扇

    B. 离心式电动风扇

    C. 机械式电动风扇

    D. 电机驱动式电动风扇

3. 填空题

（1）比亚迪 e6 纯电动汽车电驱动冷却系统采用_____循环系统,主要由散热器、_____、冷却软管及电子风扇等部件组成,冷却液为_____。

（2）比亚迪 e6 纯电动汽车电驱动冷却系统,电子风扇总成采用吸风式双风扇,通过串联调整电阻的方式来实现风扇的_____、_____速挡分级,从而降低风扇的噪声,提高舒适性。

（3）比亚迪 e5 纯电动汽车电驱动冷却系统冷却路线为,电子冷却液泵→充配电总成→电机控制器→_____→散热器左上→散热器右下→_____。

（4）冷却系统的检查,先检查电驱动冷却系统_____液位是否正常,_____颜色是否正常,水路无堵塞;再用_____读取电驱动系统电机控制器数据流,冷却液泵状态是否开启。

4.技能考核

调用比亚迪及大众新能源汽车,按照技术要求对电驱动冷却系统检修,并填写下列表格(表4-2-3)。

学生实践记录表 表4-2-3

班级		车型及年款	
姓名		车辆识别码	
学号		里程数	
实践项目		实践设备	车辆类型
实践流程			
结果分析			
防范措施			
自我评价	良好□　合格□　不合格□		
教师评价	良好□　合格□　不合格□　　　　　教师姓名:　　　　　年　月　日		

榜样的力量 ▶▶▶

企业家精神　社会责任感

魏建军,男,1964年出生,河北保定人,中共党员,民营企业家,长城汽车股份有限公司董事长、执行董事。作为长城汽车的掌舵人,不仅以其卓越的企业家精神引领企业走向辉煌,更以深厚的社会责任感回馈社会,展现了当代中国企业家的风采。

面对中国汽车市场的风起云涌,魏建军始终坚守初心,坚持自主创新。其中,哈弗H6车型的成功推出,就是长城汽车自主创新的一个缩影。这款车型凭借卓越的性能、时尚的外观和实惠的价格,迅速在市场上获得了广泛的认可,销量一直名列前茅,成为了SUV市场的领军者。这不仅彰显了长城汽车的技术实力和市场洞察力,也证明了魏建军坚持自主创新的正确性。

然而,作为一名真正的企业家,魏建军并没有止步于企业的成功。他始终秉持着深厚的社会责任感,积极投身公益事业。

他深知教育对于国家和社会发展的重要性,因此长城汽车设立了教育基金,资助贫困地区的学校建设,为更多孩子提供接受良好教育的机会。在他的带动下,长城汽车还积极参与各种扶贫、救灾等公益活动,用实际行动回馈社会。

在国家需要的时候,魏建军更是挺身而出。在新冠疫情期间,长城汽车迅速响应国家号召,向全国各地区捐款捐车,总价值达885万元。同时,长城汽车还设立了2000万元用户关爱基金,全力支持疫情防控和复工复产工作。这一举措不仅展现了长城汽车的社会责任感,也彰显了魏建军作为一位企业家的担当和奉献精神。

此外,魏建军还深刻认识到汽车产业对环境的影响。因此,他致力于推动长城汽车在新能源汽车领域的发展,不仅加大了对新能源汽车技术的研发投入,还积极推广清洁能源汽车,减少汽车尾气排放对环境的污染。同时,他还倡导绿色生产和循环经济理念,通过优化生产流程、减少废弃物排放等措施,降低企业的环境负担。

魏建军与长城汽车的故事,是一部充满奋斗、创新、责任与担当的传奇。他用自己的实际行动诠释了什么是真正的企业家精神和社会责任感。我们相信,他的故事将激励更多的人投身于国家建设和社会公益事业中,共同创造更加美好的未来。

项目五

新能源汽车电驱动系统故障检测诊断

项目描述 >>>

新能源汽车电驱动系统作为新能源汽车重要组成部分,其能否正常工作将会影响整车的行驶性能。本项目主要介绍新能源汽车电驱动系统常见故障现象、故障代码、故障原因和故障检测诊断流程,从而保证新能源汽车的正确使用与诊断维修。

学习目标 >>>

1. 能叙述比亚迪及大众新能源汽车电驱动系统故障现象、故障代码、故障原因和诊断流程。

2. 能够按照规范流程完成比亚迪及大众新能源汽车电驱动系统故障的检测、诊断与排除。

3. 能够树立"安全第一,预防为主"的安全理念,养成精益求精、一丝不苟的工作态度。

任务一 比亚迪电动汽车电驱动系统故障检测与诊断

任务描述 >>>

汽车维修工小王接到三位客户反馈:一辆行驶里程约 9 万 km 的比亚迪秦混合动力电动汽车和一辆比亚迪 e5 纯电动汽车以及一辆比亚迪 e6 纯电动汽车,车辆始终无法切换至 EV 模式,被拖车运至店内,经过维修技师检查后,确认电驱动部分存在故障,主管要求小王对该车电驱动系统进行检修。

任务分析 >>>

电驱动系统作为整车高压用电的核心,它上连动力蓄电池,下连驱动轮,在整车行驶功能中具有承上启下的作用,一旦出现故障会造成整车高压系统无法正常上电而导致车辆无法运行。因此,电驱动系统的检修就显得尤为重要。

知识学习 ▶▶▶

一、比亚迪新能源汽车高压上电流程

一般来讲,不同品牌的新能源汽车在高压上电的控制策略上可能存在些许差异,但是流程总体大同小异,基本分为以下几步:

(1)整车低压上电后,BMS 被唤醒,此时高压系统处于初始化模式。

(2)BMS 进行自检,如果没有故障将反馈预准备状态到 VCU,并检测主负接触器、预充接触器、主正接触器是否粘连。

(3)通过检测后等待 VCU 上电指令,此时由初始化模式切换至待命模式。

(4)BMS 在接收到 VCU 上高压电指令后,闭合主负、预充接触器进行预充。

(5)预充完成后闭合主正接触器,延时 100ms 后断开预充接触器。预充时间不大于 600ms。

(6)预充结束后,断开预充接触器,高压上电完成,进入运作模式。

在这里需要注意的是预充完成的条件不仅有时间上的要求,同时也有最低电压的要求,两者缺一不可。

图 5-1-1 是 2019 款比亚迪 e5 纯电动汽车的高压接触器连接示意图,从图上看到,其高压上电基本上可以按照上述流程进行;从图 5-1-2 可以发现,在比亚迪秦混合动力电动汽车上,空调工作时除上述接触器参与工作之外,空调接触器也要闭合;而车辆充电时,只需负极接触器和充电接触器闭合即可。

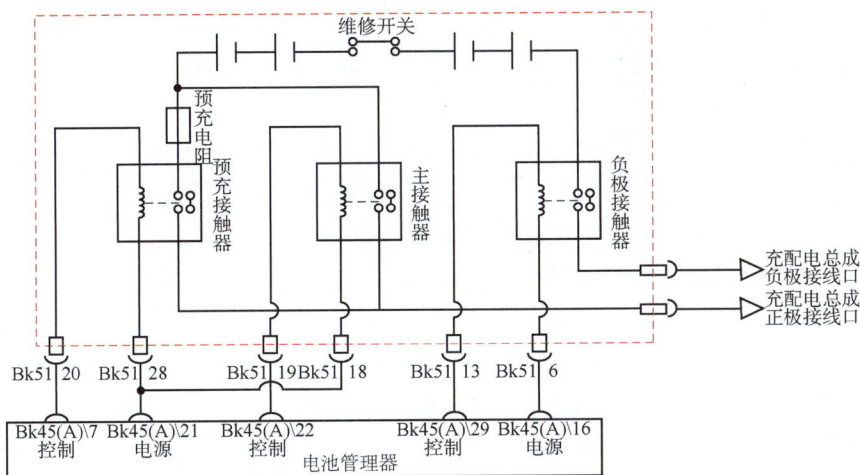

图 5-1-1 2019 款比亚迪 e5 纯电动汽车高压接触器连接图

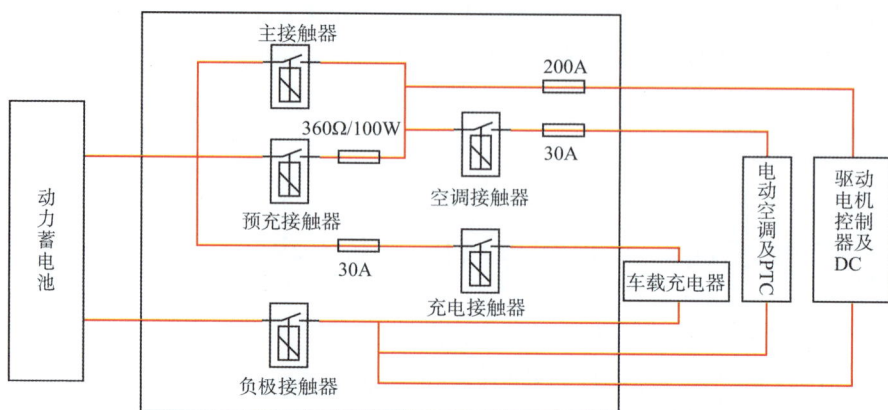

图 5-1-2　比亚迪秦混合动力电动汽车高压配电箱内部高压电路连接图

二　比亚迪新能源汽车电机控制器控制原理

如前所述,电机控制器一般由功率模块、驱动操控模块、中心操控模块和传感器等构成,其主要功能是将动力蓄电池所存储的电能转化为驱动电机所需的电能。在新能源汽车上,一般使用三相交流电机作为驱动电机,而动力蓄电池储存的为直流电,是不能直接加载到驱动电机上的,因此,为实现逆变过程,电机控制器需要直流母线电容、IGBT 等组件来配合一起工作。当电流从动力蓄电池端输出之后,首先需要经过直流母线电容用以消除谐波分量,之后通过控制 IGBT 的开关以及其他控制单元的配合,直流电被最终逆变成交流电,并最终作为驱动电机的输入电流。通过控制驱动电机三相输入电流的频率以及参照驱动电机上转速传感器与温度传感器的反馈值,最终实现对驱动电机的控制。

三　比亚迪新能源汽车整车控制器控制原理

如图 5-1-3 所示,在比亚迪新能源汽车上,其整车控制器连接加速踏板、电机控制器、电池管理系统、直流电压变换器 DC/DC 变换器、电动助力转向系统 EPS、真空助力系统、空调系统、组合仪表。整车控制器能够统计整车所有电器设备的功耗,对比动力蓄电池能够提供的电量,根据功率模型计算结果,输出控制器指令信号至电机控制器,电机控制器调整牵引电机的转矩值。

当整车控制器接收到加速踏板输入的功率需求信息后,根据整车所有电器设备的功率分配情况和电池管理系统输入的动力蓄电池的电压、电流等信息进行综合分析,合理地调整牵引电机的转矩输出,保证其具有足够的牵引力。

需要注意的,是由于车型不同,各类车上的高压控制模块集成化程度是不同的,例如在 2019 款比亚迪 e5 纯电动汽车上,其整车控制器是单独一个模块,因此,上述内容是由整车控制器完成的,但是在秦混合动力电动汽车上,制动、加速踏板开关信号、制动深度、挡位信号、驻车开关信号、起动命令等信号是由驱动电机控制器控制,所以上述内容将不再由整车控制器完成,而是由驱动电机控制器完成的。

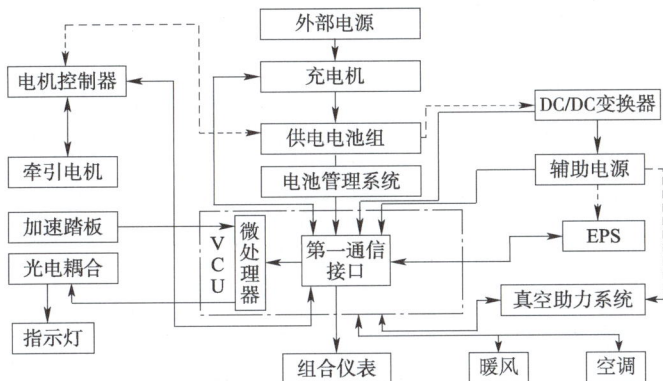

图 5-1-3 整车控制器的原理图

四 比亚迪秦混合动力电动汽车电驱动系统故障诊断

1.比亚迪秦混合动力电动汽车电驱动系统的故障症状

比亚迪秦混合动力汽车电驱动系统发生故障,一般会有以下症状:一是仪表上的动力系统故障警告灯点亮,多信息显示屏显示"请检查动力系统",如图 5-1-4 所示;二是车辆在燃油充足时,切换到 EV 模式时会自动跳至混合动力模式,燃油不足时,车辆无法起动。

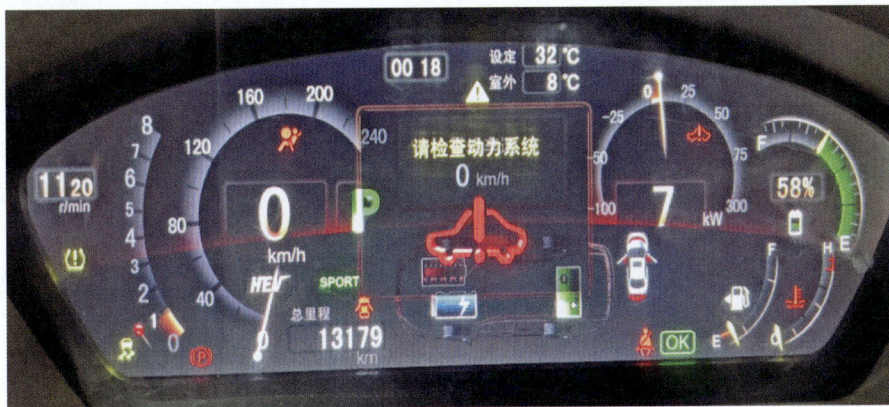

图 5-1-4 比亚迪秦混合动力电动汽车仪表故障指示灯

2.比亚迪秦混合动力电动汽车电驱动系统故障代码

由于仪表所显示的故障现象不明确,因此,在诊断混合动力汽车故障时需要结合诊断仪显示的故障码来判定故障范围。比亚迪秦混合动力汽车电驱动系统故障代码及定义可参考表 5-1-1。

比亚迪秦混合动力电动汽车电驱动系统故障代码及定义　　表 5-1-1

编号	故障码（ISO 15031—6）	描述
1	P1B0000	电机过流
2	P1B0100	IPM 故障
3	P1B0200	电机过温告警
4	P1B0300	IGBT 过温告警
5	P1B0400	冷却液温度过高报警
6	P1B0500	高压欠压
7	P1B0600	高压过压
8	P1B0700	电压采样故障
9	P1B0800	碰撞信号故障（硬线）
10	P1B0900	开盖保护
11	P1B0A00	EEPROM 错误
12	P1B0B00	巡航开关信号故障
13	P1B0C00	DSP 复位故障
14	P1B0F00	主动泄放故障
15	P1B1000	冷却液泵驱动故障
16	P1B1100	旋变故障-信号丢失
17	P1B1200	旋变故障-角度异常
18	P1B1300	旋变故障-信号幅值减弱
19	P1B1400	电机缺 A 相
20	P1B1500	电机缺 B 相
21	P1B1600	电机缺 C 相
22	P1B1700	加速信号故障-1 信号故障
23	P1B1800	加速信号故障-2 信号故障
24	P1B1900	加速信号故障-校验故障
25	P1B1A00	制动信号故障（低配）-1 信号故障
26	P1B1B00	制动信号故障（低配）-2 信号故障
27	P1B1C00	制动信号故障（低配）-校验故障
28	P1B1E00	电流霍尔传感器 B 故障
29	U010100	电机控制器与 TCU 通信故障
30	U011100	与蓄电池管理器通信故障
31	U010300	电机控制器与 ECM 通信故障

续上表

编号	故障码（ISO 15031—6）	描述
32	U012100	电机控制器与ESC（电子稳定控制）通信故障
33	U012800	电机控制器与EPB（电子驻车制动）通信故障
34	U029100	电机控制器与挡位控制器通信故障
35	U016400	电机控制器与空调通信故障
36	U014000	电机控制器与BCM通信故障
37	U029800	电机控制器与DC通信故障
38	U029400	与EV-HEV开关通信故障
39	U021400	与I-KEY通信故障
40	P1B1F00	防盗验证失败故障
41	P1B6000	发动机起动失败
42	P1B6100	IPM散热器过温故障
43	P1B6200	IGBT三相温度校验故障报警
44	P1B6300	电流霍尔传感器C故障
45	U013400	与EPS（电动助力转向）模块失去通讯
46	U012200	与低压蓄电池管理器（BMS）失去通讯
47	P1BA200	换挡超时

3. 比亚迪秦混合动力电动汽车电驱动系统故障原因分析

比亚迪秦混合动力电动汽车电驱动系统故障原因有以下几点：

（1）电机控制器常电及搭铁断路；

（2）电机控制器动力网断路、短路；

（3）旋变传感器的励磁、正弦、余弦、温度传感器损坏或线路断路、接触不良；

（4）电机控制器模块损坏；

（5）高配电箱内各接触器及其相关线路断路或损坏。

4. 比亚迪秦混合动力电动汽车电驱动系统故障诊断流程

按照汽车故障诊断"由易到难、由简到繁、由外到内"原则，并结合分析的故障原因，比亚迪秦混合动力电动汽车电驱动系统故障诊断流程在诊断仪检测基础上，可按如下步骤处理：

（1）检测电机控制器常电及搭铁线路；

（2）检测电机控制器动力网；

（3）检测旋变传感器的励磁、正弦、余弦、温度传感器及线路；

（4）检测电机控制器模块；

（5）检测高配电箱内各接触器及其相关线路。

五　比亚迪 e5 纯电动汽车电驱动系统故障诊断

1. 比亚迪 e5 纯电动汽车电驱动系统的故障症状

比亚迪 e5 纯电动汽车电驱动系统发生故障，一般会有以下症状：一是仪表上的 OK 灯不亮，动力系统故障警告灯点亮，仪表显示"请检查动力系统"，起动按钮灯为橙色，车辆无法挂挡，如图 5-1-5 所示；二是仪表上的 OK 灯不亮，动力系统故障警告灯点亮，仪表显示"请检查动力系统""请检查制动系统"，冷却液温度过高警示灯点亮，风扇会高速旋转，起动按钮灯为橙色，车辆无法挂挡，如图 5-1-6 所示。

图 5-1-5　e5 仪表故障指示灯 1　　　　　　　　图 5-1-6　e5 仪表故障指示灯 2

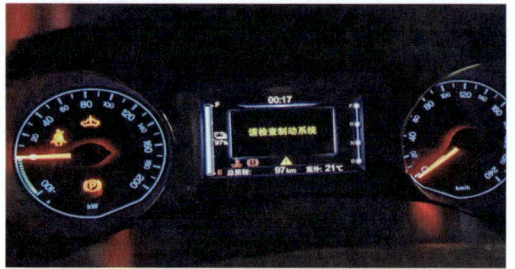

2. 比亚迪 e5 纯电动汽车电驱动系统故障原因分析

比亚迪 e5 纯电动汽车电驱动系统故障原因有以下几点：

（1）电机控制器常电及搭铁断路；

（2）电机控制器动力网断路、短路；

（3）旋变、正弦、余弦、温度传感器损坏或线路断路、接触不良；

（4）电机控制器模块损坏；

（5）整车控制器常电及搭铁断路；

（6）整车控制器动力网断路、短路；

（7）整车控制器模块损坏。

3. 比亚迪 e5 纯电动汽车电驱动系统故障诊断流程

按照汽车故障诊断"由易到难、由简到繁、由外到内"原则，并结合分析的故障原因，比亚迪 e5 纯电动汽车电驱动系统故障诊断流程可按如下步骤处理：

（1）检测电机控制器常电及搭铁线路；

（2）检测电机控制器动力网；

（3）检测旋变、正弦、余弦、温度传感器及线路；

（4）检测电机控制器模块；

（5）检测整车控制器常电及搭铁线路；

（6）检测整车控制器动力网；

（7）检测整车控制器模块。

六 比亚迪 e6 纯电动汽车电驱动系统故障诊断

1. 比亚迪 e6 纯电动汽车电驱动系统的故障症状

比亚迪 e6 纯电动汽车电驱动系统发生故障，一般会有以下症状：一是仪表上的 OK 灯不亮，动力系统故障警告灯点亮，仪表显示"请检查动力系统"，起动按钮灯为橙色，车辆无法挂挡；二是仪表上的 OK 灯亮，但是车辆不能挂挡行驶。

2. 比亚迪 e6 纯电动汽车电驱动系统故障原因分析

比亚迪 e6 纯电动汽车电驱动系统故障原因有以下几点：

（1）电机控制器常电及搭铁断路；

（2）电机控制器动力网断路、短路；

（3）旋变、正弦、余弦、温度传感器损坏或线路断路、接触不良；

（4）电机控制器模块损坏；

（5）高压配电箱内各接触器及其相关线路断路或损坏。

3. 比亚迪 e6 纯电动汽车电驱动系统故障诊断流程

按照汽车故障诊断"由易到难、由简到繁、由外到内"原则，并结合分析的故障原因，比亚迪 e6 纯电动汽车电驱动系统故障诊断流程可按如下步骤处理：

（1）检测电机控制器常电及搭铁线路；

（2）检测电机控制器动力网；

（3）检测旋变、正弦、余弦、温度传感器及线路；

（4）检测电机控制器模块；

（5）检测高压配电箱内各接触器及其相关线路。

任务实施 ▶▶▶

一 作业准备

1. 场地布置

作业前现场环境检查：检查绝缘垫，设立隔离柱，布置警戒线，设置警示牌以警示相关人员，避免无关人员进入发生安全事故。场地布置如图 5-1-7 所示。

2. 工具和防护用品准备

此次任务需要准备的工具和防护用品有绝缘工具套装、绝缘鞋、安全帽、绝缘手套、劳保手套、护目镜、绝缘电阻测试仪、万用表、车内三件套、车外三件套。图 5-1-8 所示为部分所需工具和防护用品。

图 5-1-7　比亚迪新能源汽车维修场地布置

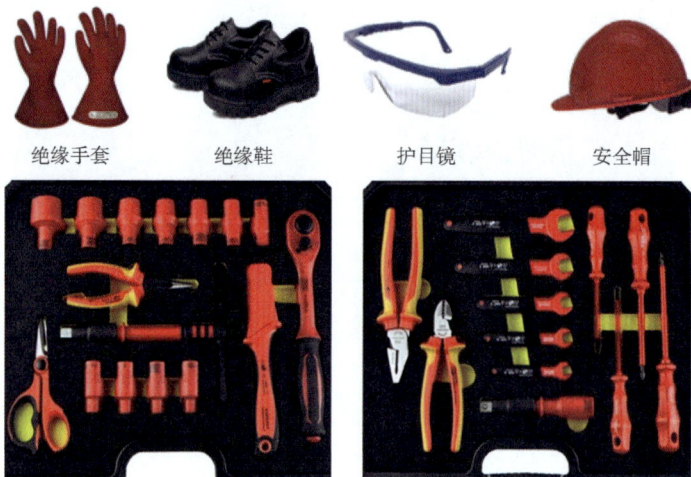

绝缘手套　　　　绝缘鞋　　　　护目镜　　　　安全帽

图 5-1-8　部分所需工具和防护用品

3.个人防护及工具检查

具体检查流程及注意事项参考表 5-1-2 的内容。

检查流程和注意事项　　　　　　　　　　　表 5-1-2

操作步骤	操作项目	注意事项
步骤一： 安全防护设备检查	绝缘手套检查	1.检查绝缘手套标识,确认耐压等级。 2.检查外观有无明显磨损痕迹。 3.检查绝缘手套密封性。 (1)卷起手套边缘。 (2)折叠开口,并封住手套开口。 (3)向手套内吹气,确认无空气泄漏。 (4)用同样的方法检查第二只手套

操作步骤	操作项目	注意事项
步骤一： 安全防护设备检查	安全帽检查	1. 检查安全帽有无破损、裂纹。 2. 根据自身调整安全帽扣带
	护目镜检查	1. 检查护目镜表面有无破损、裂纹、镜面清晰度是否正常。 2. 根据自身调整护目镜扣带尺寸
	绝缘鞋检查	1. 检查绝缘鞋标识，确认耐压等级。 2. 检查绝缘鞋有无破损、老化、裂纹
	绝缘服检查	1. 检查绝缘服标识，确认耐压等级。 2. 检查绝缘服有无破损、油污及各扣合位置是否正常可用
步骤二： 拆装工具检查	工具检查	1. 清点绝缘工具套装内数目，确认项目使用工具正常可用，绝缘部位无破损、老化、裂纹。 2. 扭力扳手检验合格证处于有效期，力矩调整灵活准确
步骤三： 检测设备检查	数字万用表检查	1. 检查万用表设备及附件是否配备齐全。 2. 校验万用表确认测量有效性并校零
	绝缘电阻测试仪检查	1. 检查绝缘电阻测试仪及附件是否配备齐全。 2. 绝缘电阻测试仪进行开路测试和短路测试

4. 车辆防护

绕车检查，确认车辆周围无障碍物阻挡，摆放车轮三角挡块，铺设车内三件套，打开前机舱盖，铺设车外三件套。

二 比亚迪秦混合动力电动汽车电驱动系统典型故障诊断

这里以电机旋变信号丢失这一故障为例进行操作。

（1）确认故障现象。

起动车辆，如图 5-1-9、图 5-1-10 所示，仪表板 OK 灯点亮，动力系统故障灯点亮，仪表显示"请检查动力系统"，车辆无法切换至 EV 模式。

比亚迪秦混合动力
电动汽车电机
旋变信号丢失
故障检测诊断

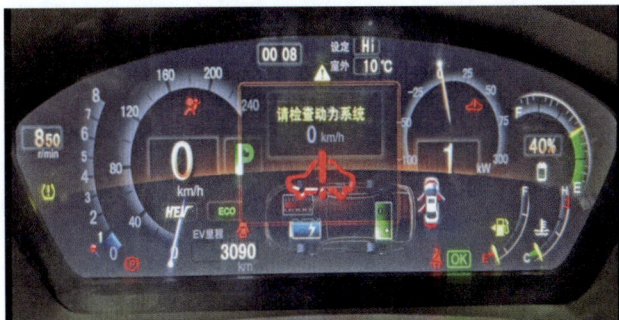

图 5-1-9　仪表故障现象

（2）读取故障码。

连接比亚迪 VDS2100 诊断仪，读取故障码，故障码如图 5-1-11 所示。

图 5-1-10　无 EV 模式

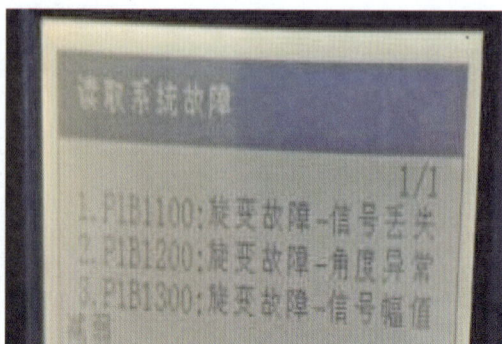

图 5-1-11　读取故障码

（3）电路分析。

查找电路图，如图 5-1-12 所示。从图中可知：正弦端子为 B21/45-B21/30、余弦端子为 B21/46-B21/31、励磁端子为 B21/44-B21/29、电机温度端子为 B21/53-B21/38。

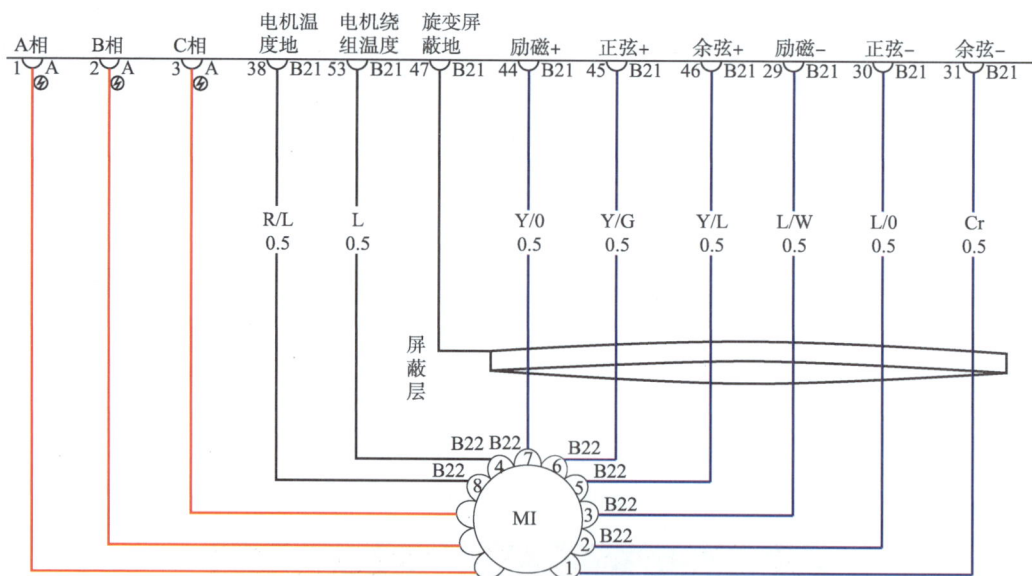

图 5-1-12　驱动电机旋变传感器电路图

（4）检查旋变插头。

如图 5-1-13 所示，拔下电机端旋变插头针脚，检查后发现电机端端子无异常。

（5）检测线路。

如图 5-1-14 所示，取下驱动电机控制器与 DC 总成上的 B21 插头，测量 B21/44 与 B21/29 之间的电阻，电阻值是无穷大，如图 5-1-15

比亚迪秦混合动力车
故障码的读取

所示,说明励磁线路异常。

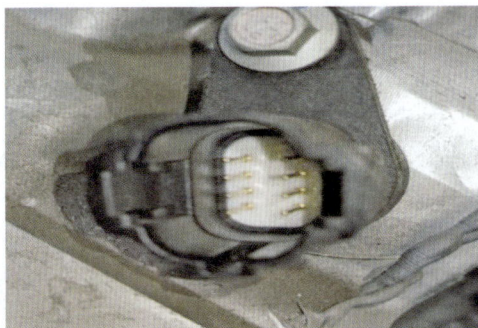

图 5-1-13 电机端端子检查

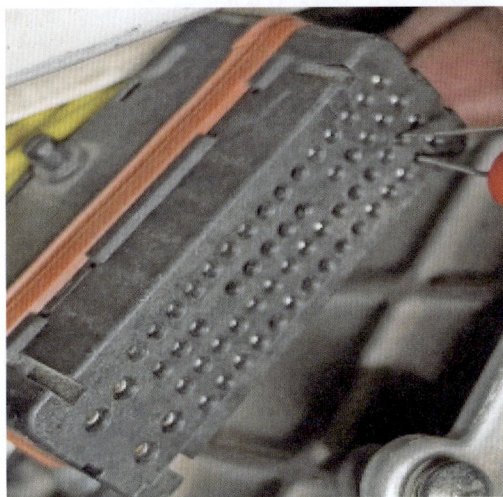

图 5-1-14 检测励磁电阻 B21/44 与 B21/29

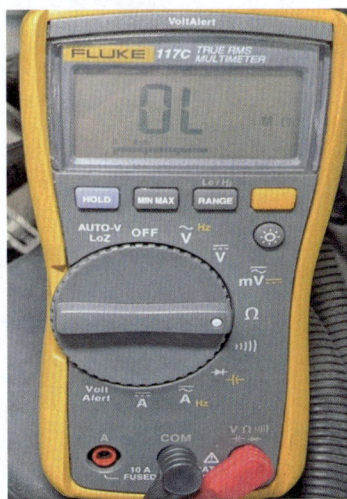

图 5-1-15 励磁测量数值

(6)如图 5-1-16 所示,测量正旋端子 B21/45 与 B21/30 之间的电阻,电阻值 11.9Ω,如图 5-1-17 所示。

图 5-1-16 检测正旋 B21/45 与 B21/30 阻值

图 5-1-17 正弦测量数值

（7）如图 5-1-18 所示，测量余旋端子 B21/46 与 B21/31 之间的电阻，电阻值 6.2Ω，如图 5-1-19 所示。

图 5-1-18　检测余旋 B21/46 与 B21/31 阻值

图 5-1-19　余弦测量数值

（8）如图 5-1-20 所示，检测电机温度端子 B21/38 与 B21/53 之间的电阻，电阻值 225.7kΩ，如图 5-1-21 所示。

图 5-1-20　检测电机温度 B21/38 与 B21/53 阻值

图 5-1-21　电机温度测量数值

（9）如图 5-1-22 所示，测量正旋＋:B21/45 与 B22/6（图 5-1-23）之间的电阻，电阻值无穷大，如图 5-1-24 所示，证明线路断路。

图 5-1-22　控制器正旋正 B21/45

图 5-1-23　旋变正旋正 B22/6

图 5-1-24　正旋正测量值

（10）如图 5-1-25 所示，测量正旋负控制器端 B21/30 与正旋负电机端 B22/2（图 5-1-26）之间的电阻，电阻值 0.3Ω，如图 5-1-27 所示。

图 5-1-25　正旋负控制器端 B21/30　　图 5-1-26　正旋负电机端 B22/2　　图 5-1-27　测量值

（11）综合上述测量值，可判定正旋正控制器端 B21/45 与正旋正电机端 B22/6 之间线路断路。

（12）排除故障点，车辆重新起动，确认故障消除。

（13）执行 8S 操作规范完成现场恢复，将工具擦拭干净放入工具柜；将诊断仪放到指定位置；将量具放到指定位置；取下方向盘、座椅、脚垫套；将产生的垃圾放入指定的垃圾桶；清洁地面的垃圾。

三　比亚迪 e5 纯电动汽车电驱动系统典型故障检测诊断

（一）电机及电机控制器引起电驱动系统典型故障检测诊断

（1）确认故障现象。

起动车辆，如图 5-1-28、图 5-1-29 所示，仪表板 OK 灯没有点亮，动力系统故障警告灯亮，仪表报"请检查动力系统"，起动按钮灯为橙色，车辆无法挂挡。

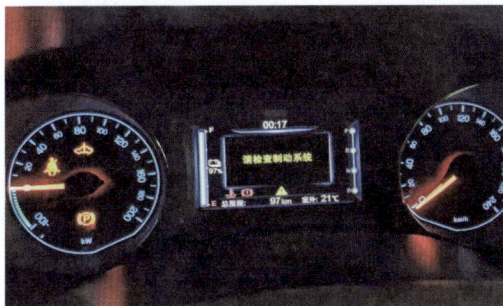

图 5-1-28　仪表板故障现象　　　　　图 5-1-29　起动按钮橙色灯点亮（故障现象）

（2）读取故障码、数据流（这里以道通 MS908 为例），如图 5-1-30 所示。

（3）电路分析。

如图 5-1-31 所示，分析 2019 款比亚迪 e5 型纯电动汽车电路图，可知电源正端子为 B28\10、B28\11，电源地端子为 B28\1、B28\6 及 B28\8；动力网 CAN-端子为 B28\9、CAN-L 端子为 B28\14。

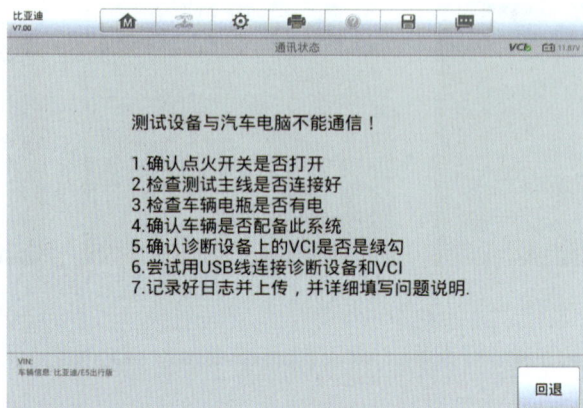

图 5-1-30　诊断仪连接显示

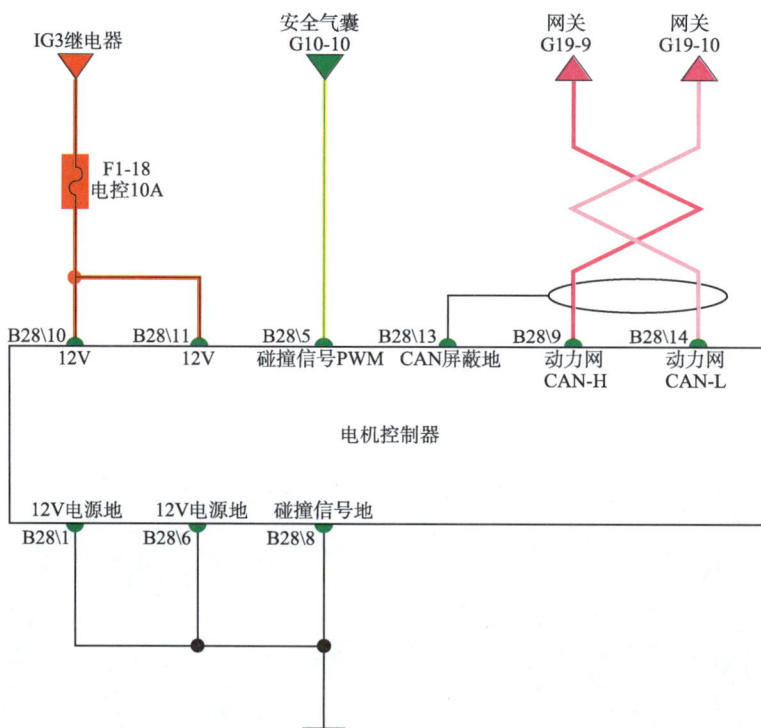

图 5-1-31　比亚迪 e5 电机控制器电路图

（4）检测电机控制器电源电路。

①车辆上低压电，如图 5-1-32，用万用表通过背插法测量 BK28/10 或 BK28/11 对地电压，两处只要有一个电压在 12V 左右，即证明电机控制器常电线路正常；

②若两处测量值均为 0，则按电路图继续向上游查找；

③车辆下电,断蓄电池负极,如图 5-1-33,测量 BK28/1 或 BK28/6 与车身之间电阻,两处只要有一处阻值小于 1Ω,即证明电机控制器搭铁线路正常;

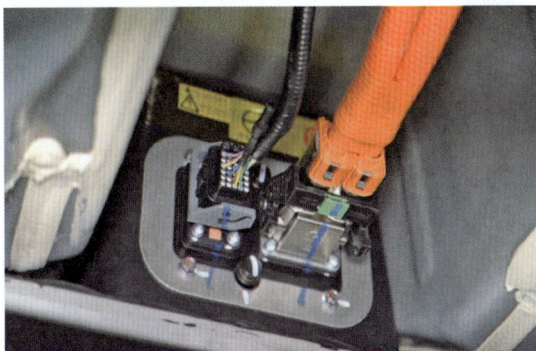

图 5-1-32　检测 BK28/10 端子对地电压

图 5-1-33　检测 BK28/1 与地之间电阻

④若两处测量值均为无穷大或阻值在几十 Ω,则需车上查看 11 号搭铁点是否松动或脱落,如图 5-1-34 所示(前舱右翼子板左侧,红色圈内)。

(5)检测电机控制器动力网 CAN 线。

使用万用表测量时,一是可以通过测量 CAN-H 与 CAN-L 各自对地电压来判断,前者为大于 2.5～3.5V,后者小于 1.5～2.5V,如果测量值不符合上述结果,可判定存在故障;二是在车辆下电断负极后,可以通过测量 CAN-H 与 CAN-L 之间的电阻来判断,正常值在 60Ω 左右。

(6)检测旋变传感器的励磁、正弦、余弦、温度传感器及线路。

由于 2019 款比亚迪 e5 纯电动汽车采用的是"三合一动力总成",其旋变传感器等信号线束直接连接到电机控制器,安装在了内部,因此,在实际的故障诊断与维修中,通过测量判断其是否损坏是不方便的。但如果必须检测时,需将车辆用举升机举起,在车底打开电机侧盖,测量电阻即可,如图 5-1-35 所示,图中黑色插头为旋变的励磁、正弦、余弦传感器连接插头,是温度传感器连接插头。各传感器标准电阻值见表 5-1-3。

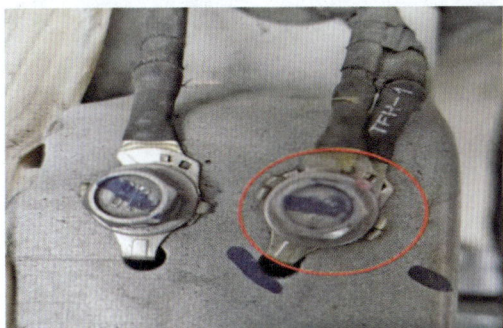

图 5-1-34　检查 11 号搭铁点

图 5-1-35　电机励磁、正弦、余弦、温度传感器插头

各传感器阻值大小   表 5-1-3

项目	技术要求	标准电阻值(Ω)
旋转变压器绕组阻值	正弦	6～10
	余弦	14～18
	励磁	12～16
电机绕组温度传感器阻值	常温	70k～140k

此外,除上述测量之外,还可以在确定无其他故障的情况下,通过使用诊断仪读取故障码和数据流的方式来判断各传感器是否损坏。

(7)检测电机控制器模块。

若上述步骤测量结果均为正常数值,有很大可能是模块本身损坏,这时可以直接更换新的电机控制器模块,重新起动车辆,观察是否正常。

(8)排除故障点,车辆重新起动,确认故障消除。故障排除确认。

(9)执行 8S 操作规范恢复现场,将工具擦拭干净放入工具柜;将诊断仪放到指定位置;将量具放到指定位置;取下转向盘套、座椅套、脚垫;将产生的垃圾放入指定的垃圾桶;清洁地面的垃圾。

(二)整车控制器引起电驱动系统典型故障诊断

(1)确认故障现象:起动车辆,仪表板 OK 灯没有点亮,仪表显示"请检查动力系统"、"请检查制动系统",冷却液温度过高警示灯点亮,风扇会高速旋转,起动按钮灯为橙色,车辆无法挂挡。如图 5-1-36、图 5-1-37 所示。

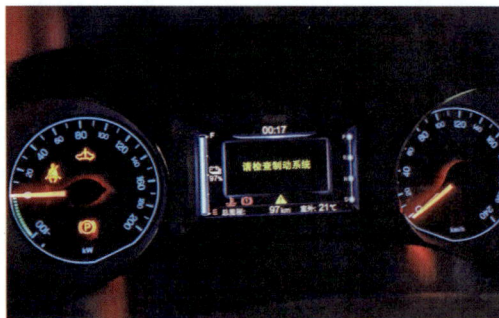

图 5-1-36 仪表故障现象   图 5-1-37 起动按钮橙色灯点亮

(2)读取故障码、数据流(这里以道通 MS908 为例),如图 5-1-38 所示。

(3)电路分析。

查找 2019 款比亚迪 e5 纯电动汽车电路图,找出整车控制器电路图,如图 5-1-39 所示:

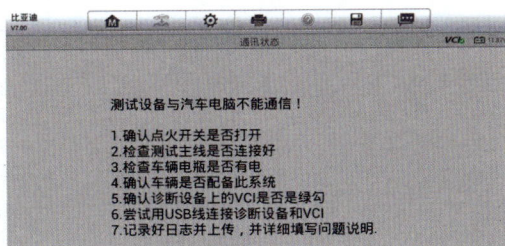

图 5-1-38　故障码

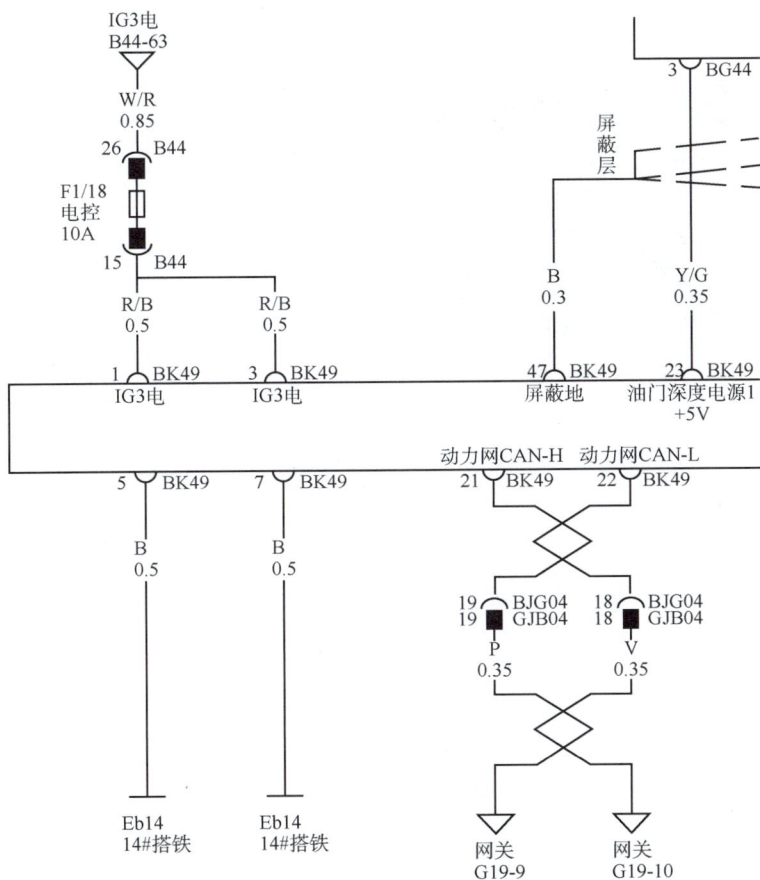

图 5-1-39　整车控制器电路图

（4）检测整车控制器电源电路。

①检测电源。车辆上低压电,如图 5-1-40 所示,用万用表通过背插法测量 BK49/1 或 BK49/3 对地电压,两处只要有一个电压在 12V 左右,即证明整车控制器电源正常。

②若两处测量值均为 0,则按电路图继续向上游查找。

③检测搭铁。车辆下电,断开蓄电池负极,如图 5-1-41 所示,测量整 BK49/5 或 BK49/7 与车身间电阻,两处只要有一处阻值小于 1Ω,即证明整车控制器搭铁线路正常。

图 5-1-40　检测 BK49/1 或 BK49/3 对地电压

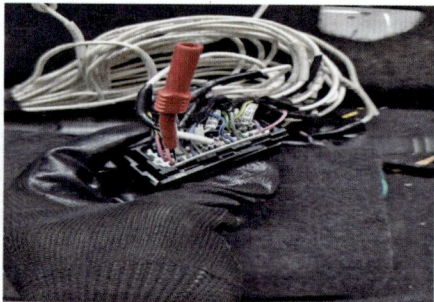

图 5-1-41　检测搭铁 BK49/7 端子与地之间的电阻

图 5-1-42　14 号搭铁点

④若两处测量值均为无穷大或阻值在几十 Ω,则查看车上 14 号搭铁点是否松动或脱落,如图 5-1-42 所示(副驾驶室)。

(5)检测整车控制器动力网。

①测量电压。使用万用表测量时,可以通过测量 CAN-H 与 CAN-L 各自对地电压来判断,前者为 2.5～3.5V,后者 1.5～2.5V,如果测量值不符合上述结果,可判定存在故障;

②测量电阻。在车辆下电断负极后,可以通过测量 CAN-H 与 CAN-L 之间的电阻来判断,正常值在 60Ω 左右。

(6)更换整车控制器模块。

若上述步骤测量结果均为正常数值,有很大可能是模块本身损坏,这时可以将整车控制器模块更换,再次让车辆上电,查看是否仍有故障。无故障,则表示整车控制器模块损坏。

(7)排除故障点,车辆重新启动,确认故障消除。

(8)执行 8S 操作规范恢复现场,将工具擦拭干净放入工具柜;将诊断仪放到指定位置;将量具放到指定位置;取下转向盘套、座椅套、脚垫;将产生的垃圾放入指定的垃圾桶;清洁地面的垃圾。

四　比亚迪 e6 纯电动汽车电驱动系统典型故障诊断

(一)e6 电机温度过高故障诊断与排除

(1)确认故障现象:起动车辆,发现仪表板 OK 灯点亮,电机温度过高警告灯点亮,仪表显示"电机及控制器温度过高",车辆无法挂挡行驶,如图 5-1-43 所示。

(2)连接诊断仪,选择新能源模块,选择车型,执行自动扫描,结束后进入电机控制器模块。如图 5-1-44 所示,发现有一未定义故障码,经和技术手册对比,该码定义为"电机温度过高",进入数据流查看,发现电机控制器端母线电压正常,但转速显示不正常,如图 5-1-45 所示。

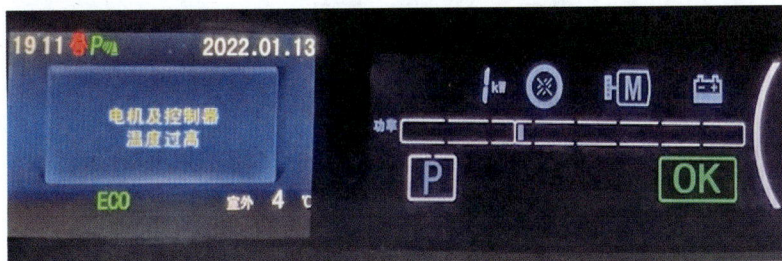

图 5-1-43　比亚迪 e6 仪表板故障现象

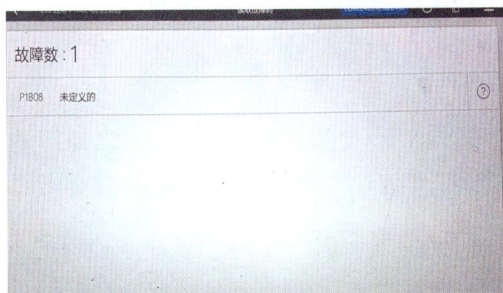

图 5-1-44　故障码

图 5-1-45　数据流

(3)查找电路图,如图 5-1-46 所示。

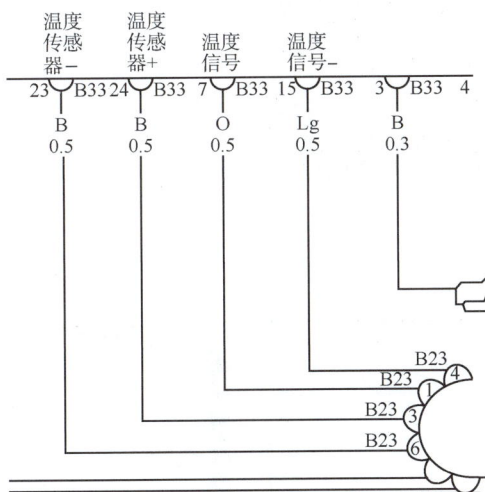

图 5-1-46　电路图

(4)车辆下电,断开蓄电池负极,拔下电机控制器低压控制插头 B33,如图 5-1-47,使用万用表测量 B33/07 与 B33/15 之间的电阻,如图 5-1-48 所示,阻值为无穷大,其标准值 $25 \pm 1\Omega$,异常。

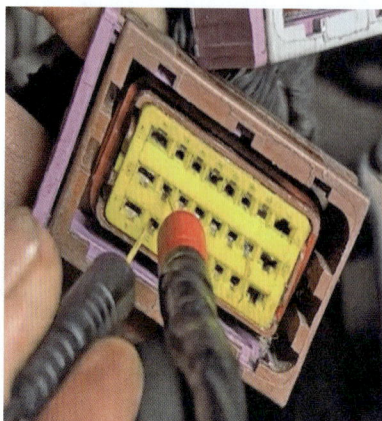

图 5-1-47　B33/07 与 B33/15

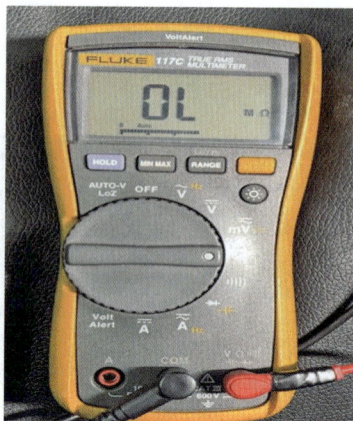

图 5-1-48　B33/07 与 B33/15 间阻值

（5）综合上述测量值，可判定温度传感器信号线断路。

（6）排除故障点，车辆重新起动，确认故障消除。

（7）执行 8S 操作规范恢复现场，将工具擦拭干净放入工具柜；将解码仪放到指定位置；将量具放到指定位置；取下转向盘套、座椅套、脚垫；将产生的垃圾放入指定的垃圾桶；清洁地面的垃圾。

（二）e6 预充接触器故障诊断与排除

（1）确认故障现象：起动车辆，发现仪表板 OK 灯不亮，充电系统故障警告灯点亮，仪表无信息显示，车辆不能挂挡行驶，如图 5-1-49 所示。

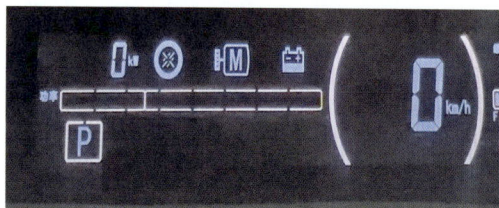

图 5-1-49　仪表板信息

（2）连接诊断仪，选择新能源模块，选择车型，执行自动扫描，结束后进入电池管理器模块。如图 5-1-50，此时显示故障码为电机控制器预充未完成，进入数据流，车辆重新上电，发现预充失败。退出来进入电机控制器模块数据流查看，发现不正常，只有 11V，如图 5-1-51 所示。

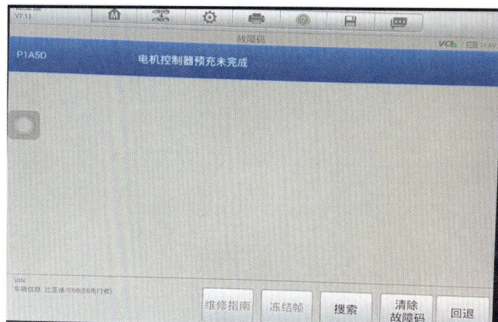

图 5-1-50　故障码

图 5-1-51　数据流

（3）查找电路图，如图 5-1-52 所示。

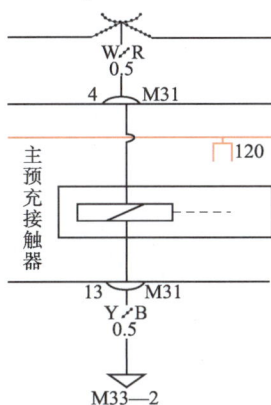

图 5-1-52 电路图

（4）拔下高压配电箱的低压控制插头 M31，如图 5-1-53 所示，使用万用表测量高压配电箱低压控制插头 M31/4 对地电压，电压值为 12V 左右，正常，如图 5-1-54 所示。

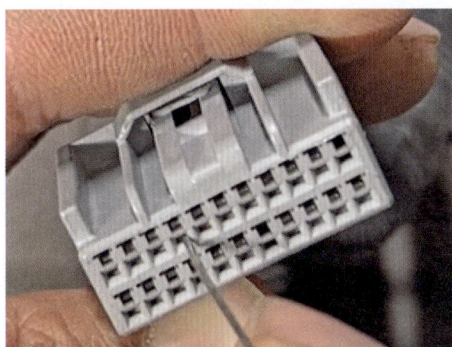

图 5-1-53 M31/4

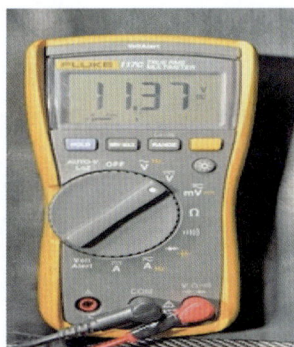

图 5-1-54 测量值

（5）车辆下电，并断开蓄电池负极，拔下电池管理器 M33 插头，如图 5-1-55 所示，将探针插入 M33/2 端子，另一支探针插入高压配电箱低压控制插头 M31/13 端子，使用万用表测量高压配电箱低压控制插头 M31/13 与电池管理器 M33/2 之间的电阻，阻值无穷大，异常，如图 5-1-56 所示。

图 5-1-55 M33/2

图 5-1-56 M33/2 与 M31/13 间阻值

（6）使用万用表测量高压配电箱低压控制插头 M31 底座 4 号针脚与 13 号针脚之间（即预充接触器线圈回路）电阻，阻值为 120Ω 左右，正常。

（7）综合上述测量值，可判定预充接触器控制端 M31/13 至 M33/2 之间断路。

（8）排除故障点，车辆重新起动，确认故障消除。

知识拓展 >>>

触电对人体的伤害

人碰到带电的导线，电流通过人体就叫作触电。触电后，会对人体及人体内部组织造成不同程度的损伤。触电时，让人体受伤的是电流而不是电压。电流对人体的伤害有三种：电击、电伤和电磁场伤害。电击是指电流通过人体，破坏人体心脏、肺及神经系统的正常功能。电伤是指电流的热效应、化学效应和机械效应对人体的伤害，主要是指电弧烧伤、熔化金属溅出烫伤等。电磁场生理伤害指在高频磁场的作用下，人会出现头晕、乏力、记忆力减退、失眠和多梦等神经系统的症状。

电流通过头部可使人昏迷；通过脊髓可能导致瘫痪；通过心脏会造成心跳停止，血液循环中断；通过呼吸系统会造成窒息。因此，从左手到胸部是最危险的电流路径，从手到手、从手到脚也是很危险的电流路径，从脚到脚是危险性较小的电流路径。

摆脱电流是指人在触电后能够自行摆脱带电体的最大电流。成年男性平均摆脱电流约为 16mA，成年女性平均摆脱电流约为 10.5mA，儿童的摆脱电流较成人要小。摆脱电流是人体可以忍受而一般不会造成危险的电流。若通过人体的电流超过摆脱电流且时间过长，会造成昏迷、窒息，甚至死亡。

我们应该敬畏规律，敬畏自然。

任务二　大众电动汽车电驱动系统典型故障诊断

任务描述 >>>

一辆 2018 款帕萨特 PHEV 汽车和一辆大众朗逸纯电动汽车无法上高压电，仪表盘显示"请检查动力系统"，车辆无法行驶。经过维修技师检查后，确认为功率电子装置相关故障，你的主管要求你来对该故障的进行诊断与排除，你该如何处理？

任务分析 >>>

功率电子装置作为大众新能源汽车电驱动系统中不可或缺的一部分，其一旦出现故障则会造成整车无法起动，而导致车辆无法运行。因此，梳理功率电子装置引起的高压无法上电故障的成因十分必要,这样才能够掌握其维修方法并进行诊断与排除。

📖 **知识学习** 》》》

一 🔌 大众新能源汽车功率电子装置 JX1 工作原理

大众新能源车不论纯电动汽车还是混合动力汽车,功率电子装置 JX1 都在其电驱动系统中起着非常重要的作用,其不仅将高压蓄电池 AX1 储存的电能分配给整车高压用电设备,它还是高压蓄电池的充电器 A11 和高压蓄电池 AX1 之间的连接部件,也就是说高压充电是要通过功率电子装置 JX1 的。此外,它还控制三相交流驱动电机 VX54、12V 蓄电池的充电和车载电网的供电。

如图 5-2-1 所示,功率电子控制装置 JX1 由多个内置部件构成,所有部件均由电动机控制单元 J841 控制。

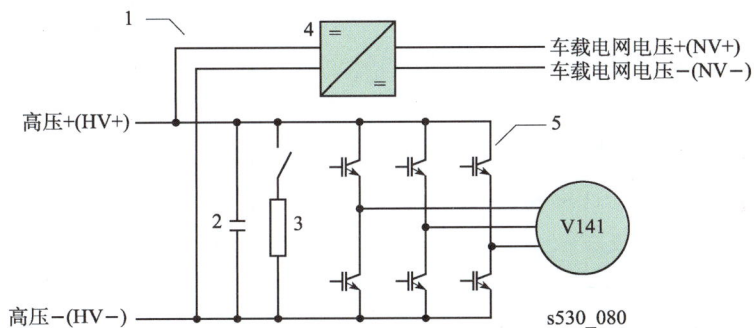

图 5-2-1　功率电子装置内部结构

1-电动机控制单元 J841;2-中间电路电容 C25;3-中间电路电容 C25 的放电电阻;4-DC/DC 变换器 A19;5-牵引电机变频器 A37

1. 牵引电机变频器 A37

如图 5-2-2 所示,牵引电机变频器 A37 将直流转换为交流,是通过由脉冲宽度调制(PWM)控制的高效晶体管实现。牵引电机控制单元 J841 发送 PWM 信号。每个牵引电机相位都安装了 2 个晶体管。因此相位总是在高压正极和高压负极之间切换。通过晶体管的调制形成一个正弦交流电。这个正弦交流电促使在三相交流驱动电机中形成电机或发电机的转矩。

2. 中间电路电容 C25

如图 5-2-3 所示,中间电路电容 C25 的任务是保持电压恒定并平整电压峰值。KL15"接通"时,它充电,KL15"断开"时,它主动放电。出现故障或出现碰撞信号时,电容同样会主动放电。

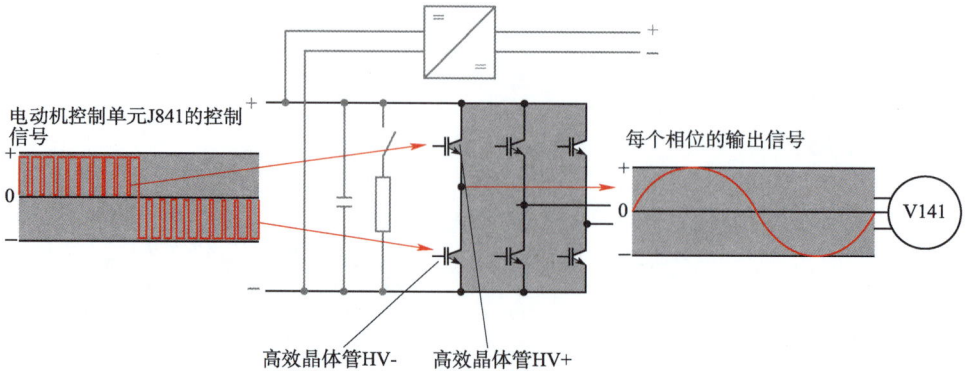

图 5-2-2 变频器原理图

3. 主动放电

如图 5-2-4 所示, 变压器 A19 用于主动放电, 主动放电的任务是在 4s 内将高电压降到 60V。为此要使用变压器 A19。在以下情况下进行主动放电: KL15"断开"; 发生碰撞(安全带拉紧器或安全气囊被触发); 先导线路断开。

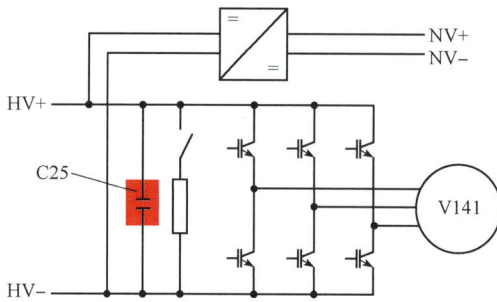

图 5-2-3 中间电路电容 C25 功用

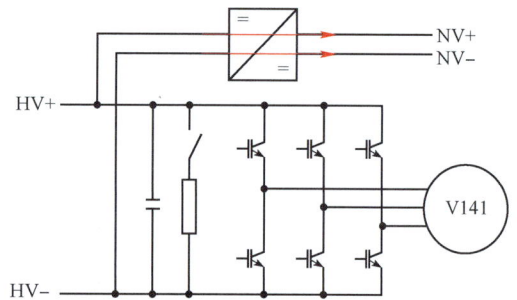

图 5-2-4 主动放电

如图 5-2-5 所示, 变压器 A19 损坏时, 通过中间电路 C25 的放电电阻进行紧急放电, 持续约 4s。

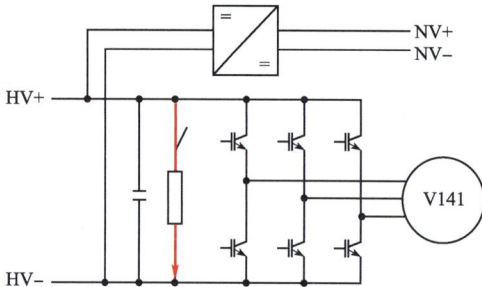

图 5-2-5 中间电路电容 C25 通过放电电阻进行紧急放电

4. 被动放电

借助电动机的功率电子控制装置 JX1 中的各种电阻, 在高压正极和高压负极之间实现被动放电, 同时无法对被动放电进行影响。持续约 120s。这个过程是随时存在的。

5. 主动短路

电机内部设置了主动短路功能以保证安全。如果车辆在"KL15 断开"时, 移动速度超过步行速度或在"KL15 接通"时, 移动速度超过约 50km/h, 则晶体管切换到主动短路模式。三个相位电缆 U、V 和 W 均因为晶体管的关闭而短路。牵引电机只能以非常高的机械阻力转动。但如果车辆长时间在主动短路模式中移动, 存在过热危险。

二 大众新能源汽车牵引电机工作原理

无论大众纯电动汽车还是大众混合动力汽车,其牵引电机均为三相交流永磁同步电机,当车辆要行驶时,通过牵引电机转子位置传感器检测到牵引电机转子的位置,如图 5-2-6 所示,位置信号发送给牵引电机控制单元 J841,牵引电机控制单元 J841 通过逻辑信号控制 IGBT 开断,输出的近似正弦波交流电。如图 5-2-7 所示,当三相交流电输送至定子线圈后,就会产生一个磁场,这个磁场和永磁转子所产生的磁场永远相排斥,在此力的作用下,转子就会转动。

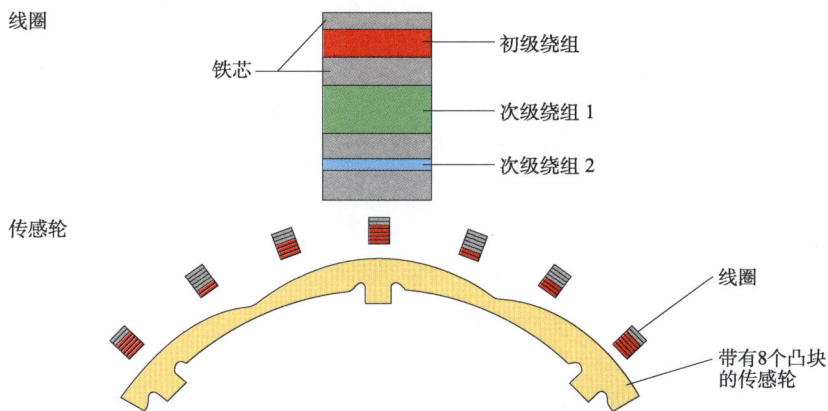

图 5-2-6　牵引电机转子位置传感器示意图

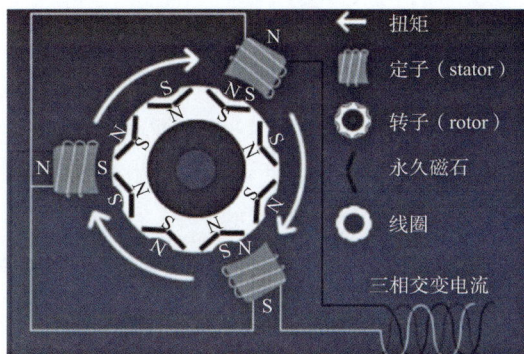

图 5-2-7　牵引电机工作原理示意图

三 大众帕萨特 PHEV 电驱动系统故障诊断

1. 大众帕萨特 PHEV 电驱动系统故障原因分析

大众帕萨特 PHEV 电驱动系统故障原因有以下几点:

(1)牵引电机相线断路、短路或者绝缘失效;

（2）牵引电机位置传感器初级线圈或关联线路故障；

（3）牵引电机位置传感器两个次级线圈或关联线路故障；

（4）温度传感器 G712 或关联线路故障；

（5）JXI 功率电子装置及关联线路故障。

2.大众帕萨特 PHEV 电驱动系统故障诊断流程

按照汽车故障诊断"由易到难、由简到繁、由外到内"原则，并结合分析的故障原因，牵引电机控制单元引起的高压无法上电故障诊断流程可按如下步骤处理：

（1）检测功率电子装置常电及搭铁线路；

（2）检测功率电子装置动力网 CAN 线；

（3）检测牵引电机位置传感器的励磁、正弦、余弦、温度传感器及线路；

（4）检测功率电子装置。

四 大众朗逸纯电动汽车电驱动系统故障诊断

1.大众朗逸纯电动汽车电驱动系统故障原因分析

大众朗逸纯电动汽车电驱动系统故障原因有以下几点：

（1）牵引电机相线断路、短路或者绝缘失效；

（2）牵引电机位置传感器初级线圈或关联线路故障；

（3）牵引电机位置传感器两个次级线圈或关联线路故障；

（4）温度传感器 G712 或关联线路故障；

（5）功率电子控制装置 JX1 相关故障。

2.大众朗逸纯电动汽车电驱动系统故障诊断流程

按照汽车故障诊断"由易到难、由简到繁、由外到内"原则，并结合分析的故障原因，电驱动系统引起的高压无法上电故障诊断流程可按如下步骤处理：

（1）检测功率电子控制装置常电及搭铁线路；

（2）检测功率电子控制装置动力网 CAN 线；

（3）检测牵引电机位置传感器的励磁、正弦、余弦、温度传感器及线路；

（4）检测功率电子控制装置。

任务实施 >>>

一 作业准备

1.场地布置

作业前现场环境检查：检查绝缘垫，设立隔离柱，布置警戒线，设置警示牌，以警示相关人员，避免无关人员进入发生安全事故。场地布置如图 5-2-8 所示。

图 5-2-8　场地布置

2.工具准备

此次任务需要准备的工具有绝缘工具套装、绝缘鞋、安全帽、绝缘手套、劳保手套、护目镜、绝缘电阻测试仪、万用表、车内三件套、车外三件套。图 5-2-9 所示为防护工具和绝缘测试工具。

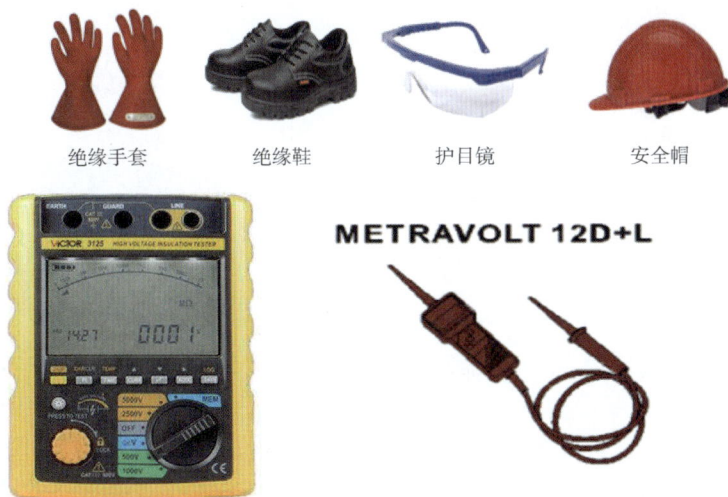

| 绝缘手套 | 绝缘鞋 | 护目镜 | 安全帽 |

METRAVOLT 12D+L

图 5-2-9　防护工具和绝缘测试工具

3.个人防护及工具检查

具体检查流程及内容参考表 5-1-2 的内容。

4.车辆防护

绕车检查,确认车辆周围无障碍物阻挡,图 5-2-10 所示,摆放车轮三角挡块,铺设车内三件套,打开前机舱盖,铺设车外三件套。

（二）大众帕萨特 PHEV 电驱动系统故障诊断

（1）在进行故障诊断与维修之前,首先要仔细观察车辆状况,确认故障现象。

图 5-2-10 安装车轮挡块和车外三件套

（2）根据故障现象初步判断可能发生故障的区域。然后使用 ODIS 诊断系统读取故障代码。如图 5-2-11 所示，根据故障代码进行详细的故障诊断。

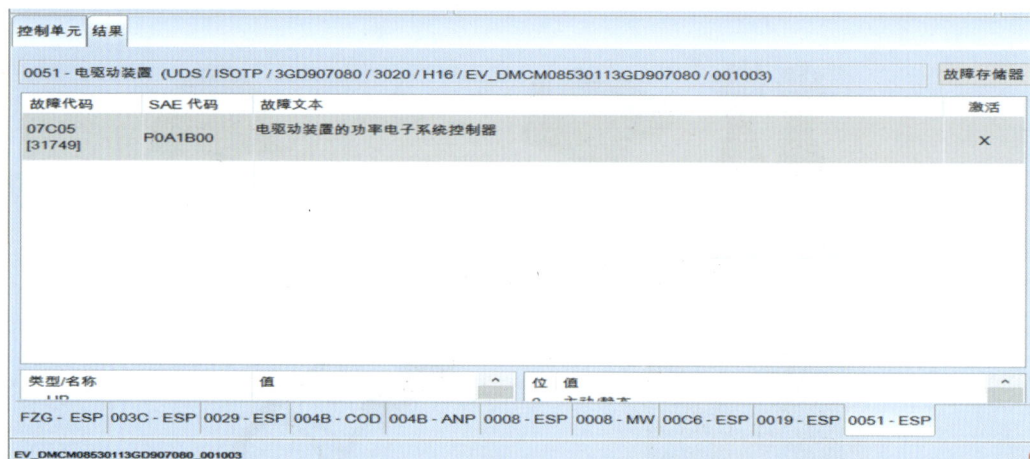

图 5-2-11 查阅功率电子装置故障代码

（3）检查功率电子控制装置 JX1 高压连接线。

①车辆关闭点火开关，等待约 10min 以上。做好高压电安全防护后，断开交流充电电缆，拧松 8 颗 T30 螺钉，打开功率电子装置 JX1 的上盖，如图 5-2-12 所示。在操作时注意高压电操作安全。

②如图 5-2-13 所示，检查功率电子装置 JX1 高压蓄电池连接线是否还有电压，确保电压在 0.1V 内为安全。

③如图 5-2-14 所示，检查电机相线 U、V、W 的对地电压，确保电压在 1V 以内。

④如图 5-2-15 所示，测试 U、V、W 相线与 JX1 的铜连接条导通，正常值在 1Ω 以内。

⑤检查 U、V、W 相线之间的线圈电阻值，正常约为 1Ω 左右，如图 5-2-16 所示。

⑥检查交流充电口到高压蓄电池内部的 HV + 、HV − 连接。正常为 1Ω，如图 5-2-17 所示。

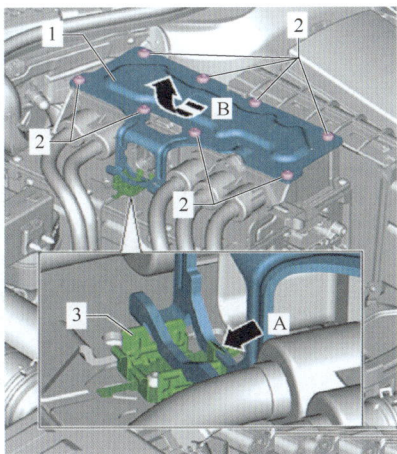

图 5-2-12　功率电子装置上盖拆装

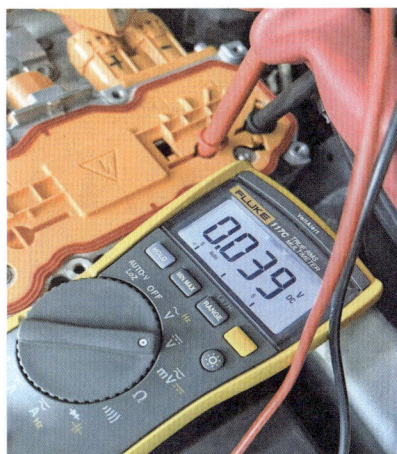

图5-2-13　确认高压蓄电池电压降到安全值

图 5-2-14　检查相线电压

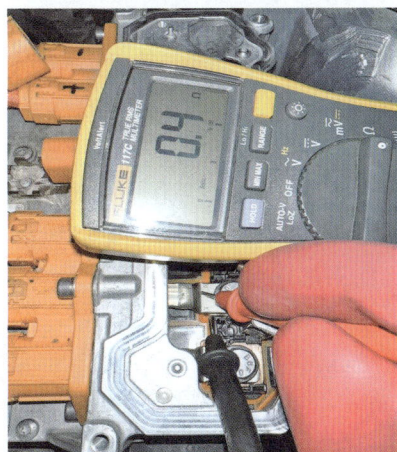

图 5-2-15　检查相线与 JX1 连接

图 5-2-16　检查 U、V、W 相线之间线圈电阻值

⑦如图 5-2-18 所示,检查交流充电模块 HV - 到高压蓄电池包 HV - 线路连接,正常约为 1Ω 左右。

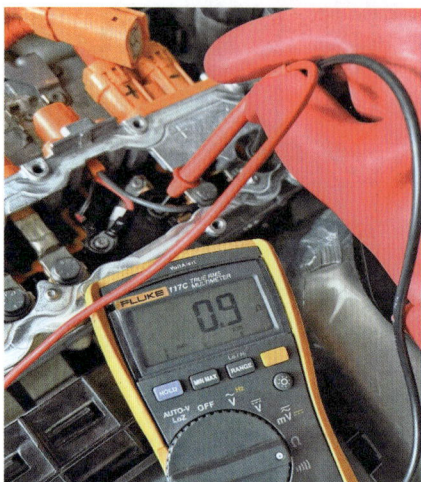

图 5-2-17　检测高压端子连接

图 5-2-18　交流充电 HV - 至高压蓄电池 HV - 连接测试

⑧如图 5-2-19 所示,检查交流充电 HV + 到高压蓄电池 HV + 连接,正常约为 1Ω 左右。如果为无穷大,使用 T20 防盗螺丝刀拆下交流充电熔断丝并测量电阻值,正常约为 1Ω。如果不正常,更换熔断丝。

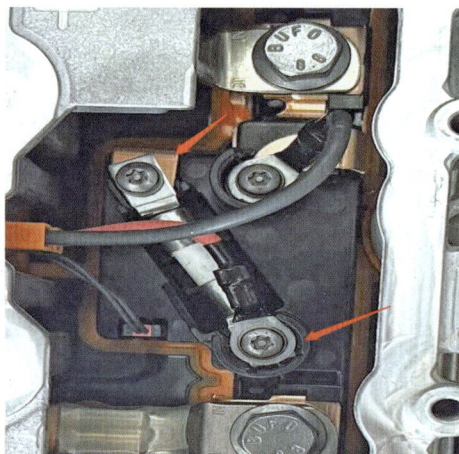

图 5-2-19　检测并更换充电保险丝

(4)检查功率电子装置 JX1 的低压供电。

功率电子装置 JX1 的电路图如图 5-2-20、图 5-2-21 所示。

①检查 KL30 供电。

由图中得知,B + 是 JX1 的低压常电。使用专用工具对 JX1 的供电进行检测,检测标准见表 5-2-1。

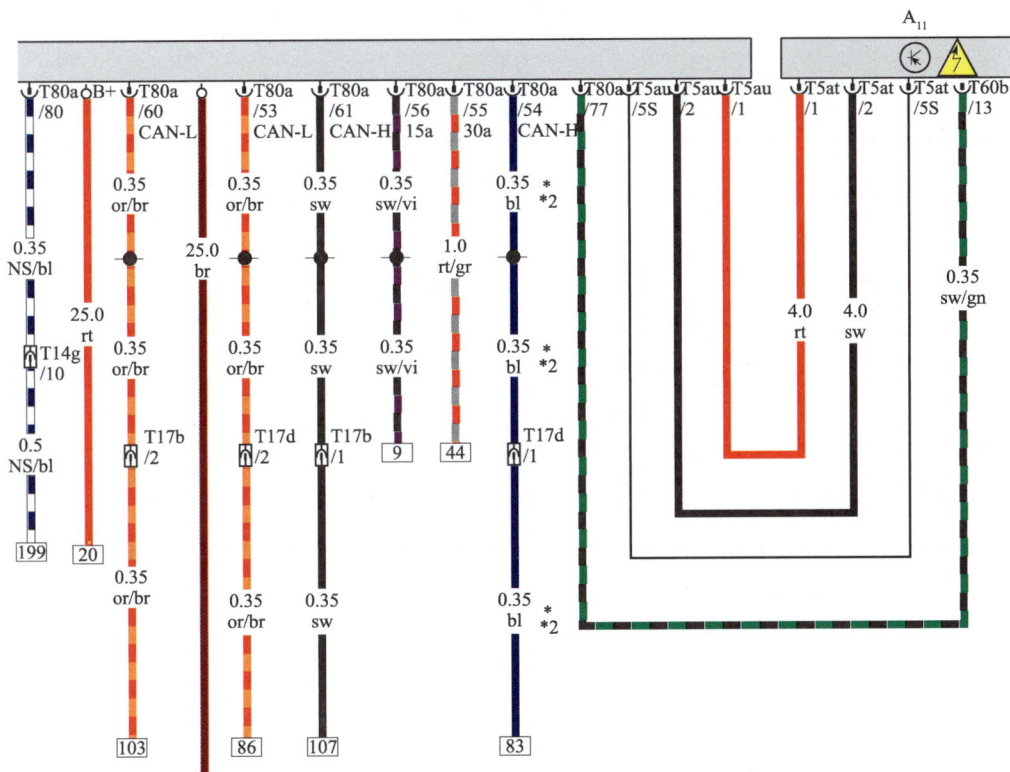

图 5-2-20 功率电子装置 JX1 电源及通信电路图

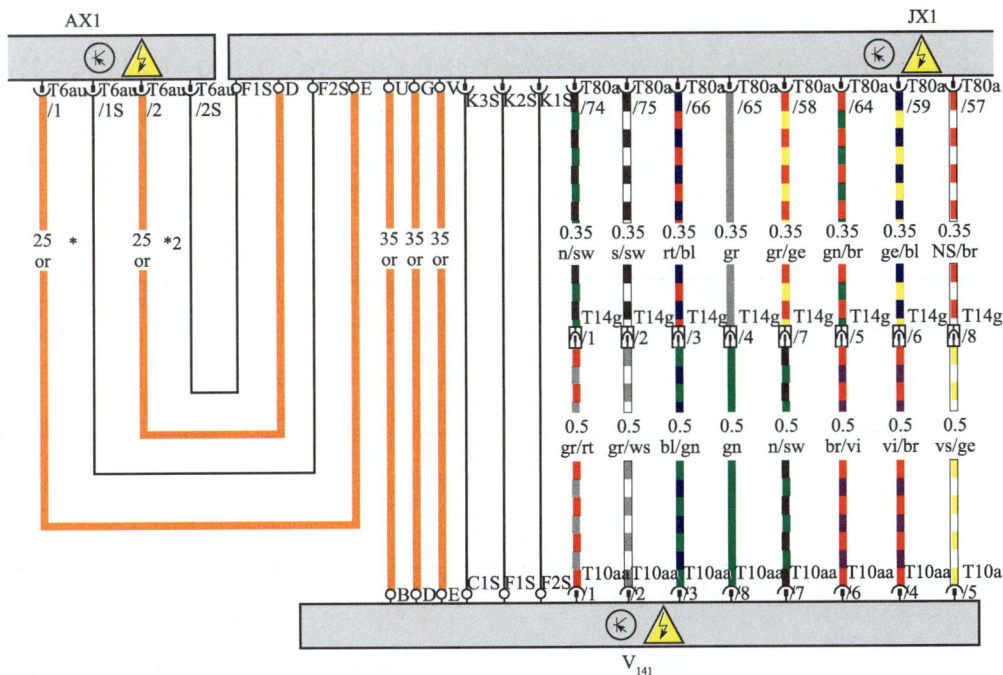

图 5-2-21 功率电子装置 JX1 与驱动电机电路图

KL30 供电检测标准　　　　表 5-2-1

端子	线色	正常情况
B＋—接地	红灰	约 12V

如果不正常,检查相关熔断丝 SA2。如果熔断丝异常,更换熔断丝。如果熔断丝正常,检修相关线束。

②检查 KL15 供电。

由图 5-2-20 中得知,T80a/56 是 JX1 的 KL15 供电。那么在点火开关打开后,使用专用工具 6606/10 对 JX1 的 KL15 供电进行检测,应当有 12V,见表 5-2-2。

KL15 供电检测标准　　　　表 5-2-2

端子	线色	正常情况
T80a/56—接地	黑紫	约 12V

如果不正常,检查相关熔断丝 SB16。如果熔断丝异常,更换熔断丝。如果熔断丝正常,检修相关线束。

③检查 JX1 接地。

JX1 低压插头 T80a 并未独立设定低压接地线。而是直接采用了 DC/DC 变换器模块 A19 的总接地线。因此检测 JX1 外壳对地电阻和 A19 接地电缆对地的电阻即可。正常约为小于 1Ω。

④检查 JX1 通信线路(图 5-2-20)。

a.电路分析。由图 5-2-20 中知 T80a/60、T80a/53、T80a/61、T80a/54 是 JX1 的通讯线路。其 T80a/61,T80a/60 是驱动 CAN 线路的 CAN-H 和 CAN-L 线路;T80a/53、T80a/54 是混合动力 CAN 线路的 CAN-H 和 CAN-L 线路。

b.检查驱动 CAN,见表 5-2-3。如果电压异常,检修相关驱动 CAN 线路。

检查驱动 CAN　　　　表 5-2-3

端子	线色	正常情况
T80a/61	黑色	约 2.7V
T80a/60	橙棕色	约 2.3V

c.检查混合动力 CAN,见表 5-2-4。如果电压异常,检修相关混合动力 CAN 线路。

检查混合动力 CAN　　　　表 5-2-4

端子	线色	正常情况
T80a/53	橙棕色	约 2.3V
T80a/54	蓝色	约 2.7V

如果以上检测均正常,功率电子装置 JX1 依然无法访问,则更换 JX1 总成。

(5)牵引电机的检测诊断。

①检测电机相线。

a.如图 5-2-22 所示,拆下功率电子装置 JX1 的上盖板,旋出螺栓 2。松开卡子 A。沿箭头方向 B 取下功率电子 JX1 上的盖板 1。

b.如图 5-2-23 图中箭头所示,轻轻解锁卡止件,取下防接触保护绝缘垫 1,旋出螺栓 1、2。

c.检测相位线。如图 5-2-24 所示,使用专用工具 VAS6558/10 连接电机相线 U、V、W 进行测试。也可以直接使用万用表测试每根相线之间的阻值,测量值正常约为 1Ω。注意测试前应当对 HV 线路进行放电。

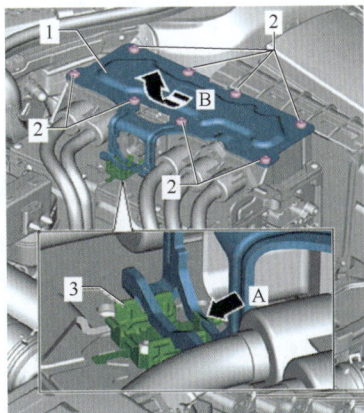

图 5-2-22　拆下功率电子装置 JX1 的上盖板

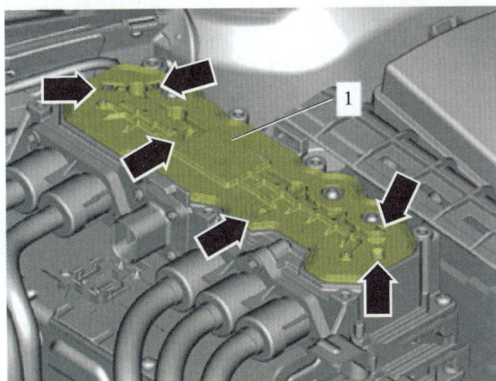

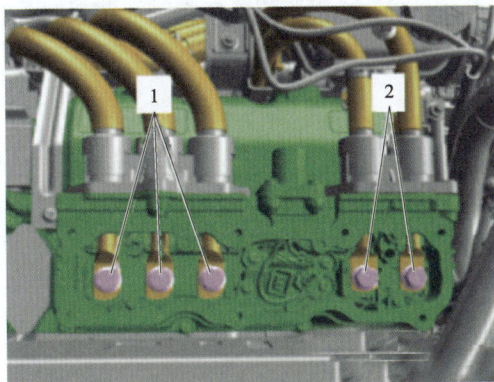

图 5-2-23　取下防接触保护绝缘垫 1 并旋出螺栓 1、2

图 5-2-24　检查 U、V、W 相线之间线圈阻值

d.使用绝缘电阻测试仪测量每个相线对地的绝缘阻值,正常约为 10KΩ 以上。

②检测电机温度传感器 G712。

a. 确认故障。如果传感器 G712 出现故障,电机控制单元会以紧急模式启动散热风扇。

b. 检测电阻。如图 5-2-21、图 5-2-25 所示,使用 VAS6606/10 在 JX1 线束端测试 G712 的阻值即(T80a/75—T80a/74),20℃时,传感器 G712 的电阻大约为 50kΩ,信号电压大约为 1V。如无穷大,则更换相关线束或更换电机温度传感器 G712。检测标准见表 5-2-5。

拆检朗逸纯电车电机转子位置传感器

图 5-2-25　通过 JX1 低压接口测量 G712 阻值

检测标准　　　　　　　　　　　　　　　　表 5-2-5

端子	正常情况
T80a/75—T80a/74	20℃约 50kΩ

③检测电机位置传感器 G713。

a. 初级线圈测量。如图 5-2-26 所示,检测初级线圈的电阻和信号可用于诊断故障。如果初级线圈出现中断,参照电路图 5-2-21,可在针脚 59 和 66 之间检测到 0.8V 左右的直流电压。当 CAN 总线休眠时,可在 JX1 针脚 59 和 66 之间测得约 25Ω 的输入电阻。检测标准见表 5-2-6。

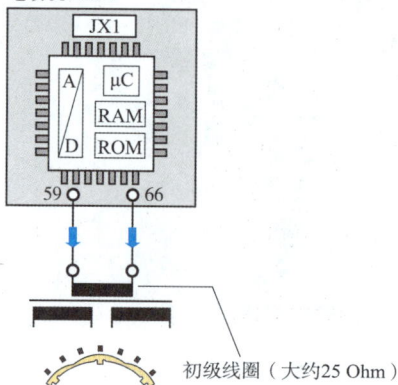

图 5-2-26　电机位置传感器 G713 初级线圈测量

电动机VX54
JX1
初级线圈(大约25 Ohm)

测试初级线圈标准 表 5-2-6

端子	正常情况
T80a/59—T80a/66	约25Ω

b. 检查次级线圈(图5-2-27)。

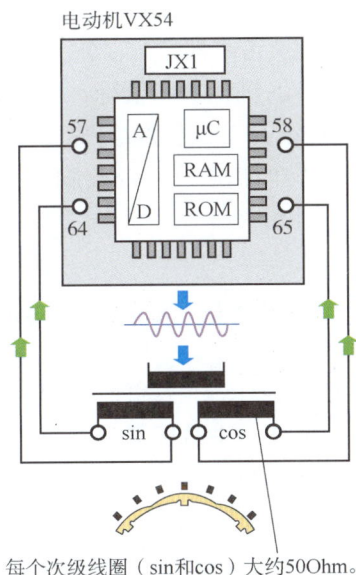

图 5-2-27 次级线圈原理图与针脚号

如果次级线圈出现中断,参照电路图5-2-21,可在针脚57和64和针脚58和65之间检测到0.8V左右的直流电压。当CAN总线休眠时,任何情况下测得电驱动功率电子装置JX1的输入电阻约50Ω。如图5-2-28所示,使用6606/1检测传感器和线路的好坏。检测标准内见表5-2-7。

图 5-2-28 测试 sin 次级信号线圈和 cos 次级信号线圈电阻

测试次级线圈标准　　　　　　　　　　　　　　　　表 5-2-7

端子	正常情况
T80a/57—T80a/64	约 50Ω
T80a/58—T80a/65	约 50Ω

c.故障排除。如果初级和次级线圈相关阻值不正常,检修初级线圈或两个次级线圈相关的电路。如果线路正常,更换传感器。

(6)排除故障点,车辆重新起动,确认故障消除。

(7)执行 8S 操作规范恢复现场,将工具擦拭干净放入工具柜;将诊断仪放到指定位置;将量具放到指定位置;取下转向盘套、座椅套、脚垫;将产生的垃圾放入指定的垃圾桶;清洁地面的垃圾。

三 大众朗逸纯电动汽车电驱动系统故障诊断

(1)在进行故障诊断与维修之前,首先尝试仔细观察车辆状况,确认故障现象。

(2)根据故障现象初步判断可能发生故障的区域。然后使用 ODIS 诊断系统读取故障代码。如图 5-2-29 所示,根据故障代码进行详细的故障诊断。

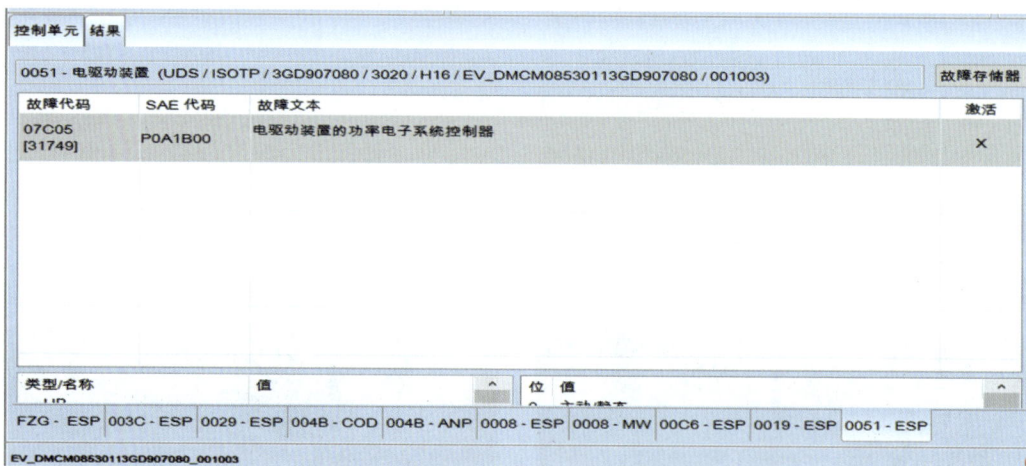

图 5-2-29　查阅功率电子装置故障代码

(3)检查 JX1 高压连接线。

①车辆关闭点火开关,等待约 10min 以上。做好高压电安全防护后,断开交流充电电缆,拧松 8 颗 T30 螺钉,打开 JX1 的上盖,如图 5-2-30 所示。在操作时注意高压电操作安全。

②如图 5-2-31 所示,检查 JX1 高压蓄电池连接线是否还有电压,确保电压在 0.1V 内为安全。

③如图 5-2-32 所示,检查电机相线 U、V、W 的对地电压,确保电压在 1V 以内。

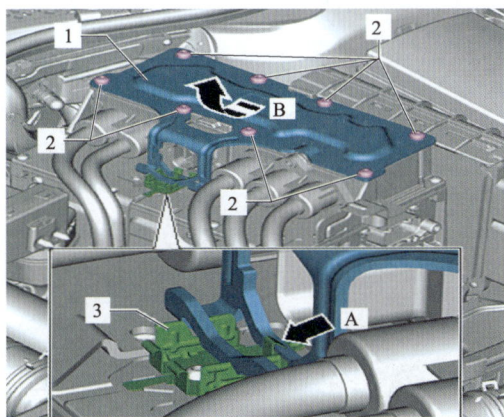

图 5-2-30　功率电子装置上盖拆装

图 5-2-31　确认高压蓄电池电压降到安全值

④接着测试 U、V、W 相线与 JX1 的铜连接条导通,正常值在 1Ω 以内,如图 5-2-33 所示。

图 5-2-32　检查相线电压

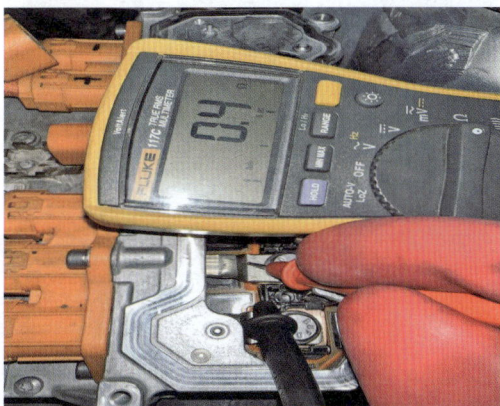

图 5-2-33　检查相线与 JX1 连接

⑤检查 U、V、W 相线之间的线圈阻值,正常约为 1Ω 左右,如图 5-2-34 所示。

图 5-2-34　检查 U、V、W 相线之间线圈阻值

⑥检查交流充电口到蓄电池包内部的 HV +、HV – 连接。正常为 1Ω，如图 5-2-35 所示。

⑦检查交流充电模块 HV – 到蓄电池包 HV – 线路连接，正常约为 1Ω 左右，如图 5-2-36 所示。

图 5-2-35　检测高压端子连接

图 5-2-36　交流充电线线路到 HV 线连接测试

⑧检查交流充电 + 到 HV + 连接，正常约为 1Ω 左右。如果为无穷大，使用 T20 防盗螺丝刀拆下交流充电熔断丝并测量阻值，正常约为 1Ω，如图 5-2-37 所示。如果不正常，更换熔断丝。

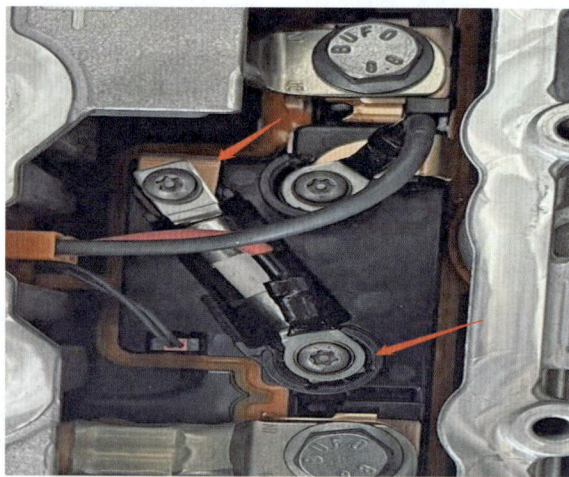

图 5-2-37　检测并更换充电熔断丝

（4）检查 JX1 的低压供电。

JX1 的电路图如图 5-2-38 所示。

①检查 KL30 供电。

由图中得知，T80a/56 是 JX1 的低压常电。使用专用工具对 JX1 的供电进行检测，检测标准见表 5-2-8。

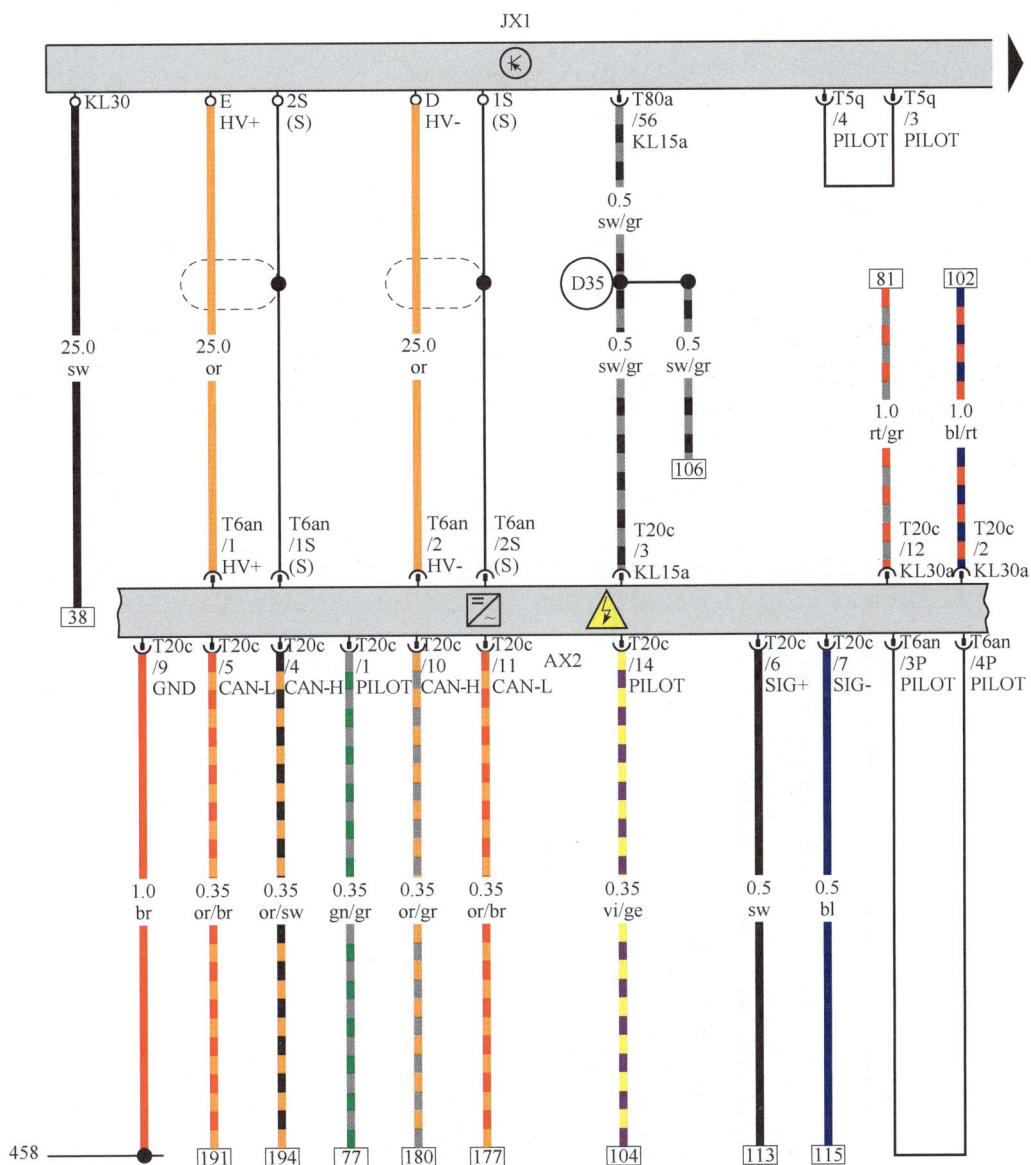

图 5-2-38　JX1 的电路图

KL30 供电检测标准　　　　　　　　　　　　　　　表 5-2-8

端子	线色	正常情况
T80a/55—接地	黑	约 12V

如果不正常,检查上游相关熔断丝。如果熔断丝异常,更换熔断丝。如果熔断丝正常,检修相关线束。

②检查 KL15 供电。

由图中得知,T80a/56 是 JX1 的 KL15 供电。那么在点火开关打开后,使用专用工具

6606/10 对 JX1 的 KL15 供电进行检测,应当有 12V,见表 5-2-9。

KL15 供电检测标准　　　　　　　　　　　　　　表 5-2-9

端子	线色	正常情况
T80a/55—接地	黑灰	约 12V

如果不正常,检查相关熔断丝。如果熔断丝异常,更换熔断丝。如果熔断丝正常,检修相关线束。

③检查 JX1 接地。

JX1 低压插头 T80a 并未独立设定低压接地线。而是直接采用了 DC/DC 变换器模块 A19 的总接地线。因此检测 JX1 外壳对地电阻和 A19 接地电缆对地的电阻即可。正常约为 0Ω。

④检查 JX1 通信线路(图 5-2-39)。

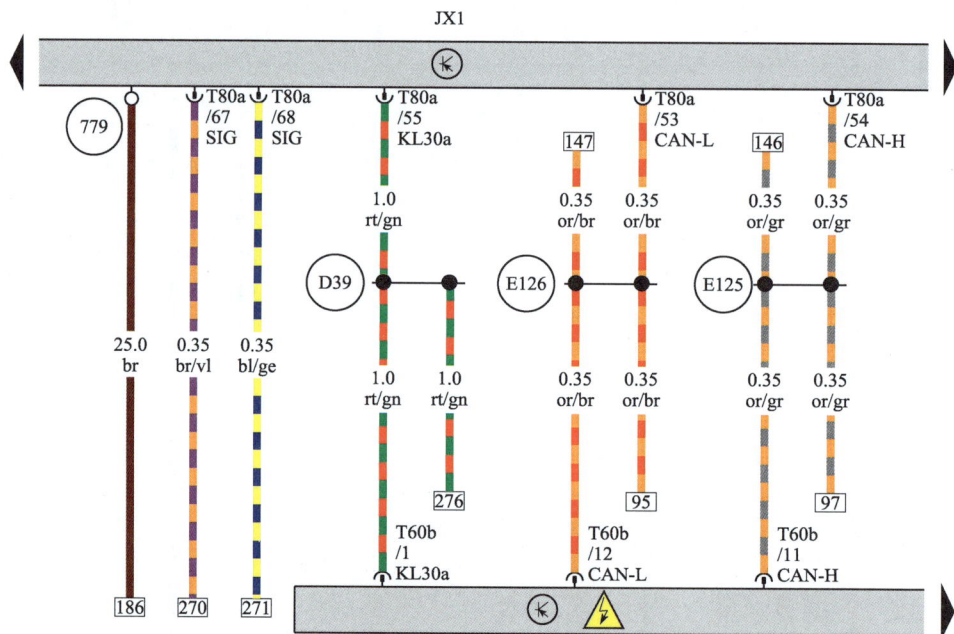

图 5-2-39　JX1 通信线路图

a.电路分析。由图 5-2-39 中知 T80a/53、T80a/54 是驱动 CAN 线路的 CAN-H 和 CAN-L 线路;

b.检查驱动 CAN,见表 5-2-10。如果电压异常,检修相关驱动 CAN 线路。

检查驱动 CAN　　　　　　　　　　　　　　表 5-2-10

端子	线色	正常情况
T80a/53	橙红	约 2.3V
T80a/54	橙灰	约 2.7V

如果以上检测均正常,JX1 依然无法访问,则更换 JX1 总成。

(5)牵引电机的检测诊断。

①检测电机相线。

a. 如图 5-2-40 所示,拆下功率电子装置 JX1 的上盖板,旋出螺栓 2。松开卡子 A。沿箭头方向 B 取下功率电子 JX1 上的盖板 1。

b. 如图 5-2-41 图中箭头所示,轻轻解锁卡止件,取下防接触保护绝缘垫 1,旋出螺栓 1、2。

c. 检测相位线。如图 5-2-42 所示,使用专用工具 VAS6558/10 连接电机相线 U、V、W 进行测试。也可以直接使用万用表测试每根相线之间的阻值。测试前应当对 HV 线路进行放电。测量值正常约为 1Ω。

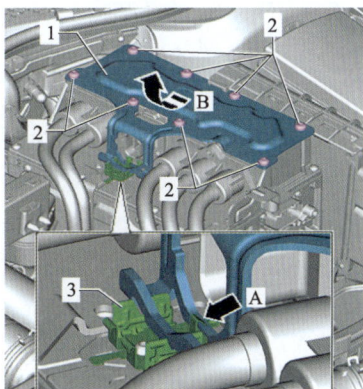

图 5-2-40　拆下功率电子装置 JX1 的上盖板

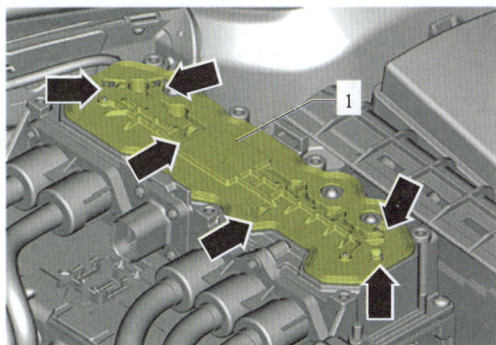

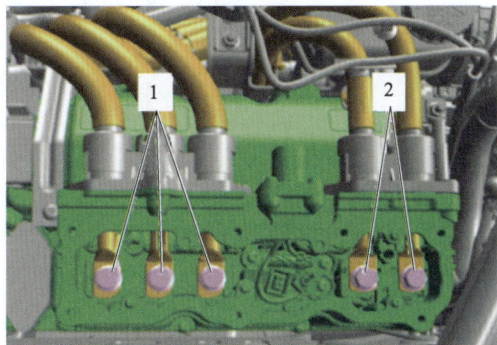

图 5-2-41　取下防接触保护绝缘垫 1 并旋出螺栓 1、2

图 5-2-42　检查 U、V、W 相线之间线圈阻值

d. 使用绝缘电阻测试仪测量每个相线对地的绝缘阻值,正常约为 10kΩ 以上。

②检测电机温度传感器 G712。

a. 故障现象。如果传感器 G712 出现故障,电机控制单元会以紧急模式启动散热风扇。

b. 查阅电路图(图 5-2-43),检测电阻,如图 5-2-44 所示,20℃时,传感器 G712 的电阻大约为 50kΩ,信号电压大约为 1V。因此可以使用 VAS6606/10 在 JX1 线束端测试 G712 的阻值。如无穷大,则更换相关线束或更换电机温度传感器 G712。检测标准见表 5-2-11。

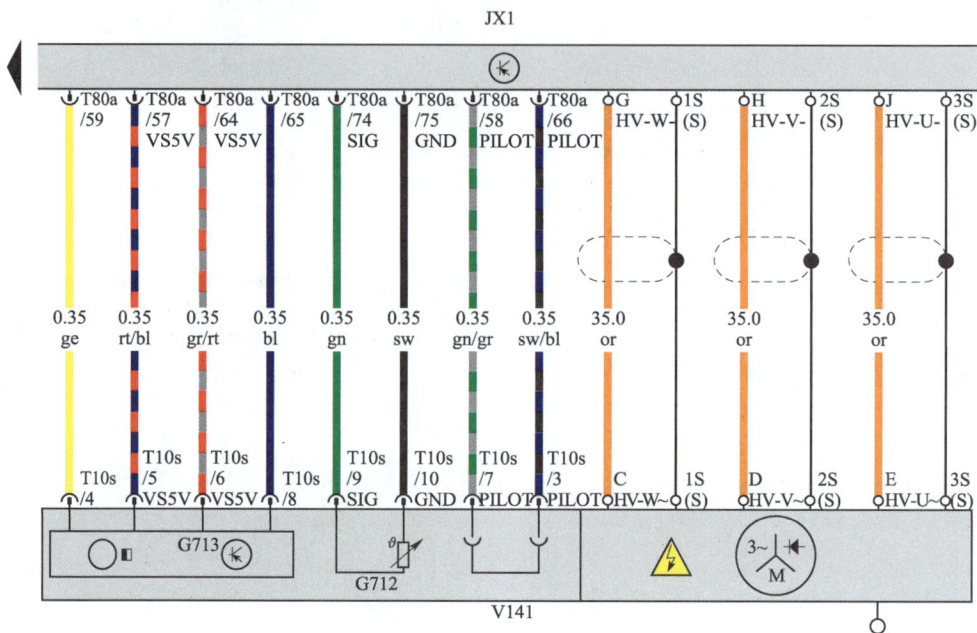

图 5-2-43　相关电路图

图 5-2-44　通过 JX1 低压接口测量 G712 阻值

检测标准　　　　　　　　　　　　　　　　表 5-2-11

端子	正常情况
T80a/75—T80a/74	20℃约 50kΩ

③检测电机位置传感器 G713。

a. 初级线圈测量。如图 5-2-45 所示,检测初级线圈的电阻和信号可用于诊断故障。如果初级线圈出现中断,可在针脚 58 和 66 之间(图 5-2-43)检测到 0.8V 左右的直流电压。当 CAN 总线休眠时,可在 JX1 针脚 58 和 66 之间测得约 10kΩ 的输入电阻。检测标准见表 5-2-12。

图 5-2-45　电机位置传感器 G713 初级线圈测量

测试初级线圈标准　　　　　　　　　　　　　　　　　　表 5-2-12

端子	正常情况
T80a/58—T80a/66	约 25Ω

b. 检查次级线圈,如果次级线圈出现中断,从图 5-2-43 中发现,可在针脚 57 和 64 和针脚 59 和 65 之间检测到 0.8V 左右的直流电压。当 CAN 总线休眠时,任何情况下测得的电驱动的功率电子装置 JX1 的输入电阻约 10kΩ。使用 6606/10 检测传感器和线路的好坏。检测标准见表 5-2-13。

测试次级线圈标准　　　　　　　　　　　　　　　　　　表 5-2-13

端子	正常情况
T80a/57—T80a/64	约 50Ω
T80a/59—T80a/65	约 50Ω

c. 故障排除。如果初级和次级线圈相关阻值不正常,检修初级线圈或两个次级线圈相关的电路。如果线路正常,更换传感器。

(6)排除故障点,车辆重新起动,确认故障消除。

(7)规范 8S 操作、现场恢复,将工具擦拭干净放入工具柜;将解码仪放到指定位置;将量具放到指定位置;取下转向盘套、座椅套、脚垫;将产生的垃圾放入指定的垃圾桶;清洁地面的垃圾。

知识拓展

绝缘材料的性能指标

绝缘材料的绝缘性能是以绝缘电阻、泄漏电流、击穿强度和介质损耗等指标来衡量,通过绝缘试验来判定的。绝缘电阻是最基本的绝缘性能指标,绝缘电阻值是直流电压与流经绝缘体表面泄漏电流之比,绝缘电阻越大,绝缘性能越好。不同的电器设备和线路对绝缘电阻有不同要求的指标值。一般来说,高压的比低压的要求高,新设备比老设备要求高。

当绝缘材料所能承受的电压超过某一数值时,在强电场的作用下,会在某些部位发生放电,使其绝缘性能遭到破坏,这种放电现象叫作电击穿。当固体绝缘击穿后,一般不能恢复绝缘性能。

考核评价

(一)学习过程评价(表5-2-14)

学习活动过程评价表　　　表5-2-14

班级		姓名		学号		日期	年　月　日	
序号	评价要点					配分	得分	总评
1	能正确识读和填写生产派工单,明确任务要求					10		
2	能识别比亚迪及大众电驱动系统部件的安装位置					10		A□(86~100)
3	能识读比亚迪及大众电驱动系统控制电路					15		B□(76~85)
4	能进行电驱动系统的检测与更换					15		C□(60~75)
5	能查阅相关资料,正确完成故障部位的检查诊断					10		D□(60以下)
6	能遵守劳动纪律,以积极的态度接受工作任务					10		
7	能积极参与小组讨论,团队间相互合作					15		
8	能及时完成老师布置的任务					15		
总分						100		

(二)学习效果评价

1.判断题

(1)不同品牌的新能源汽车在高压上电的控制策略上可能存在些许差异。

(　　)

(2)比亚迪秦插电式混合动力电动汽车电驱动系统发生故障,一般会有以下症状:一是仪表上的动力系统故障警告灯点亮,多信息显示屏显示"请检查动力系统";二是车辆在燃油充足时,切换到EV模式时会自动跳至混合动力模式,燃油不足时,车辆无

法起动。（　　）

（3）比亚迪秦插电式混合动力电动汽车电驱动系统故障诊断流程应按照"由易到难、由简到繁、由外到内"原则进行。（　　）

（4）大众帕萨特 PHEV 功率电子装置，检查 U、V、W 相线之间的线圈阻值，正常约为 1Ω 左右。（　　）

（5）大众帕萨特 PHEV，检测电机相线绝缘电阻值，应使用绝缘电阻测试仪测量每个相线对地的绝缘阻值，正常约为 1kΩ 以上。（　　）

2. 选择题

（1）在比亚迪秦插电式混合动力电动汽车上，制动、加速踏板开关信号、制动深度、挡位信号、驻车开关信号、起动命令等信号是由（　　）完成，而 2019 款比亚迪 e5 纯电动汽车，上述内容是由（　　）完成的。

A. 电机控制器　　　　　　　　　B. 驱动电动机控制器

C. 压缩机　　　　　　　　　　　D. 整车控制器

（2）2019 款比亚迪 e5 纯电动汽车旋变传感器检测时，需将车辆用举升机举起，在车底打开电机侧盖，测量电阻即可励磁传感器电阻值是（　　）Ω

A. 6～10　　　　B. 14～18　　　　C. 12～16　　　　D. 70k～140k

（3）大众朗逸纯电动汽车，电机温度传感器 G712 出现故障，电机控制单元会以紧急模式启动（　　）。

A. 散热风扇　　　B. 驱动电机　　　C. 压缩机　　　D. 以上都不对

3. 技能考核

调用比亚迪及大众新能源汽车，按照技术要求进行电驱动系统检修，并填写下列表格（表 5-2-15）。

学生实践记录表　　　　　　　　表 5-2-15

班级		车型及年款	
姓名		车辆识别码	
学号		里程数	
实践项目		实践设备	车辆类型	
实践流程				
结果分析				
防范措施				
自我评价	良好□　合格□　不合格□			
教师评价	良好□　合格□　不合格□			

教师姓名：　　　　年　月　日

榜样的力量 >>>

践行绿色理念　推动可持续发展

朱华荣,男,1965年3月出生,重庆人,中共党员,长安汽车股份有限公司董事长、党委书记。在绿色发展的道路上,朱华荣与长安汽车一直走在行业前沿,用实际行动践行绿色理念,推动可持续发展。

在产品研发方面,朱华荣深知新能源汽车是未来汽车产业的发展方向。因此,他带领团队加大研发力度,不断攻克技术难题,成功推出了多款性能卓越的新能源汽车产品。长安汽车推出的逸动EV460就是一款备受关注的新能源汽车。这款车采用了先进的电池技术和能量回收系统,不仅大幅提升了车辆的续航里程,还显著提高了能效。逸动EV460的续航里程在同级别车型中表现优异,能够满足消费者日常出行的需求,同时其高效的能量回收系统也有效降低了能耗,为用户节省了用车成本。

在生产制造环节,朱华荣注重绿色生产方式的推广和实践。他积极推动企业采用清洁能源和环保材料,降低生产过程中的能源消耗和环境污染。长安汽车在渝北生产基地引进了一系列先进的生产工艺和设备。这些技术和设备的应用,使得基地在生产过程中实现了废水、废气的减量化处理。通过高效的过滤和净化系统,废水中的有害物质被有效去除,废气排放也达到了严格的环保标准。为当地的生态环境保护作出了积极贡献。渝北生产基地的绿化覆盖率也得到了提升,为员工和周边居民创造了一个更加宜居的工作环境和生活环境。

在销售服务领域,朱华荣倡导绿色营销。企业通过建立绿色销售网络,推广绿色出行理念,引导消费者形成绿色消费的习惯。长安汽车还与多家充电设施运营商合作,建设了大量的充电桩,为新能源汽车用户提供便捷的充电服务。这些措施不仅提升了企业的品牌形象,也促进了新能源汽车市场的快速发展。

这些具体的事例都展示了朱华荣与长安汽车在践行绿色理念、推动可持续发展方面的努力和成就。他们以实际行动诠释了绿色发展的重要性,也为整个社会的绿色发展树立了榜样。在未来的发展中,我们相信朱华荣将继续带领长安汽车在绿色发展的道路上不断前行,为实现社会的可持续发展作出更大的贡献。让我们一起践行绿色理念,保护环境,促进人类的可持续发展。

参考文献

［1］张金柱.新能源汽车技术［M］.北京:机械工业出版社,2018.

［2］刘威，吴可.电动汽车结构原理与检修［M］.北京:机械工业出版社,2020.

［3］弋国鹏，魏建平.电动汽车控制系统及检修［M］.北京:机械工业出版社,2020.